极简匈奴史

A Brief History of
THE HUNS

水木森 ◎ 著

图书在版编目（CIP）数据

极简匈奴史 / 水木森著 . -- 北京：团结出版社，2023.9
ISBN 978-7-5234-0263-4

Ⅰ.①极… Ⅱ.①水… Ⅲ.①匈奴－民族历史 Ⅳ.①K289

中国国家版本馆 CIP 数据核字（2023）第 127458 号

出　　版：团结出版社
　　　　　（北京市东城区东皇城根南街 84 号　邮编：100006）
电　　话：（010）65228880　65244790（出版社）
　　　　　（010）65238766　85113874　65133603（发行部）
　　　　　（010）65133603（邮购）
网　　址：http://www.tjpress.com
E-mail：zb65244790@vip.163.com
　　　　tjcbsfxb@163.com（发行部邮购）
经　　销：全国新华书店
印　　装：三河市东方印刷有限公司

开　　本：170mm×240mm　16 开
印　　张：15.5
字　　数：211 千字
版　　次：2023 年 9 月　第 1 版
印　　次：2023 年 9 月　第 1 次印刷

书　　号：978-7-5234-0263-4
定　　价：48.00 元
　　　　　（版权所属，盗版必究）

序言　匈奴是促使汉朝崛起的力量

我是一个历史爱好者，也是一个历史传承者。在大历史观指导下，我学习和研究历史，然后以通俗易懂的语言分享历史，将复杂而枯燥的历史以通俗读物形式呈现出来，惠及广大渴望了解历史的朋友。

我自幼喜欢历史，默默研究历史，乐此不疲。其中，匈奴历史最令我痴迷。这一方面是出于我的兴趣爱好，另一方面是出于我的好奇心。

中华儿女为何被称为汉族人？为何要修筑万里长城？为何要开通丝绸之路？这一系列疑问，促使我深入研究历史。在研究汉朝历史时，我发现，汉朝之所以变成中国几千年历史代表性最强大的王朝，在很大程度上要感谢其强大的对手——匈奴。就这样，匈奴历史深深吸引了我。

提到匈奴历史，很多人第一反应就是冒顿单于、"上帝之鞭"阿提拉等。作为资深历史爱好者和历史传承者，我在研究匈奴历史时，并不是仅仅关注匈奴历史上的知名人物，而是从大历史观视角和读史明智角度，钻研和探索匈奴人在长城内外那些惊心动魄的历史，从而窥探匈奴对中国历史发展的影响。

匈奴人和中华儿女颇有渊源。他们是夏朝人后裔，却形成了与中原人截然不同的价值观。他们是游牧民族代表，崇尚抢掠杀戮，自由迁徙，归顺强者；中华儿女是农耕民族代表，崇尚礼制和谐，安土重迁，重视道德和秩序。两种文明形态并行于东亚，意味着冲突和战争不可避免。

秦朝走向灭亡，匈奴迅速崛起，几乎发生在同一时期。游牧的匈奴人擅长骑马射箭，全民皆兵。在冷兵器时代，骑兵是战略兵种，机动性和战斗力都远非步兵可比。冒顿单于拥有高度纪律性的骑兵，领导匈奴如滚雪球般崛起。汉朝初期以步兵为主，骑兵极少。汉朝取代秦朝后，突然发现匈奴无法战胜，不得不跟匈奴和亲，以换取战略空间和时间。

就这样，匈奴在高光中迅速度过了半个多世纪。汉朝数代皇帝则在此期间弥补短板，大量养马和训练骑兵，大量积蓄粮草，选拔人才。在经济、文化占优势的汉朝弥补军事短板后，刘彻便改变了对匈奴的政策，主动进攻，以征服匈奴为终身奋斗目标。

在长达半个世纪的强势军事打击下，匈奴从高光时刻跌落下来，不断丢失要地，实力受损，从强大走向衰弱，最终走向分裂，不得不臣服于汉朝。刘彻虽然没能亲眼看到匈奴人臣服的那一天，但他半个世纪的努力，对历史产生了深远的影响。为了实现击败匈奴梦想，他实行全面"走出去"战略。汉朝领土得到扩大，影响中国和世界历史的丝绸之路全线开通，中华文明延伸到前所未有地区。更直接的是，它击败强敌匈奴，留下宝贵的精神财富，奠定了汉朝几百年兴盛的基础。

匈奴分裂后，南匈奴臣服汉朝，与汉朝和亲，最终变为汉朝藩属国；北匈奴则继续与汉朝为敌，全力争夺西域控制权，但一直被汉朝追着打，一路向西撤退，最终被消灭。

王莽篡汉期间，匈奴获得复兴机会。但在复兴道路中，匈奴单于犯下战略性失误，导致再度内讧和分裂。推翻王莽而重建的汉朝却复兴起来。南匈奴归附东汉，北匈奴被消灭，匈奴相似的历史重演了。但是，东汉没有重复西汉对南匈奴的错误，而是加强对南匈奴的控制，导致南匈奴人复兴梦想根本无机会实现。

在复兴匈奴成为绝望时，西晋爆发八王之乱，实力在内乱中严重削弱，各少数民族趁机进入中原腹地。南匈奴人后裔刘渊趁机高举"兴汉反晋"旗号复兴匈奴。不过，刘渊死后，其子孙以及石勒、石虎等人残暴杀戮，导致复兴匈奴梦想昙花一现。

南匈奴另一支后裔匈奴铁弗部和匈奴别部沮渠氏也抓住时代机遇崛起。他们依然残暴杀戮，复兴匈奴依旧昙花一现，最终被鲜卑人消灭。在长城内外，匈奴人的背影永远消失了。

南匈奴后裔多次风起云涌，北匈奴后裔也毫不逊色。北匈奴部分残部归附鲜卑人，形成鲜卑宇文部。宇文部人坚称自己是鲜卑人，在北朝后期建立北周，为隋唐出现盛世奠定了基础。他们不承认自己是匈奴人，他们的历史记载在鲜卑史中。

还有一部分匈奴人的历史，即北匈奴残部后裔西逃到欧洲的那部分。他们在"上帝之鞭"阿提拉率领下，暴虐罗马帝国，创造过辉煌历史，但与本书主体关联不大，作为附录列于书后，仅供喜好者参阅。

本书是历史普及读物，通俗易懂是基本特征。在学术方面，受限于本人研究历史水平，难免有疏漏之处，希望朋友们交流指正。

水木森

2022 年 5 月于武汉

目 录

第一章　铁血生存，草原催生游牧民族融合体 …………001

 1．农牧之争，炎黄苗裔发展出游牧文明 …………001

 2．屡遭痛击，匈奴被迫迁漠北生存 …………008

 3．铁血手段，匈奴成功打造一支铁军 …………012

 4．一再忍让，冒顿单于旨在给东胡致命一击 …………015

 5．称雄草原，游牧民族共同体形成了 …………018

第二章　突破长城，冒顿单于傲视长城内外 …………023

 1．突破长城，冒顿单于跨越中原与草原之间的屏障 …………023

 2．超级对峙，草原单于与中原皇帝一决雌雄 …………027

 3．白登之围，匈奴军无意间显现不足 …………031

 4．与汉和亲，匈奴数代单于都未曾认真过 …………036

 5．以汉制汉，冒顿单于这次彻底失策了 …………039

 6．高光时刻，普天之下因冒顿单于而战栗 …………042

第三章　全面碾压，匈奴尽显超级帝国范儿 …………047

 1．重用汉奸，老上单于收获意外利益 …………047

 2．平定西域，匈奴再次证明其强大实力 …………052

3. 战略疏忽，军臣单于安逸后便惊恐不安……056

　　4. 马邑之围，老单于差点中小皇帝的计……060

　　5. 龙城被屠，匈奴圣地首次遭到攻击……065

第四章　乾坤逆转，匈奴被迫全面战略防御……070

　　1. 天才马奴，卫青差点要了军臣单于的命……070

　　2. 武力夺位，伊稚斜照样逃不出魔掌……074

　　3. 谋略失误，匈奴一战丢失河西走廊……081

　　4. 漠北之战，伊稚斜单于被迫请求和亲休战……084

　　5. 西域烽起，匈奴新战场博弈也失利……088

第五章　艰难博弈，匈奴不敌"最惊恐的克星"……091

　　1. 戏弄汉皇，乌维单于耍起拖延战术……091

　　2. 诈降汉朝，儿单于获得久违的胜利……097

　　3. 侵扰汉朝，呴犁湖单于失去天大机会……100

　　4. 猛坑舅舅，"干儿子"就这么叛逆任性……103

　　5. 逼降李陵，且鞮侯单于见到匈奴复兴之光……105

　　6. 迷信诅咒，狐鹿姑单于葬送了国运……111

第六章　贵族内讧，匈奴被迫走上臣服路……115

　　1. 以战兴国，壶衍鞮率匈奴到崩溃边缘……115

　　2. 单于并立，匈奴陷入长久的"战国时代"……121

　　3. 为了生存，呼韩邪单于实行曲线救国……127

　　4. 称霸西域，汉朝都尉葬送匈奴复兴梦……131

　　5. 南归时代，匈奴享受久违的和平……135

　　6. 死亡魔咒，汉匈臣属关系走到尽头……138

第七章　天赐良机，匈奴却无缘实现"强国梦" ……………144

1. 忍辱负重，匈奴生存压力中有复兴机会 ……………144
2. 新朝改制，臣属国匈奴也跟着遭殃 ……………148
3. 新朝崩溃，匈奴复兴梦想再次被点燃 ……………150
4. 单于之争，匈奴没来得及复兴就分裂了 ……………155
5. 丧失西域，匈奴复兴梦想彻底破灭 ……………162
6. 惨遭群殴，北匈奴作为一个政权消失了 ……………167
7. 单于贬值，匈奴复兴逐步走向绝望 ……………171

第八章　趁乱自立，匈奴子孙最后一次疯狂 ……………179

1. 高举汉旗，匈奴人趁八王之乱建国 ……………179
2. 丧失人心，匈奴汉的凝聚力迅速消失 ……………183
3. 血腥杀戮，匈奴人复兴梦再次被断送 ……………188
4. 借助外力，匈奴别部在夹缝中壮大 ……………197
5. 死磕鲜卑，匈奴铁弗部逃不出被吞并命运 ……………201
6. 借势崛起，刘勃勃再创匈奴辉煌 ……………204
7. 迷信统万，北魏强势碾碎匈奴梦想 ……………211
8. 河西北凉，最后一个匈奴的辉煌 ……………215

外篇　匈奴推动了欧洲秩序改变 ……………223

1. 匈奴人后裔一路西迁 ……………223
2. 匈奴在罗马附近复兴 ……………225
3. 西方人眼中的"上帝之鞭" ……………228
4. 匈奴雪崩后消失在历史中 ……………235

第一章 铁血生存，
草原催生游牧民族融合体

匈奴人是白种人，还是黄种人？两种说法都有各自证据，也都无法说服对方。为什么呢？因为匈奴人起源于夏朝灭亡逃到草原的那部分后裔，后来不断兼并融合黄种人部落和白种人部落，形成跨人种的匈奴民族融合体。

1. 农牧之争，炎黄苗裔发展出游牧文明

中华民族历史是一部不断融合发展的历史。它历史悠久，传承连绵不断，在古代创造了辉煌灿烂的文化。这些灿烂的古文化，不仅包括大家所熟知的古农耕文明，也包括对古农耕文明造成冲击的游牧文明，或者半农半游牧文明。

中原古老农耕文明是中华文明的主体，但中华文明也包含游牧文明和半农半牧文明。这不是历史虚无主义，而是历史真实的一种存在——夏朝灭亡后，部分遗民逃到北方草原，长期与中原隔离，与当地土著融合，形成了与中原农耕文明不同的游牧文明，并进而建立匈奴帝国，在中国史以及世界史上留下了光辉的一笔。

很多人都知道，秦朝痛击匈奴，修筑万里长城防御匈奴；汉朝先

与匈奴和亲，后来汉武帝刘彻指挥汉军击败匈奴，使得汉朝后来发展成超级无敌的王朝。但很少有人知道，匈奴人是华夏子孙的一支，匈奴人与中原人的征战，或者说游牧文明与农耕文明的竞争，不仅催生了中国古代最伟大工程——万里长城，还促使丝绸之路全线开通，迫使汉朝形成国家民族主义精神。这些都是中华文明几千年长久不衰的重要精神力量。

毫无疑问的是，匈奴人是游牧民族，与马为伴，以放牧为生，按照季节和水草迁徙而居。在茫茫草原，他们与牛羊马群为伴，有肉吃，有奶喝，不需要耕种，不需要读书识字，也不需要固定住所和建筑城堡，以及研究各种技术。他们只需根据经验看天气，寻找水草丰沃并足以供牛羊马和人待在那里的草场，能及时赶着牛羊马迁走，能饲养牲畜和骑马，就具备了生存的基本条件。

谁也不曾想到，这群与中原人生活状态相差极大的匈奴人，其远祖曾是中原正统王朝夏朝的统治者。据《史记·匈奴列传》记载："匈奴，其先祖夏后氏之苗裔也，曰淳维。"根据记载，商汤灭夏后，将夏桀流放到南巢。三年后，夏桀死去，他儿子淳维（有的书上称为獯鬻）带着夏桀的妻妾和部众逃到北方，在茫茫草原以放牧为生。经过长期繁衍生息，这部分人逐步形成匈奴族。也就是说，匈奴族祖先为夏朝遗民的一支。

当然，匈奴人并不全部是夏后氏的后裔。随同淳维出逃的是一大批人——有臣属，有奴仆，有亲属，还可能有其他追随者。不过，这并不影响匈奴起源于华夏的事实。在中原人看来，商朝取代夏朝是天命所受，夏朝遗民属于"天之弃民"，不臣属于商朝而北逃，就是不忠，是"化外之民"。

正因为如此，山戎、猃狁、荤粥等，也被中原人看作匈奴。著名国学大师王国维认为，商朝时的鬼方、混夷、獯鬻，周朝时的猃狁，春秋时的戎、狄，战国时的胡人，都是后世所谓的匈奴。这种看法在史学界没有定论，但匈奴人是夏朝人后裔，获得了普遍的认同。

中原人将夏朝人后裔匈奴与北方游牧部落看作同一民族,并不是没道理的。因为匈奴人并没继承夏朝崇尚德治的传统,也没进一步发展夏朝文化传统,而是为适应草原生活,发展出与原来完全不同的文明。

匈奴人住在草原,以游牧为业,与马、牛、羊、骆驼、驴、骡等一起逐水草而居。他们放弃了祖先的农耕生活方式,也放弃了祖先的文字,彼此之间用语言口头约定事情。匈奴孩子从小就与牛羊为伍,学习骑羊、骑牛、骑马,学习射箭、打猎。成年匈奴人身强体壮,擅长骑射,平时一边放牧,一边打猎,遇到战事时,他们就披挂上马,带着兵器出征,迅速组建成骑兵队伍。

在冷兵器时代,骑兵的战斗力和机动能力强。匈奴人的生活环境使得成年匈奴人的骑术和射技都比较高超。加上匈奴人长期兵民一体,每个匈奴人都因长期练习骑马射箭而成为天然的骑兵。因此,匈奴遇到战事,百姓人人都能立即驱马上阵,迎战敌人。

匈奴人的价值观念与中原人大不一样。他们崇尚强者,信奉利益第一和生存第一。与中原人讲究师出有名、替天行道不同,匈奴人作战以利益为准则。作战顺利时,他们发起凶猛进攻,大肆抢掠,而不利就四散逃走,不以逃命为耻。

匈奴人在衣食上没太大等级差别,都以吃肉为主,都穿动物皮。不过,匈奴人尊重健壮的人。年轻力壮的人吃肥美的肉,年老的人和年幼的人则要等年轻力壮的人吃完后再吃,大多数时候是吃次等肉的。

让中原人在感情上难以接受的是,匈奴人的婚姻习俗非常特别。父亲死后,儿子娶后母为妻;哥哥死了,弟弟将他的全部妻妾娶过来。他们视烧杀抢掠为生存本事,谁烧杀抢掠多,谁就是英雄,谁就有本事。中原人讲究礼仪,讲究伦理道德,匈奴人虽起源于夏朝,是炎黄子孙,但已经走上与中原人截然不同的发展道路,形成不同的文明和价值观,而且有某种天然的对立——除非一方被彻底征服,或者主动脱离与另一方的接触,否则战争将难以避免。

商朝时，匈奴的先祖跑到北方草原。商朝势力基本在黄河中下游一带。双方基本处于隔离状态。周朝后，匈奴的先祖们与周朝人有接触，但一直处于被驱赶和追打的状态。周文王姬昌率部打败犬戎，而周武王灭商纣建周朝后，修建洛邑城，把戎狄赶到泾水、洛水北边，勒令他们定时进献财物。

在此后 200 年间，戎狄不得不进献财物表示臣服。周穆王为了西行，借口"戎狄不贡"，率军攻打犬戎，活捉了犬戎 5 个部落首领。从此，戎狄不再对周朝称臣，与周朝势不两立。到周穆王孙子周懿王时，戎狄经常侵略周朝，在中原杀人抢东西。到周懿王曾孙周宣王时，周朝实力恢复。周宣王率军反攻，打败戎狄，把他们赶到太原（今甘肃平凉附近），又修建朔方城，防御戎狄进攻。

周宣王死后，周幽王继位，犬戎利用周朝大臣相互争权夺利的机会，串通褒国，给周幽王送去了绝代冷美人褒姒。于是，有了"烽火戏诸侯"的故事。犬戎兵趁机攻到镐京，烧杀抢掠，并杀死周幽王。他们一阵烧杀抢掠后，不想走，住在泾河和渭河之间，准备继续侵略和抢夺。不久，他们被另一个受周朝册封的戎族部落打败。这个部落首领被周天子封为诸侯，即秦襄公。从此，这个部落吸取中原文化，并走上发展壮大的道路。

中原历史进入了春秋战国时期。中原诸国相互攻打，北方戎族部落也纷纷前来凑热闹。中原诸国一个个焦头烂额。山戎先后进攻齐国和燕国。势力强大的齐桓公打出"尊王攘夷"的旗号，率领其他诸侯国打跑山戎。其他游牧部落进攻中原，都遭到中原诸侯国抱团抗击。

后来，戎翟强大起来。周襄王与戎翟结成军事同盟，讨伐不听话的郑国。周襄王虽然达到了目的，但戎翟人在中原不走，并干涉周朝内政，赶走了周襄王。周襄王派人向晋国请求帮助，晋文公又打出"尊王攘夷"的旗号，率领中原诸侯赶走戎翟人。

接下来，由戎族部落发展来的秦国成为强国。秦穆公和晋文公一样成为霸主，也一样不断征服和打击戎狄。戎翟被晋军赶到西河的圁、洛一带，被称为赤翟、白翟。秦国则不断兼并周边的戎狄部落。

面对这种强力打击，为求生存，谋发展，戎狄部落化整为零，散居各处。陇西出现叫绵诸、犬戎、狄獂等戎族部落；岐、梁、泾、漆的北边出现义渠、大荔、乌氏、朐衍等戎族部落；晋国北边出现林胡、楼烦等戎族部落；燕国北边出现东胡、山戎等戎族部落。共计有100多个戎族部落，沿溪谷一带分散居住，各有各的首领。

到战国时，那些被称为"戎"的部落，有了新称呼——匈奴。"匈"与"凶"谐音，意味着野蛮凶猛；"奴"就是下贱的意思。两个字合起来讲，意思就是一群凶猛、残忍、野蛮、下贱的人。

战国时，草原部落开始崛起，经常与中原诸侯国打仗。迫于生存，赵武灵王积极学习草原部落的优势，通过"胡服骑射"，改革军队。结果是，赵国有了一支铁军，赶走林胡、楼烦等部落，设置代郡、云中郡、雁门郡。林胡、楼烦等部落北撤后，逐步融入刚刚崛起的匈奴。

赵国赶走林胡、楼烦等部落，秦国也在一步步吞并义渠。秦国源于戎族部落，但一心仰慕华夏文化，积极融入中原，发展壮大起来后，还积极与东方诸侯争霸。义渠虽属戎国，但也崇尚"以德取信于民"，与秦国的汉化程度不相上下。这两个积极汉化的戎族部落在战略上产生巨大竞争，它们之间竞争的结局彻底划清楚了华夏文明和游牧文明的界限。

义渠是戎族各部落中最为强大的。早在西周初年义渠就存在，后逐渐强大起来，占有今天陕西北部、甘肃中北部和宁夏等地。当时，它的版图丝毫不亚于秦国。义渠拥有庞大骑兵队伍，常常劫掠秦国，曾一度打到秦国洛河流域。

义渠虽是戎族部落，但经济、文化都比较发达。秦穆公重臣由余就是义渠人。由余出使秦国时，和秦穆公交谈中提到了义渠国。他说："戎夷治国，上含淳德以遇其下，下怀忠信以事其上，一国之政犹一身之政。不知所以治，此真圣人之治也。"虽然这是外交辞令，但从中也可以看出义渠虽属戎国，却也崇尚"以德取信于民"，与秦国文明程度不相上下。当时，义渠王以祭祀凝聚人心，以军事强化国民战斗力。义渠国修筑城池防御秦军进攻，成为秦国进一步壮大的掣肘。

鉴于义渠很强大，秦惠王没有采取大规模的军事行动，而是使用蚕食手段，一点一点地侵吞义渠土地。这激怒了义渠王，双方经常打仗。公元前335年，义渠在洛地打败秦军。此时，秦国根本奈何不了义渠。

好景不长，公元前331年，义渠国发生内乱。义渠王向秦国请求帮助。秦惠王派庶长（官名）操带兵前往平定义渠国内乱。这次内乱让义渠国元气大伤，以至于四年后，义渠王不得不向秦国屈服称臣。

秦国对称臣后的义渠并不放心，担心它再一次强大起来，便采用策略对付它：秦国没外来威胁时，就烧光和掠夺义渠的财物；秦国有外来威胁时，就送重礼给义渠王，拉拢他。

公元前320年，秦国出兵进攻义渠，占领郁郅（今甘肃庆阳东）。不久，秦国对付义渠的战略被公孙衍告诉义渠王。义渠王醒悟后，决定寻找机会，趁火打劫，攻打秦国。公元前318年，魏国、赵国、韩国、燕国、楚国联合起来攻打秦国。为防止义渠从背后攻打，秦国送给义渠王"文绣千匹，好女百人"，拉拢义渠王。义渠王想到公孙衍那番话，将计就计，礼物照收，照样趁火打劫攻打秦国——趁秦国与魏国、赵国、韩国、燕国、楚国大战时，出兵袭击秦国，在李帛城下大败秦军。

秦惠王发誓要报仇。四年后，秦国派军进攻义渠，夺取25座城池。秦国在西北的势力范围有了很大扩展。不久，秦惠王死去，秦武王继位。

秦武王神武有力，对扩张领土很感兴趣。他联合越国夹击楚国，交好齐国夹击韩国和魏国，通过一系列外交政策稳定周边地区。随后，他转身来对付义渠。遗憾的是，秦武王还未来得及攻打义渠就死了。

秦武王死后，秦昭襄王继位，秦国朝政掌握在他母亲宣太后手里。

这时，秦国面临着内忧外患，忙于梳理国政，对付魏国、赵国、韩国、燕国、楚国、齐国，义渠趁机崛起。为稳定后方，宣太后只好与义渠王结盟。

义渠王长得很帅，为人豪爽。作为在马背上长大的游牧部族首领，他弓马娴熟，武艺高强，往跟前一站，就有一股很强的阳刚之气，让人觉得男人味儿十足。宣太后年纪轻轻就死了丈夫，也感觉孤单寂寞，见义渠王长得帅，就动心了，两人经常借口会盟约会。几年后，宣太后为义渠王生下了两个儿子。

他们两人交往时间长达30年。有了两个儿子，义渠王对秦国的仇视也日渐淡化。宣太后通过牺牲色相，解除了秦国后顾之忧，使秦国腾出手来增强国势，不断对东方六国用兵，且战绩辉煌。

宣太后原准备让她跟义渠王生的儿子将来继承义渠王位，使义渠国与秦国成为兄弟之国，始终站在秦国一边，帮助秦国对付东方六国。遗憾的是，这两个儿子在这30多年里相继死去。随着时间推移，宣太后也老了，义渠王也渐渐对她失去了兴趣。

然而，秦国历经30年发展，已经奠定了在诸侯国中的地位，不再畏惧东方六国，也不再畏惧戎狄。宣太后见与义渠王的缘分已到尽头，决定彻底解决义渠。

公元前272年，宣太后用牛羊美女笼络义渠王，以请义渠王到秦国观光的名义将他骗到秦国。宣太后在甘泉宫设宴招待义渠王，义渠王毫无戒备，欣然前往赴宴。在喝酒时，宣太后命令士兵趁机杀了义渠王。

随后，宣太后命令大量秦军进攻义渠国。义渠国中既无人主事，又无必要的军事准备，仓皇应战，一败涂地。义渠国很快被秦国灭掉，其领土全部并入秦国。秦国在义渠国故地设置北地郡，又设义渠县作为北地郡治。

义渠在仓促之间灭国，残部向北逃亡，投奔和融入了崛起的匈奴，成为匈奴浑邪部。

在秦国和赵国驱赶草原部落时，燕国也向草原部落扩张。燕国将军秦开率军击败东胡人，收复辽东故地，并攻下箕子朝鲜，然后率领燕国军民修建西起造阳（今张家口）东到襄平（今辽阳），长达1000多里的燕长城。

东胡人连战连败，仓皇逃遁，北迁西退，与匈奴之间产生纷争，成为促进匈奴强势崛起的因素之一。

赵国、秦国、燕国驱逐胡人军事行动，打跑了胡人，拓展了疆土。为保护新领地，秦国、赵国、燕国将边境向北推进后，在那里修筑长城，迫使大批胡人部落向北迁徙。这些胡人部落在融入匈奴、壮大匈奴实力的同时，也挤压了匈奴人的生存空间。

为了改变生存处境，匈奴人常常越过长城，抢掠中原诸侯国的人口和财物，这导致融合众多游牧部落的匈奴和中原农耕民族冲突越来越明显，规模也越来越大。

2. 屡遭痛击，匈奴被迫迁漠北生存

秦、赵、燕三国势力壮大，打击游牧部落，迫使那些游牧部落北迁或者残部北逃，挤压了匈奴人的生存空间，也给匈奴人壮大自己的实力提供了机会。匈奴壮大实力后，决定选择正南面的赵国动手。

不过，这次匈奴人误判了，遇上勇猛善战的赵军和能征善战的名将李牧，最终付出了沉重代价。

当时，赵国有两支精锐军队：一支负责与秦军争霸；一支沿着长城部署，任务是防止游牧部落趁机南下。率军防守长城一线的将领，正是李牧。李牧善于谋略，用兵时喜欢示弱。匈奴军侵扰时，他收拢兵力，集中防守，并不主动出战。

匈奴人以为李牧胆小惧战，更肆意侵扰。在这种情况下，赵国朝野上下攻击他胆小怯懦，要求他率军主动出击，他置之不理；长城一带的将

士们求战，他下令不准出战，惹得将士们满怀悲愤，向他发泄不满，他置若罔闻。他率军苦心经营防务，踏踏实实地修筑长城，完善防务体系。

多次试探性进攻后，匈奴人认为李牧怯懦，怕和匈奴人作战，攻破他的防线后，他将不战自溃。趁赵国与秦国激战、元气大伤的机会，匈奴倾全国之力，结集10万骑兵，企图一举越过长城，消灭赵国，为投奔自己的部落出一口气，同时树立声威。

公元前244年春，匈奴人发动史无前例的大规模入侵，10万骑兵会集长城边，企图一举攻破长城。事实上，在匈奴人试探性进攻期间，李牧示弱同时，一直在默默关注匈奴兵的战法，揣摩如何发挥长城最大军事效用。匈奴人大举入侵，他继续示弱，没在一线关隘布置过多兵力，而是在长城内一些险要处设下大量伏兵。匈奴人攻破长城关隘，以为赵军被击溃，可以长驱直入，大肆抢掠，却悄然进入了李牧早就设计好的伏击圈。

见匈奴人中计，李牧一声令下，长期压抑怒火的赵军利用地形优势，居高临下，万箭齐发。匈奴骑兵应声而倒，军队阵形乱作一团。随后，赵军骑兵和步兵一起发起冲锋，刀枪剑戟一齐发威，进行大规模围歼战。

见战局不利，匈奴人分散逃跑，但限于地形，最终只能集中兵力勠力血战突围。赵军当时人数跟匈奴军相当，且大多以步兵为主，并不具备全歼匈奴军的能力。最终，经过死战的10万匈奴骑兵被杀死大半，少部分在单于率领下成功突围，然后一路狂奔，进入大漠，躲了起来。中原人的战斗力超出了他们的想象。被赵国痛打后，匈奴人在长达十多年时间里不敢进犯赵国边境。李牧却没闲着，乘胜出击，消灭掉襜褴部，降服林胡部，并把赵国边防线推进到匈奴发源地——阴山，将赵国长城向北推移。

匈奴人与中原人第一场大规模决战失败了。遗憾的是，时任匈奴单于姓名未被记载下来。匈奴人名字最早被记录下来的是，这场大战十多年后的首领——匈奴头曼单于。头曼单于被记载时，年龄并不大。他即位是在匈奴遭遇惨败几年后。至于他有没有参与那场长城大决战，在那场战争中充当什么角色，历史没有记载，也就不得而知。

头曼单于对那场大战惨败心有余悸，就将单于庭设置在远离阴山数百里的地方，进行"休养生息，积聚实力"策略，不去侵扰长城边塞。他想等待时机成熟，寻找机会再南侵中原，夺回曾经的领地，抢掠中原人口和财物。

从战略上讲，头曼单于无疑是杰出人才。当时，中原内部，秦国一统天下的步伐明显加快。赵国成为秦国一统天下的最大障碍，虽然遭遇长平惨败和邯郸之围，但依然与秦国血战到底，且丝毫没有放松长城一线防守。此时，匈奴人不侵扰长城边塞，秦国和赵国也都没有精力主动进攻匈奴。匈奴来自中原的军事压力骤然减轻，趁机恢复和发展实力，是一个英明的战略选择。

经过头曼单于十几年励精图治，匈奴实力逐渐恢复并强大起来。趁着中原诸侯国混战，无暇北顾机会，他吸取以前失败的教训，采取蚕食战略，一步步地侵占阴山地区以及河套地区的许多地方。

头曼单于年轻力壮，血气方刚，见匈奴实力恢复，空前自信起来。随着蚕食战略不断得手，他的胆子也越来越大，不时采取一些大规模军事行动。秦国没空搭理匈奴人，赵国没精力理会匈奴人，与燕国接壤的东胡人，根本无法抗击匈奴人。匈奴发展壮大的进程顺风顺水，头曼单于一时间也春风得意起来。

公元前221年，嬴政指挥秦军消灭东方六国，统一天下，自称始皇帝。始皇帝环顾天下，发现匈奴在他逐鹿天下期间不仅实力恢复了，还在大规模骚扰、掳掠北方边境地区。这时，民间还流行谶语"亡秦者胡也"。胡是中原人对北方少数民族的统称。匈奴人也是胡人。被激怒的始皇帝派蒙恬率领30万大军向北攻打匈奴。

长年的不断胜利和壮大，让头曼单于高估了自己以及匈奴的实力。

他认为自己身经百战，未尝有败绩，而匈奴骑兵数量众多，天下无敌，根本就不把秦军放在眼里。还有一个层次的意思，他想通过一场决战来为此前那场长城之败雪耻。

头曼单于决定与秦军面对面痛快干一场。于是，匈奴人与中原人一场空前的阵地战爆发了。按照军事常理，在冷兵器时代，打阵地战，全员皆是骑兵的匈奴人，对以步兵为主的秦军，是占有巨大优势的。但是，秦国原本从戎狄部落发展起来，虽然已经转变为农耕文明国家，但对游牧骑兵的优点和弱点还是非常清楚的。

两军开战后，蒙恬派出骑兵诱敌，同时选择有利地形埋伏大量步兵和弓弩兵。初战得利的匈奴骑兵享受战场上的快意，策马加鞭追击"败退"的秦军骑兵，准备进行一场围猎，但不知不觉进入秦军伏击圈变成猎物。在一场狂暴的弓箭雨后，具有战无不胜勇气的秦军展开反击。

战况非常惨烈，匈奴军惨败，匈奴人的盟友楼烦、河南白羊王部被打残。秦军"却匈奴七百余里，胡人不敢南下而牧马，士不敢弯弓以报怨"。秦军收复河套地区，将阴山地区牢牢地控制在手里。匈奴人领教了秦军的厉害，且连生存都遭到严重威胁——匈奴三面都是敌人——西有强大的大月氏，东有崛起的东胡，南有不可战胜的秦朝。头曼单于审时度势，率领余部前往漠北草原寻找生存空间。

他们从漠南到漠北，要穿越东西长约4千里、南北宽数百里的大沙漠。沙漠荒凉，人迹罕至，缺乏水草，头曼单于率领匈奴人克服种种困难，最终到达漠北草原。漠北草原远不如漠南草原，荒凉苦寒。不仅如此，漠北草原早已有主人——丁零、浑窳、屈射、鬲昆、新黎等部。他们抗击匈奴人。非常疲惫的匈奴人被迫发起战争。

在付出惨重代价后，匈奴人征服漠北草原各部落，在漠北有了休养生息之地。几年过去了，匈奴人的实力恢复了一些。这时遥远的南方传来消息，秦朝抽调驻扎在原匈奴故地的精锐军队大规模南征百越，留下防守的将士也因难耐苦寒，纷纷逃亡。渴望有朝一日能回漠南草原放牧的匈奴人欣喜若狂。头曼单于一声令下：回漠南。

头曼单于率匈奴主力悄悄地回到阴山脚下。这一次，他吸取教训，自知弱小，非常低调，只是"稍渡河南"，率军进入河套地区，但绝不深入。同时，他们也与返回故地的楼烦残部和河南白羊王残部和睦相处，相安无事。

匈奴人离开故地容易，返回故地却并不容易。秦朝没精力反击匈奴人，但原来的邻居大月氏和东胡，对匈奴人返回故地极其不适应。因为他们原本趁匈奴人北迁，占领了那些无主的草原，现在匈奴人回来，他们不太情愿让出来。

不过，头曼单于没来得及搞定大月氏和东胡，就被儿子冒顿单于无情地杀掉了。令人意外的是，头曼单于死后，匈奴像吹气球一样，迅速成为一个兼有黄种人和白种人的超级游牧帝国。

3. 铁血手段，匈奴成功打造一支铁军

头曼单于的悲剧是，他极像中国历史上某个任性的君王，却偏偏有个善于隐忍的血腥儿子。不过，从整个历史角度看，头曼单于悲剧了，匈奴却从此闪耀了几百年。因为他血腥的儿子冒顿迅速将匈奴打造成让人望而生畏、闻之胆寒的血性民族，迅速称霸草原，南压中原，建立了当时世界上独一无二的超级军事大国。

匈奴崛起是从父子相残这一血腥事件开始的。

头曼单于的原配妻子，我们称为大阏氏，生了大儿子冒顿。大阏氏死后，头曼单于又续弦，再娶了一个妻子，我们称为小阏氏。小阏氏也生了个儿子。头曼单于宠爱小阏氏，也爱屋及乌偏爱小儿子。小阏氏跟头曼单于吹枕边风，要求废黜冒顿继承人地位，改立小儿子为继承人。按照匈奴传统，如果头曼单于死后冒顿继任单于，那么小阏氏将成为冒顿单于的继妻；但如果是小儿子继任单于，那小阏氏将是单于的母亲，

地位类似中原太后，两者地位差距非常大。头曼单于逐渐产生废长立幼想法。

但当时，冒顿已经是十几岁的小伙子，拥有自己的势力，而小儿子仅仅才几岁。无缘无故地废掉他，很多人会不服气，会招致各部落首领反对，甚至还会引发内乱。匈奴人虽然没有嫡长子继承制，但崇尚实力，两个王子谁势力大，该支持谁，一目了然。

头曼单于决定借刀杀人，不动声色地除掉冒顿，然后名正言顺地立小儿子为继承人。

当时，匈奴主力从漠北迁回漠南不久，与昔日填补漠南草原实力真空的宿敌大月氏、东胡关系非常紧张。大月氏是塞种人（早期活跃于中亚的白种人游牧民族统称）逐渐向东发展而成的国家。他们悄悄垄断从中原到天山西麓的丝绸贸易，追求商贸利润是他们的目标。他们虽然也侵占乌孙人原来生活之地河西走廊，但并不以杀人抢掠为目的。总体来说，大月氏属于比较温和的游牧国家。东胡则不同，依靠游牧生存，跟匈奴一样崇尚杀戮抢掠。不仅如此，东胡比大月氏强大。头曼单于决定与大月氏结盟，共同对付东胡。

结盟需要互派人质。头曼单于顺势派大儿子冒顿到大月氏做人质。国家有难，冒顿作为单于长子，理应挺身而出，为国排忧解难。冒顿抱着为国出力的信念前往大月氏，谁想到，他刚到大月氏，头曼单于就率匈奴军袭击大月氏。大月氏毫无准备，遭到匈奴军袭击，损失非常大。

刚刚结盟，匈奴就挑起侵略战争。大月氏王愤怒至极，想先杀冒顿，再倾国出兵跟匈奴军决战。冒顿诚惶诚恐地跑到大月氏王面前认罪，运用巧言稳住他，暂时保住了性命。

不久，冒顿寻机偷了一匹千里马，连夜马不停蹄地逃回了匈奴。

被头曼单于欺骗了，人质又偷着逃跑了，大月氏王气急败坏，率军猛追。冒顿死里逃生，侥幸逃回匈奴。大月氏王率军进攻匈奴，但头曼单于早就预料到，已经做好迎战准备。一场激战下来，大月氏军战败。大月氏王被迫率军向西逃走。从此，大月氏对匈奴恨之入骨。

冒顿死里逃生，还成功将大月氏军"带到"匈奴人的伏击圈。头曼单于对他刮目相看，认为他有勇有谋，堪当大任，不仅没杀他，还打消了废除他的念头，让他统领1万骑兵，交给他一块地盘，让他去管理。

头曼单于这一做法的结果是他的悲剧不可避免。他决定借刀杀人除掉冒顿，实施了，失败后不狠心一杀到底，反而重用冒顿，让冒顿统率1万骑兵。冒顿临危不乱，能从大月氏王刀下逃走，难道想不明白头曼单于派他到大月氏去做人质有什么企图吗？一旦想明白了，头曼单于先"不仁"，冒顿就不会"不义"吗？

冒顿死里逃生，还被父亲重用，却没有半点喜悦。他内心极看不起头曼单于玩的借刀杀人的把戏，认为他是懦夫，发誓要取代他做单于。

头曼单于掌握着匈奴军队，是匈奴人公认的首领。冒顿要取代他，不仅要有勇气，更需要有智谋和实力。这种事情风险非常大，稍微不注意就会丢命。冒顿决定从统率的1万骑兵入手，全力将其打造成唯他马首是瞻、行动高度一致的铁军。有了战斗力强并且绝对服从命令的骑兵，他再寻机袭杀头曼单于，剿杀反对他的贵族和将领，让崇尚强者的百姓臣服，就容易得多。

冒顿发明了一种响箭，叫作"鸣镝"。他用鸣镝来训练和指挥军队。他对将士们说："我的鸣镝射击的目标，就是你们的射击目标。我的箭射到哪里，你们就跟着向哪里射箭。不跟着射的，一律处死！"不仅如此，他还反复强调这是必须执行的军规。

有一次，冒顿单于带着部下一起围猎。他将鸣镝射向野兽时，有几个士兵没跟着射。结果，他毫不犹豫地杀了那几个人。部下见此，无不侧目。

过了一段时间，冒顿突然将鸣镝射向心爱的战马。有些部下知道他平常异常爱马，且马是匈奴人生活中最亲密的伙伴，便不忍心将箭射向那匹马。冒顿立即将没射箭的人全部杀掉。

又有一天，冒顿将鸣镝射向他的爱妻，有些部下不敢射击，又被他杀了。

经过这几件事后，冒顿的手下再也不敢犹豫——冒顿的鸣镝射向哪里，他们毫不犹豫地向哪里射箭，无论射击目标是什么，他们只负责跟随射击就行。就这样，冒顿手下有1万绝对服从命令的骑兵。

冒顿悄悄地寻机报复头曼单于。头曼单于还蒙在鼓里，丝毫不知道危险已经悄悄向他接近了。有一天，头曼单于率部下外出打猎，让冒顿陪同。于是，冒顿率手下跟随在他左右。在打猎途中，冒顿见头曼单于没有戒备，突然将鸣镝射向他。冒顿的手下也毫不迟疑地向头曼单于射箭。一时箭如雨下，头曼单于被射成刺猬。

头曼单于手下见此，一个个惊慌失措。冒顿振臂高呼："顺我者昌，逆我者亡！"有人不服，冒顿随即将鸣镝射向他们，跟随而来的是一阵箭雨，他们瞬间被射成刺猬。其他人见此，哪里还敢说什么，纷纷伏地称臣。

冒顿整顿军队，迅速杀回单于庭，斩杀小阏氏和弟弟，杀掉一切反对他的贵族和将领，宣布自己为匈奴单于。那一年是公元前209年，他刚刚21岁。

4. 一再忍让，冒顿单于旨在给东胡致命一击

公元前209年，是决定中原历史走向的一年——历史上第一次农民起义陈胜吴广起义点燃了反秦风暴。同样，公元前209年也是决定匈奴历史走向的一年——冒顿弑父自立，按下了匈奴民族综合体建设和匈奴超级军事帝国建设的启动键。

匈奴是游牧民族，崇尚狼性，推崇强者，冒顿弑父自立，令人意外，但并没人指责他为逆子乱臣，更没有人对他口诛笔伐。对大多数匈奴人

来说，生存远比谁做单于重要，只要新单于能给他们带来生存发展的希望，能让匈奴强大起来，谁做单于他们都能接受，而冒顿单于显然比头曼单于更凶狠。

匈奴主力重回漠南草原后，因人质事件，已与大月氏撕破了脸。大月氏被匈奴打败，被迫向西迁移。

一直活跃在漠南草原上的东胡，趁匈奴人北迁漠北之机，占领不少匈奴地盘。匈奴人重回漠南，东胡人没有半点要归还的意思。东胡王根本就不把匈奴人放在眼里。

冒顿自立为单于后，东胡王派使者去匈奴，提出蛮横无理的要求："听说头曼单于在位时有匹千里马，现在他已死，千里马没有主人，我们东胡王想得到它！"

东胡王如此不讲理，目的是激怒冒顿单于。如果冒顿单于动怒或拒绝，就是不给他面子，他便以此为借口，出兵攻打匈奴，将匈奴逐出漠南草原。东胡国力强盛，兵强马壮，匈奴刚刚发生过政变，内部不稳定，双方打起来，匈奴取胜可能性不大。如果冒顿单于给他宝马，就意味着匈奴向东胡低头认输，说明匈奴人好欺负。接下来，他可以继续向匈奴施压。

冒顿单于将东胡王的意图看得很清楚，但看破不说破，还故意示弱。他召集群臣讨论时，群臣纷纷反对将老单于的千里马送给东胡王，他却主张将千里马送给东胡王，并安抚群臣："既然与别人做邻国，我们何必要吝惜一匹马呢？"他此举是想让群臣一起感受被东胡欺辱的滋味，为以后同仇敌忾打击东胡埋下伏笔。

得到千里马后，东胡王认为冒顿单于怕他，好欺负，又得寸进尺，继续欺压勒索。这一次，东胡王更蛮横无理，派使者前往匈奴，说："我们东胡王想得到单于的一位阏氏。"

阏氏是单于妻子。东胡王要冒顿单于把妻子送给他，不仅是对冒顿单于个人的极大羞辱，也是对匈奴国格的侮辱。东胡王认为，冒顿单于于公于私，都会动怒而起兵，以弱抗强。但是，冒顿单于内心很气愤，表面却很坦然，继续与群臣讨论，继续说服群臣满足东胡的要求——"既然与别人是邻国，又何必在乎一个女人呢？"随后，冒顿单于将他最心爱的阏氏送给了东胡王。

在崇尚强者的草原世界里，连妻子都可以拱手送给别人的男人，绝不是什么英雄。东胡王认为冒顿单于懦弱无能，软弱可欺；匈奴内部部分贵族认为他缺乏血性，恨他不争气；冒顿单于心里始终明亮着，正在盘算着，只要东胡王敢继续肆无忌惮地索要，就趁机一举灭掉东胡。

接连得手，东胡王对冒顿单于的窝囊、软弱可欺的性格深信不疑，并进一步变得狂妄自大起来。

当时，东胡和匈奴之间有1000多里边境无人区，是两国缓冲地带，双方都在边界地区建立哨卡。东胡王鉴于索要宝马和阏氏非常顺利，认为解决领土争端，只需要派出一个使者，说几句话就能让匈奴就范。

东胡王派使者对冒顿单于说："从此以后，两国之间那块土地，你们不能去，属于我们东胡了。"领土和主权神圣不可侵犯。东胡王赤裸裸地索要土地，分明是想挑起战争，但他却鉴于以往经验，认为匈奴不敢发起战争，最终连战争准备都没做。

冒顿单于依旧让群臣来决定这件事。鉴于冒顿单于此前的处事风格，有贵族说："那是一片废弃的空地，没有多大用处，给东胡人算了！"冒顿单于早就盘算趁东胡王狂妄自大、完全没戒备心理给东胡致命一击，听罢此话，勃然大怒："土地是国家的根本，怎么能给予别人呢？"

随后，他命令将不知天高地厚的东胡使者和主张给东胡人土地的匈奴贵族全部杀掉，并向匈奴各部发布紧急命令："凡能爬得上马的、拉得动弓的，不分男女老少，全部立即披挂出征，攻打东胡；有畏缩不前的，一律处斩；率先杀入东胡的重赏。"

匈奴军民早已对东胡人满腔愤怒，恨之入骨。接到冒顿单于的命令，他们毫不犹豫地拿起砍刀，跨上战马，跟随单于连夜向东胡发起了攻击。

东胡王轻视冒顿单于,根本想不到"软弱"的冒顿单于会绝地反击,因而没采取任何有力的防范措施。冒顿单于骑上战马,亲自率领匈奴军突击东胡。东胡王被迫仓促应战,结果被打了个措手不及,兵败被杀。

冒顿单于趁机把东胡领土、部分残余部众和牲畜并入匈奴,同时对他们进行相应管制和安抚。东胡被灭国后,一部分残部被迫向匈奴称臣,承担赋税和劳役,充当匈奴部族奴隶;一部分残部向东逃跑。几百年之后,逃到乌桓山和鲜卑山的残部,分别发展成了乌桓族和鲜卑族。乌桓为曹操所征服,融入汉族;进入中原的鲜卑成为"五胡乱华"主角,先后建立前燕、后燕、南燕、北燕、北魏、东魏、西魏、北齐、北周等王朝,到隋朝时基本融入汉族,留在长城外少数鲜卑族部众后来分化成室韦族、怛达族、奚族、契丹族等。室韦族和怛达族又演变成蒙古族;奚族被契丹族兼并,后和契丹族一起融入汉族。契丹族和蒙古族后来都雄霸过大漠南北的草原。这是千年以后的事,此时东胡人不得不将大漠南北的草原让给气势旺盛的匈奴人。

5. 称雄草原,游牧民族共同体形成了

东胡灭亡,冒顿单于成为草原新雄主,匈奴人信心倍增。即使那些曾怀疑冒顿单于能力和胸襟的人,也对他肃然起敬,唯他马首是瞻。冒顿单于也趁机施展他的雄才大略,整个草原各部落,将那些游牧部落尽可能融入匈奴民族共同体中,成功实现从草原雄主到"千古一单于"的转变。

在灭掉东胡后,冒顿单于论功行赏,封赏有功将士,分兵镇守东胡各地,并派兵继续攻打东胡残部,不给东胡人任何喘气和东山再起的机会。他本人亲自率领匈奴主力返回单于庭,对下一步战略发展进行思考。

游牧部落追逐利益,崇尚强者。冒顿单于认为,趁匈奴战胜之机,

可以将周边草原部落或者国家统一到自己旗下，形成一个游牧民族共同体，这样对付中原农耕民族时，就没后顾之忧，还可以将草原所有骑兵集中起来，对长城进行强力突破。

一番思考后，冒顿单于亲自率军向西攻击大月氏。他想乘胜消灭大月氏，独霸草原，不给大月氏任何准备的机会。大月氏是匈奴周边最强大的游牧国家，匈奴征服了大月氏，再转头征服其他草原部落，那就容易多了。

大月氏曾经被头曼单于打败过，被迫向西迁移。匈奴父子相残，受东胡人欺压，大月氏人幸灾乐祸，站在一边看热闹。大月氏王本想等东胡将要灭掉匈奴时，再出兵匈奴报仇雪恨，侵占匈奴一部分领土，分得一杯羹。冒顿单于在短时间内突然崛起，一举灭掉东胡。大月氏王惊讶至极，马上意识到大月氏大难临头，得知冒顿单于亲率匈奴军来攻的情报，自知不是对手，抢先率领军民继续西迁，躲避匈奴人的锋芒。

冒顿单于原计划先将大月氏这些白种人征服，没想到他们提前跑了。他没经过一战就占领大月氏领土，认为大月氏人没血性，不值得将他们当作对手，也不急于将他们并入帝国。他没有率军继续追击大月氏人，而是将兵锋转向南部，突袭楼烦残部和河南白羊王部。楼烦残部和河南白羊王部很快战败，被迫并入匈奴。

冒顿单于下令杀掉楼烦、白羊两家王族，封子弟为楼烦王和白羊王，使之成为匈奴军一部分，充当南下攻打中原的先锋军。楼烦人和白羊人也与中原人有仇，故而没有强烈抵制匈奴的兼并。

趁此机会，冒顿单于派军收复蒙恬夺取的匈奴全部故地，将与中原边界推到河南旧塞，直到朝那（今宁夏固原东南）、肤施（今陕西榆林县南鱼河堡附近）一带。不仅如此，他还派军试探性地侵入燕、代等地。

当时，秦朝已经灭亡，刘邦正与项羽争夺天下，中原无暇顾及边塞小规模外敌入侵，匈奴小股军队并没有遭遇强力反击。冒顿单于的目标是建立游牧民族共同体，不想过早引起中原警觉，因而没有亲自率军大规模南侵，只是继续派小股军队陆陆续续骚扰边塞。

冒顿单于将目光转向匈奴北部的那些游牧部落。见东胡被灭，大月氏西迁，那些游牧部落已经万分恐慌。匈奴趁机征服那些部落，建设稳固的战略后方，比贸然南下中原要务实得多。不仅如此，当年头曼单于率领匈奴人到漠北草原求生存时，遭到漠北诸部落猛烈反击，匈奴几近亡国灭种。漠北故敌尚在，且实力不强，以报血海深仇号召匈奴军民，去消灭和兼并漠北游牧部落，是千载难逢的机会。

冒顿单于一声令下，匈奴军主力向漠北草原挺进。这是一次复仇行动。匈奴人同仇敌忾，挟连胜之威，向漠北草原各部发起猛烈攻击。他们跃马扬鞭，挥舞马刀，疯狂进攻浑庾、屈射、丁零、鬲昆、新犁等部。漠北各部纷纷溃逃，被逼到西伯利亚苦寒之地。匈奴人紧追不舍。最终，他们被迫向匈奴称臣投降，并入匈奴。

冒顿单于留下将领镇守漠北草原，自己率领匈奴主力回阴山。他牢牢控制漠南草原，密切注视中原时局变化，同时巩固和加强对匈奴内部各部管理和控制。此时，匈奴领土范围东起大兴安岭的乌桓山、鲜卑山西界，西至中亚广大地区，北至蒙古高原以外西伯利亚，南到长城。土地广大，原来的管理制度已经不适应了。

为维持和巩固新成立的匈奴民族共同体，冒顿单于回到阴山后，着手建立匈奴完善的政治体系。

匈奴最高统治者称为"撑犁孤涂单于"，"撑犁"代表上天，"孤涂"代表儿子，"单于"意味广大，包罗一切。撑犁孤涂单于是说匈奴最高统治者是上天儿子，广大无边，代表上天主宰世界，雄踞草原。

单于下设左右贤王、左右谷蠡王、左右大将、左右大都尉、左右大当户、左右骨都侯。左贤王在右贤王之上。贤王又叫屠耆王。匈奴左屠耆王是单于法定继承人，相当于中原的太子。从左右贤王以下到当户，各有自己部众，大官拥有1万多骑兵，小官也有数千骑兵。

"左"系王将率领军队住在单于庭东边，到上谷以东，和秽貊、朝鲜接壤；各"右"系王将率领军队住在单于庭西边，到上郡以西，和氐、羌等部族接壤；单于庭在匈奴中部，正好对着代郡、云中一带。简单地说，中原东北部是匈奴"左"系王将领地，中原西北部是匈奴"右"系王将领地，北部正中间代郡、云中一带是匈奴单于直属领地。在匈奴，除单于外，左贤王、右贤王、左谷蠡王、右谷蠡王 4 人地盘最大。

左右骨都侯辅佐单于处理政事。单于本部又设 24 长，分别率领单于庭部众，每长统领 1 万人，号为"万骑"。在 24 长下面，还设置千长、百长、什长、裨小王、相、都尉、当户、且渠等属官。

匈奴诸位大臣的官职是世袭的。按照匈奴习俗，每年正月，各位大臣都要到单于庭聚会，举行祭祀活动，称为"小会"。每年五月，他们要在龙城举行盛大集会，祭祀他们的祖先、天地、鬼神，称为"大会"。到秋天时，他们又在蹛林（匈奴人举行秋社的地方，具体地址不详）大规模集会，举行秋社，考察和统计匈奴的人口和畜产的数目。

匈奴法律规定，企图杀人者只要刀拔出 1 尺，就要被处以死刑；犯盗窃罪的没收家财；如果犯了罪，轻者处以"轧"刑，重者处死。坐牢最长的不超过十天，因而匈奴一国同时坐牢的人不过数人。

在发动战争前，匈奴人要观测星相，常以月亮盈亏为准，月圆光亮就发动进攻，月亮亏缺则退兵。匈奴人打仗时，杀死一个敌人，就能获得一大杯酒赏赐，所缴获战利品和捉的俘虏归他们所有，俘虏充当奴婢。匈奴人作战，人人都是为个人利益而战。他们善于诱敌深入，实施包围，在围歼过程中逼迫对方投降。为了追逐战利品，获取最大利益，一旦开仗，他们就会向敌人发起进攻；一旦战败，军队就会土崩瓦解，烟消云散。

冒顿单于将匈奴传统和律令结合起来，在匈奴游牧民族综合体中推广。经过十几年努力，冒顿单于从原来 1 万骑兵的铁军，转向将匈奴游牧民族综合体所有骑兵打造成铁军，领导匈奴逐渐发展成强大的游牧帝国、军事超级大国。

对大漠南北的游牧部落来说，冒顿单于的出现是福音，但对长城以南的中原人来说，这意味着空前的生存压力。

第二章　突破长城，
　　　　冒顿单于傲视长城内外

　　最先深刻认识到长城价值的人，是当初内心诅咒修筑长城的刘邦。刘邦统一天下后，冒顿单于已完成匈奴游牧民族综合体整合。韩王信投奔匈奴，引爆汉朝和匈奴大战。冒顿单于率匈奴军与刘邦所率汉军在白登山遭遇。白登山之战，匈奴人功败垂成，汉朝人尝到匈奴人的厉害。刘邦改变策略，与匈奴实行和亲政策。匈奴人处于战略压制地位，长城常常为他们而颤栗。

1. 突破长城，冒顿单于跨越中原与草原之间的屏障

　　冒顿单于成功建立游牧民族共同体，带领匈奴成为军事超级大国后，下一步就是他的主要目标——中原。匈奴人要想踏入中原，就必须要翻越一道高高坚固的墙——长城——一道横在中原与草原之间的屏障。

　　相对中原，匈奴最大优势是骑兵，但长城能极大削弱匈奴骑兵的优势——骑兵进攻中原的突然性会因为长城而失去，匈奴骑兵进攻中原，不得不从马背上下来，攻城爬墙。这样，匈奴骑兵发起进攻后，中原往往能集中兵力，据险抵抗，让他们每进一步就要付出巨大代价。

　　长城起源于烽火台。春秋战国时，各诸侯国相互混战，国家时刻面

临生存危机。一些实力强大国家在边境山脉上修筑起预警作用的瞭望台，并通过城墙将各个瞭望台连接起来。秦国、楚国、齐国、魏国、赵国、燕国、韩国都修过早期长城。秦国、赵国和燕国与北方游牧民族毗邻，也在边境山脉上修长城。

中原各诸侯国军队都以步兵为主，攻城爬墙本领强，长城防御作用有限，随着战争局势变化，早期长城或者被拆除，或者被遗弃。草原部落军队以骑兵为主，不善于攻城爬墙，长城不仅可以防御他们的进攻，还可以起到预警作用。于是，长城逐渐成为游牧文明和农耕文明的边界线。

游牧文明崇尚自由迁徙和抢掠，农耕文明讲究安土重迁和道德伦理，两种文明本质上是冲突的。每年进入秋冬，草原气候严寒，木落草枯，牲畜面临生存威胁。游牧部落会赶着牲畜寻找气候温和、适合放牧的地方。塞外游牧民族就会翻越长城，南下放牧。这样，游牧民族和农耕民族生存权利就会发生激烈碰撞，战争也在所难免。

游牧部落南下肆意抢夺财产和人口。中原人不能容忍，就在边地驻军，组织民众抗击游牧部落入侵和抢掠。在长期入侵和反入侵斗争中，人民发现，游牧部落入侵有明显规律——秋冬入侵频繁，春夏却往往主动撤离到塞外。于是，边疆各地百姓修筑堡垒，结集而居，集体防御：在春夏季，大部分人从事生产，少数人利用堡垒监视游牧部落动向；在秋冬季，所有人武装起来，进入堡垒，准备同游牧部落作战。

根据草原部落入侵规律，中原人采取积极防御——在与游牧文明交界山脉上修筑堡垒，设置烽火台，将烽火台连接起来，派出一些人担任警戒任务。发现敌情时，担任警戒任务的人点燃烽火召唤附近军民放下锄头，拿起武器，登上长城防御和抵抗。没发现敌情时，除少数担任警戒任务的人外，大部分人可以安心生产。这些烽火台不断加固和扩建，最终形成规模宏大的万里长城。

战国时，与匈奴等游牧部落接壤的秦国、赵国、燕国都在北部边境修筑长城。匈奴等游牧部落可以越过三国长城之间的空隙而入侵中原。秦始皇统一中原后，派出蒙恬率领30万精锐秦军击败匈奴军，并在边境督促修筑长城。通过修葺、连接、完善、延长原有秦长城、赵长城、燕长城，一道西起甘肃临洮、东到辽东的万里防线修建成功，而它的防御对象就是匈奴。

冒顿单于杀父自立那年，秦始皇虽然已死，但万里长城已经修缮完毕。虽然蒙恬被赐死，接替的王离也被调走，但万里长城依然有将士驻守。匈奴骑兵依然不能大规模越过。

冒顿单于雄霸草原，建立游牧民族综合体后，无论是从为祖先报仇雪耻角度，还是从匈奴下一步战略发展角度，率领匈奴人大规模翻过万里长城，都是他的当务之急。长城防线是系统而宏伟的。但冒顿单于深信，长城是死的，人是活的，任何坚固防御工事，都有它的致命弱点，只要找到这个弱点，就可以一举攻克。

于是，冒顿单于下令匈奴军沿万里长城各关边要塞开展试探性进攻，为匈奴人寻找大举进攻和抢掠中原的突破口。很快，冒顿单于找准万里长城致命弱点——战线过长，所需人力过多，如果处处防守，各处防守力量趋于薄弱，就会被对方集中兵力强行突破；如果重点防守，守军又会顾此失彼，使对手专挑薄弱点攻击。

冒顿单于决定率匈奴人强力进攻，在局部形成优势，强行突破万里长城。经过慎重选择，冒顿单于将最佳突破口选定离匈奴单于庭比较近的马邑，目的是提高战争突发性，在汉军来不及集中兵力时就将其攻破。

冒顿单于派军频频侵扰长城各个要塞，以分散汉朝守军注意力，同时集中兵力，准备突袭马邑。当时，刘邦刚击败项羽，夺取天下，正盘算着如何收拾异姓诸侯王。除韩信、彭越、英布等人外，韩王信也是刘邦的眼中钉。

韩王信其实也叫韩信，为和同时代叱咤风云的楚王韩信相区别，叫他韩王信。刘邦对韩王信不放心，于公元前201年改封太原郡为韩国，以晋阳为王都，作为韩王信封国。刘邦将韩王信安排在抗击匈奴第一线，目的是让他当炮灰。

韩王信对刘邦此举不满，但没表露出来，很高兴地去了，并耍心眼，上书刘邦说："韩国与匈奴接壤，匈奴人多次侵入边境，晋阳离边塞太远，致使边境防务空虚，为加强对匈奴的防御，请求皇上允许我将王都设在马邑。"这符合刘邦让韩王信去当炮灰的目的，便将韩国王都设置在边界马邑。

韩王信不愿意死在匈奴人刀剑之下，也不愿意死在刘邦之手。公元前200年秋天，冒顿单于在派出几路大军佯攻长城其他关口的同时，集结重兵大举进攻马邑，将马邑团团包围起来。

韩王信率军与匈奴军作战时很不卖力。匈奴军包围马邑后，他不积极筹划作战方略，率军出奇制胜，击退匈奴军，而是多次派人到冒顿单于那里请求和解。

按惯例，两国一旦开战，一方如果没得到最高统帅许可，是不能擅自向另一方求和的，否则就难逃里通敌国、出卖国家利益的嫌疑。韩王信意图很明显，不想跟匈奴人打仗，只想保存实力。

冒顿单于很快发现汉朝并非铁板一块。他将计就计，进一步离间韩王信和刘邦的关系，以分化汉朝内部。他既不拒绝韩王信的谈判要求，也不撤军，对马邑采取围而不攻策略。此外，他还促使韩王信投降，并做好武力占领马邑、突破万里长城的准备。不过，此时战争的突然性已经失去了，汉朝有时间派军来抵抗了。

得知冒顿单于亲率大军包围马邑，汉朝皇帝刘邦非常吃惊。马邑一丢，匈奴军就可以从此进入长城内，长驱直入，后果不堪设想。不过，匈奴军只是围而不攻，局势还有救。刘邦派人率军星夜增援马邑。

冒顿单于见汉朝援军到来，意识到在战术上失误了，就主动撤离马邑。这一撤退，造成匈奴军与韩王信默契配合的假象。刘邦得知消息，便怀疑这次军事行动是韩王信与匈奴人串通好的，是韩王信借助匈奴来要挟朝廷。否则，冒顿单于亲率大军进犯，怎么可能不发生激烈战斗就主动撤退？

刘邦写信指责韩王信"匈奴人围攻马邑，你的军队难道不足以坚守城池吗？为将者身处危亡之地，须执忠履信，方可安存"等。刘邦这些话，怀疑的意味，指责韩王信不忠的意味，非常露骨。韩王信收到信后，越想越害怕，最后一狠心，把马邑献给了匈奴人。

冒顿单于正为战术失误，错失突破长城防线最佳时机而懊悔。韩王信主动献出马邑投降，令他喜出望外，给韩王信及其部下优厚待遇，并命令韩王信打开马邑的长城关隘。随后，冒顿单于率领匈奴主力第一次以胜利者的姿态进入长城境内，这一事件极大振奋了匈奴人的信心。

匈奴军越过长城后，韩王信率军为先锋，匈奴军作为后盾，纵兵南下攻略太原郡。匈奴军一直打到晋阳附近。他们从来没有如此深入中原地尽情抢掠过，感到非常快意。冒顿单于非常高兴，奖励了韩王信，并鼓励他再接再厉。

中原人花费几百年修筑长城，阻挡游牧民族侵扰中原。长城也确实起到了积极防御作用。在此前，包括匈奴在内的游牧民族，往往只是在长城边缘侵扰，而且被击败次数非常多。冒顿单于建立游牧民族综合体后，匈奴军大举越过长城，还深入中原腹地数百里，这不仅是匈奴战力强大的结果，也是冒顿单于善于用人的结果。毕竟，防线无论多么坚固，起决定作用的最终还是人。

2. 超级对峙，草原单于与中原皇帝一决雌雄

匈奴军大举翻越长城，深入中原腹地数百里，是匈奴历史上空前的事，也是中原历史上空前的事。

此前，刘邦写信责备韩王信，目的是威慑他：我已经知道你有问题，

只要你敢继续对我不忠，我就收拾你。

刘邦此前已经成功地收拾楚王韩信和燕王臧荼，收拾韩王信确实不在话下，但他没想到韩王信竟然会投降匈奴，将匈奴军放进长城内，还充当先锋，率军南下。还有一点，他们没想到匈奴军还有点儿战斗力，居然很快就攻到晋阳，导致中原震动。

消息传到长安，刘邦宣布御驾亲征，与樊哙、陈平、周勃、灌婴、夏侯婴等一起率30万大军，去征讨韩王信，并计划顺便把支持韩王信的匈奴军也消灭掉。

韩王信兵少将少，加上投降匈奴不得人心，远不是刘邦的对手。刘邦率军抵达铜鞮（今山西省沁县南）后，汉军一场战斗就击败韩王信的反军。协同韩王信的那部分匈奴军也被击溃。韩王信战败，逃向冒顿单于那里。

韩王信逃走时，让部将曼丘臣和王黄拥立前赵国王室后裔赵利为赵王，联合匈奴军，继续抵抗汉军。冒顿单于得知消息，决定继续利用投降匈奴的汉族人抵抗汉军，派出少量匈奴军协助，进一步观察汉军的战斗力。于是，他派左右贤王率领1万多骑兵，前往支援曼丘臣和王黄。

左右贤王率领的匈奴援军，也并未直接去抗击汉军，而是驻扎在广武（山西代县）到晋阳一带，声援韩王信留在晋阳的守军。冒顿单于率匈奴主力军在代谷蓄势待发，观察战局发展，准备随时加入战争。

经历过秦末战争、楚汉争霸战争的汉军作战经验丰富，战斗意志顽强。虽然汉军多是步兵，但随皇帝亲征，抗击外族，剿灭民族叛徒，士气高昂，个个争先恐后，奋勇杀敌，频频获胜。

左右贤王率领的匈奴军也信心十足，深信骑兵对步兵的巨大优势。随后，他们接替韩王信的军队与汉军交战，但在交锋中体验到了汉军的战斗力，被击败。周勃率军沿路追击，杀死不少匈奴人。

匈奴左右贤王不甘心失败，又在楼烦聚集军队，准备反扑汉军。刘邦得知情报，派灌婴率军抢先攻击楼烦一带的匈奴军。楼烦附近一马平川。灌婴利用这种地理优势，运用战车大破匈奴骑兵，将楼烦以北6个县全部夺回。匈奴人再次遭到打击。骑兵虽然厉害，但在平坦之地，遇到同样具有较强机动性的车兵，也没什么优势，甚至会遭到暴打。

韩王信惨败，左右贤王又溃败，冒顿单于得知这些消息，才意识到汉军的战斗力不可小觑。不过，他天生就是不服输的人。他清楚地认识到，这场战争关系到匈奴国运，一旦匈奴战败，他们将会再次失去水草丰美的河套平原，退出大阴山，那些新征服的部落也会趁机背叛——匈奴帝国将会瓦解。

一定要打赢这场战争！冒顿单于一改往日遇到强大敌人就逃走的传统，下令征集匈奴国内所有精兵猛将，准备打败刘邦，为先祖们雪耻。

两个诞生不久的军事强国，一个代表着游牧文明，一个代表着农耕文明，双方最高统治者都调动最精锐军队御驾亲征，都摆出要与对方一决高下态势。一场规模空前的农牧文明大决战即将爆发。无论是老谋深算的刘邦，还是年轻力壮的冒顿单于，都希望一战定乾坤。

汉军接连打了几场胜仗，处于强势进攻状态。匈奴军前几次只有还手之力，根本没有进攻之力，冒顿单于苦苦思索原因。他发现，汉军善于阵地战和攻坚战，攻城作战，是发挥其长处；匈奴骑兵擅长打野战和围歼战，不擅长打阵地战和攻城战。匈奴军战败，是汉军以长搏短的结果。

冒顿单于决定改变战法，向汉军示弱，将汉军诱出堡垒，使之失去屏障，再利用匈奴骑兵超强机动能力，对他们实施包抄围歼。

当时，冒顿单于率军驻扎在代谷，刘邦在晋阳全面指挥汉军作战。他们各有各的谋划。冒顿单于想将汉军诱出城堡后围歼，而刘邦则迫切希望在长城以内一举击溃匈奴精锐骑兵，击杀冒顿单于，把塞外草原纳入汉朝统治之下，一劳永逸地解决边患问题。

双方战略目标确定后，开始使用各种手段去实现目标。为争取时间和麻痹冒顿单于，刘邦派出大批通好使者，前往代谷求见冒顿单于，说两国交兵十分不利于两国百姓，不如罢兵言和，和平共处，匈奴在塞外放牧，汉朝在塞内农耕，井水不犯河水，千秋万代友好。刘邦派人通好是假的，秘密观察匈奴军动静和战斗力才是真的。

冒顿单于谋略绝非一般人可比。他看穿了刘邦的意图，却假装不知道，将计就计，命令精兵远离营地隐蔽待命，同时将肥壮牛羊藏起来。

汉朝使者来到匈奴营中，发现匈奴兵全是老弱病残，牛羊也都瘦骨嶙峋，由此现象断定，匈奴军战斗力不强，后勤补给也差。他们没深入分析，回去后把所看到的一切告诉刘邦，说匈奴军战斗力已到极限，补给困难，经不起消耗战。

一个汉朝使者这么说，两个汉朝使者这么说，三个汉朝使者也是这么说，刘邦相信了，认为开战以来，汉军连连得胜，匈奴军接连溃败，损失惨重，加上匈奴人本来就不多，几经惨败后，只剩下老弱残兵是正常的。

刘邦急于打败冒顿单于，来不及冷静地深入分析，便命令32万汉军北上进攻匈奴。当时，天气恶劣，数日风雪不止。汉军事前没做相关准备，冒着风雪急速行军，因经不住冻寒而死伤的非常多。汉军进军速度越来越慢。

越过句注山时，前不久派往匈奴的使者刘敬与汉军相遇，急忙求见刘邦，劝他停止前进，避免不必要损失。刘敬早年曾来往汉匈之间经商，后来又在边境当兵抗击匈奴，对边塞环境气候非常了解，对匈奴人情况也耳熟能详。他告诉刘邦，匈奴人是故意露出瘦弱牛羊和老弱士兵，目的是诱惑汉军冒进，以便进行伏击。

刘邦根本就不听凭三寸不烂之舌混上小官的刘敬的劝阻，认为他不懂军事，谈论军事不知轻重，下令将他关押起来，并告诉他"等我打胜仗了，再回来跟你算账"。随后，刘邦率汉军继续北进，寻找匈奴军决战。

得知刘邦率汉军急速北进，冒顿单于意识到他的示弱起效果了——

汉军大举深入，给他创造了匈奴军一举擒杀刘邦的机会。

当时，汉军有30多万，但绝大多数是步兵，车兵和骑兵极少。汉军步兵主要任务是攻城；车兵主要任务是冲锋，突击对方的阵形；骑兵从属于步兵，人数极少，主要用于侦察敌情和快速机动突袭敌人运粮队。汉朝刚建国，经济条件极其差，很多将相都只能坐牛车，根本就没有多少马匹组建专业骑兵。

刘邦志在必得，对进军速度不满，集中所有骑兵，和夏侯婴、陈平等人率骑兵充当先锋，命令步兵和车兵作为后军，在后面跟进。结果，刘邦率前军进军神速，很快到达平城，而步兵和车兵拉开至少好几天的行军距离，这给冒顿单于集中匈奴军围攻汉军制造了机会。

3. 白登之围，匈奴军无意间显现不足

冒顿单于调集全匈奴精兵猛将，目标是对方30多万汉军，没想到刘邦率少量骑兵先期进入他预设的战场。这对他来说，是天赐良机。他大喜，立即率40万匈奴骑兵合围刘邦所率汉军骑兵。

汉军被团团围住。双方展开激战，杀得天昏地暗。冒顿单于见识了久经战阵的汉军的战斗力，发挥数量优势，命令匈奴军务必全力围攻。汉军丢下伤亡人员，抢占了平城西的白登山，并在山上搭建防御工事，这导致匈奴骑兵围攻难度加大。

冒顿单于不愿失去机会，下令匈奴骑兵将白登山围起来。一时间，匈奴骑兵将白登山团团包围：白登山西面是清一色骑着白马的匈奴兵，北面是清一色骑着乌骊马的匈奴兵，东面是清一色骑着青龙马的匈奴兵，南面是清一色骑着赤黄马的匈奴兵。

看到将白登山围得如铁桶一般，冒顿单于命令匈奴骑兵轮番发起攻击。出乎他意料之外的是，汉军骑兵下马充当步兵，不仅很快修筑了防御工事，准备好檑木、滚石，而且防御作战配合也相当好。每次匈奴

骑兵发起攻击，汉军就用檑木、滚石往下砸，用弓箭居高临下射杀。骑着马仰攻的匈奴兵根本无法靠近。马遇到檑木、滚石一受惊，人便落马。匈奴骑兵阵形大乱，自相践踏。匈奴骑兵几次进攻都被击败，死伤无数。

冒顿单于见骑兵无法上山，下令他们下马充当步兵，继续朝白登山发起进攻。不过，匈奴是马背上民族，从未训练过步战。匈奴骑兵离开战马，充当步兵，战斗力大减。他们拿着弯刀，在没先进攻城器材情况下，在没有成熟战术配合下，继续向白登山进攻。汉军挥舞长枪大刀，从山上冲杀下来。一场短兵相接后，匈奴人被砍杀一大片，败下阵去。

冒顿单于见攻山也一时无法取胜，就下令将白登山团团围住，欲困死在白登山的汉军。待到他们断水断粮，战斗力全无，匈奴骑兵就能攻上去了。冒顿单于认为，汉军简装轻进，没带多少粮食，且山上地势高，汉军退守山顶，水和粮都是大问题。

果然，在匈奴兵围困数天后，阏氏突然求见冒顿单于，对他说："匈奴和汉朝是天下最大两个国家，两国国君更不应该互相围困对方。现在汉朝皇帝被困在山上，汉族人怎么肯就此算了？必然会拼死相救。就算我们打败了汉族人，夺取了他们的城地，也会因为水土不服，无法长住。并且，万一灭不了汉朝皇帝，等救兵一到，内外夹攻，那样我们就不能共享安乐了。"

阏氏说罢，就哭泣起来。冒顿单于见心爱的女人哭，一时也不知怎么办才好。他知道，匈奴军已经围攻白登山好几天，多次进攻都攻不上去，还死伤了不少人马。双方僵持在这里，也不是个办法。

冒顿单于问阏氏："那你认为该怎么办？"

阏氏说："汉朝皇帝被围困了7天，军中却没有出现慌乱，想必是有神灵相助，虽有危险，最终会平安无事。你又何必违背天命，非得将他赶尽杀绝呢？不如放他一条生路，以免有什么灾难降临到咱们头上。"

冒顿单于将信将疑，沉吟不语。他不想放过这个机会，但一时也找不到突破办法。

阏氏继续说："我已经将汉朝皇帝使者带到大营外，要不，你召他进来，看看汉朝皇帝的态度，或许能找到解决办法。"

冒顿单于见阏氏这么说，决定召见汉朝皇帝使者。这个使者叫陈平，是汉朝皇帝刘邦的重要谋士。他早已经带着一双白璧和一颗夜明珠，私下见了阏氏。

陈平到匈奴军营时，先说求见大单于，匈奴兵没为难他。在带他去见冒顿单于时，陈平又掏出礼物给引路的士兵："我听说阏氏在军中。我想先去拜见阏氏，烦请诸位引见！"引路的士兵接受了礼物，把陈平领到阏氏帐中。

"汉朝使者陈平见过阏氏，有玉带一条、白璧一双、夜明珠一颗敬献。"陈平恭敬地将礼物送给阏氏。

阏氏随冒顿单于到前线，有个重要目的就是，等打败汉军，抢掠到财物后，能挑选几件称心如意的东西。见有人主动送来贵重礼物，她非常高兴地接受了。

陈平趁机对阏氏说："因为在军中，来不及准备更多礼物。像这种东西，在我们长安城里堆积如山，不计其数。如果阏氏喜欢，我马上派人到长安给您运几车来。但是，求您为我引见单于。"

阏氏知道汉朝使者不会无缘无故送她贵重礼物，但没想到居然仅仅是为此等事送礼物。她笑了笑，说："你要见单于就去见，找我做什么呢？"

陈平说："皇帝想与单于讲和，用财物赎身。这事，阏氏不出面，成功不了。我希望您能成全这件事。皇帝和我绝不会忘了您的大恩，愿意送给您赎金一半数额的礼物，作为对您的报答！"

阏氏并没立即答应。见此，陈平又取出一幅美女的画像，献给阏氏。阏氏问这是什么意思。陈平说："这上面画的是我们皇宫里面的美女。如果您不愿意帮这个忙，那我就只好拿着这个去向单于进献美女，请求退兵。到那时，恐怕阏氏不仅得不到想要的，而且地位也会受到威胁。"

阏氏听罢此话，考虑到自身利益，便带陈平到冒顿单于的军帐外，自己先去劝冒顿单于。

陈平在军帐外等了一会儿，突然有匈奴兵前来引导他和翻译进军帐。冒顿单于以胜利者姿态接见陈平，一副高高在上的样子。陈平神态自若，说："大单于将我大汉皇帝包围在白登山，究竟是什么目的呢？我大汉皇帝出征时，已安排太子监国。他一旦遇到不测事件，太子就立即登基。到时候，大汉所有人将大单于当作不共戴天的仇人，大单于却什么也得不到！"

冒顿单于盯着陈平，发出一阵笑声，说："汉朝皇帝想让我放掉他，向我认输投降？"

汉朝使者陈平却说："大单于错了！今天这种形势，只能算是您偷袭得手，也不能说胜负已定。我们皇帝已决意在山上坚守一个月，拖住你们。内地各郡军民现在已经知道皇帝被围困在白登山，正火速赶来救援。援军来了，我们就可以里应外合，一举打败你们。想必大单于也已经知道，周勃等人正率数十万大军日夜兼程地朝平城方向赶来！汉军久经战阵，战斗力如何，大单于想必已经领教了吧？"

冒顿单于听了此话，没吭声。他已经得到消息，周勃率30多万汉军正星夜兼程朝平城进发，估计他们三两天就能到。汉军的战斗力和战斗意志都不可小觑。被围困在白登山的汉军只有几千人，却丝毫不畏惧40万匈奴军围攻。如果30多万汉军赶到，那么，匈奴军能不能占优势还不可知。

冒顿单于默不作声，陈平又接着说："虽然，皇帝性格刚烈，想集中中原人力和物力与大单于拼个鱼死网破，但作为臣子，我必须分析利弊，评判得失。我劝汉皇帝说，大单于得到塞内农民无法役使，陛下得到塞外牧民也无法管束，彼此争战，有什么好处呢？如果双方相持不下，只能两败俱伤，让大月氏等国趁机得利，难道不是在祸害自己吗？经过我再三劝谏，皇帝才勉强同意双方言和，各守疆界，永不相侵！"

听到这一席话，冒顿单于心里一颤：匈奴人力、物力远不能与汉朝相提并论。这次攻入长城内是倾全国之兵，如果与汉朝结下血海深仇，在长城内长期鏖战下去，那么，曾被匈奴赶跑但实力尚存的大月氏人，一定会趁火打劫，报仇雪恨的。大月氏人对匈奴人恨之入骨，一旦趁匈奴空虚之机复仇，匈奴将会面临灭国之灾。

不仅如此，冒顿单于与王黄、赵利等人约定共击汉军。到此时，他们却还没率军前来。他们是被汉军消灭掉了，还是和汉军合计好共同对付匈奴呢？冒顿单于心中充满了疑虑。

考虑到种种不利因素，冒顿单于对陈平说："双方和解可以，但我大匈奴军越过长城，浩浩荡荡而来，此行花费不少，不能空手回去！"此刻，匈奴尚处于进攻方，冒顿单于内心虽有顾虑，但不想随意放过汉军，想趁机敲一笔。

陈平顺势给冒顿单于铺台阶，说："大汉地大物博，物产丰富。匈奴举国人口，不如大汉一郡，若两国能以兄弟关系和睦相处，大汉每年拿出一笔钱财供给贵国日常开支。"

冒顿单于见此，觉得此行不虚，顺势说："好吧！本单于姑且信一次。如果食言，我匈奴大军随时踏平中原，让你们永远不得安宁！"

陈平说："单于放心，我们皇帝最讲诚信！"

随后，冒顿单于将包围圈撤去一面，让陈平充当使者，下山去装几车黄金作为赎金。但没想到陈平下白登山去筹备赎金时，刘邦充作他的随从，混下白登山。刘邦与陈平等人一溜烟冲下山，立即逃往平城内。

冒顿单于得知此消息，才意识到上当了，让汉朝皇帝跑了。他想率军围攻平城，但汉军援军已陆续到达，声势浩大。继续围攻白登山上的数千人，也已经失去战略意义。冒顿单于只好下令暂时退却，重新部署兵力。

4. 与汉和亲，匈奴数代单于都未曾认真过

刘邦逃回平城，汉军后续军队也到了。冒顿单于重新调整部署，准备与刘邦再次决战。他迟迟没见到汉军主动出击，而过了几天得到消息，刘邦已命令樊哙防守，自己率军回到长安了。冒顿单于多少有些落寞，任命韩王信为将，率领一支军队，负责对战樊哙等人，自己率军回单于庭休整。

匈汉战争已经告一段落，但绝不是结束。冒顿单于让韩王信率兵侵扰长城边塞，疲敝汉军，自己率军休整，策划下一场战争。短暂休整后，冒顿单于派人率军攻打赵国故地，朝着代郡发起进攻。因为他得知代王刘喜是刘邦的二哥，没有领军作战经验，且胆小怕事。

战争的结果一扫冒顿单于白登山之战的遗憾，匈奴军还没攻到代郡城下，刘喜就弃守封地，逃回长安。汉军群龙无首，不战自溃。匈奴军趁机发起进攻，如入无人之地，一口气攻下了云中、雁门、代郡等地的53个县。

取得意料之外的胜利，冒顿单于让匈奴兵纵情烧杀抢掠后，面临如何处理这些土地的问题。这些地方是农耕区，地处长城内侧，匈奴人不便放牧。如果派匈奴兵防守，但这样匈奴骑兵势必又要弃长用短与汉军战斗，遭受重大损失。当然，这些领地是攻打下来的，不可能随意放弃，否则下次翻越长城会付出更大代价。

冒顿单于思来想去，决定扶植中原傀儡，将这些土地交给韩王信、王黄、赵利等人管理，让他们向匈奴上交贡赋。一旦匈奴军想南侵，又可让他们充当开路先锋。韩王信、王黄、赵利等人获得匈汉战争红利，自然喜不胜收，但汉朝不按常理出牌的做法又让他们隐隐担忧。

无论是冒顿单于，还是韩王信、王黄、赵利等人，在夺取汉朝53

个县后，都认为刘邦会再次亲率大军前来决战雪耻的，但没想到他派来刘敬，带来一个令全匈奴人都惊讶的消息——汉匈停止战争，汉朝送公主到匈奴和亲，给公主大量嫁妆。

原来，刘邦从白登山逃走后就决定与匈奴实现和解，为积蓄实力赢得时间和空间。他放出因阻止与匈奴军决战而被关押的刘敬，并将其封为关内侯。刘邦问刘敬，有什么办法对付匈奴军频频侵扰。

刘敬献上和亲计。他认为，如果能把鲁元公主下嫁给冒顿单于，送给他丰厚礼物，双方结成姻亲。冒顿单于在位时，匈奴单于是汉朝女婿；冒顿单于死后，继任匈奴单于也是汉朝女婿，甚至外孙。这样，碍于亲情和血缘关系，匈奴进攻会减缓，且长时间后，还可能被同化。刘邦听后，认为从目前形势而言，有利于缓和两国关系，从长期而言，还可能同化匈奴。于是，这件事拿到朝廷上讨论。一番激烈的争论后，刘邦坚定支持和亲，并派刘敬作为和亲使者，到匈奴和亲。

刘敬作为和亲大使，出使匈奴，招冒顿单于做女婿。冒顿单于觉得不可思议。他已经30多岁，当了十余年单于，他娶的妻子，加上从头曼单于那里继承来的女人，征服草原部落时抢掠的女人，侵犯中原时抢掠的女人，数目多得他都记不清。刘邦想送给他一个女人，就让他从此不再侵犯中原，也太小瞧他了。冒顿单于表现得不屑一顾。

刘敬又进一步说："和亲公主是皇帝的女儿，有皇帝血统。中原人出嫁女儿，是要送大量嫁妆的。"

冒顿单于朝着刘敬看了看，依然没回应。刘敬又说："单于同意和亲，汉朝将公主送来和亲，同时赠送大量财物！"

冒顿单于听到刘敬解释嫁妆这么露骨，再也不能不表态了。冒顿单于不缺女人，但从未娶过中原皇帝的女儿。有皇帝直系血统的女人，想必与一般女人不一样。更重要的是，汉朝皇帝要赏赐大量财物给女儿带到匈奴来，这种不通过战争掠夺就获得财物的方式，他怎么能拒绝呢？不仅如此，他比汉朝皇帝要小近30岁，做汉朝皇帝女婿，也不是什么丢人的事。

冒顿单于看了看刘敬说："此话当真？"

"当真！"

"我同意和亲。你尽快回长安告诉汉朝皇帝准备嫁妆，过段时间将公主和嫁妆送过来。如果耍花样，那么我将率军亲自到长安迎娶公主。"冒顿单于笑着回答说。

"绝无戏言！请单于给我一个回执，我立即回长安去办理！"刘敬恭敬地回答说。

冒顿单于不知道刘敬什么意思，怔怔地看着他，没吭声。刘敬只好又解释说："请单于给我一件信物，我好回报皇帝，回长安办理此事。"

冒顿单于见此，取下腰间的小刀，令人递给了刘敬。刘敬行了礼，转身就回中原了。

冒顿单于非常高兴地等待着刘敬的消息。

不久，韩王信、王黄、赵利等人得知和亲消息，意识到匈奴和汉朝结成友好邻邦，他们免不了"兔死狗烹"下场。他们鼓动阏氏一起去见冒顿单于，劝单于不要答应与汉朝和亲。韩王信、王黄、赵利等人说："大单于，你拥有广大土地和人口，要女人，可以在匈奴内部随便挑选，要财物的话，我们愿意充当先锋，南下中原去抢。与汉朝和亲休战，这中了刘邦的奸计啊……"

冒顿单于哈哈大笑，告诉韩王信等人："你们以为本单于没看清楚刘邦的心思？我告诉你们，他送女人，我照收不误；送钱财，我照收不误；南下中原，照旧进行不误。我同意和亲，匈奴军想越过长城，就随时越过长城去！"

韩王信、王黄、赵利等人这才安下心来。韩王信曾经长期跟随刘邦，坚定认为和亲是缓兵之计，为将来大规模反击战争争取时间。他又对冒顿单于说："我们不能被和亲政策所迷惑，要积极主动地分化汉朝力量，将汉朝内部反对刘邦的诸侯拉拢过来。"

冒顿单于觉得有道理，对韩王信说："那就由你负责去分化瓦解和拉拢汉朝各诸侯。"

韩王信领令后，又对冒顿单于说："据侦查了解，汉朝的代王刘喜逃走后，刘邦册封尚未成年的儿子刘如意为代王，后来又改封刘如意为赵王，改封刘恒为代王，任命陈豨为相，统率代郡的军队防御我们。我们可以派人去策反陈豨。"

冒顿单于见韩王信唯恐失宠，争相献计献策，笑着大手一挥："你看着去办吧！"

不久，刘敬将汉朝公主送到草原，带来了丰厚的嫁妆。冒顿单于看了看丰厚的嫁妆和美丽的公主，感觉还不错。刘敬又说："大单于，如果您愿意与大汉缔结为兄弟之国，那么，我们皇帝以后每年都送给匈奴大量粮食、丝绸和钱财。"

冒顿单于对文字条约没有什么兴趣，对刘敬说："本单于不喜欢那么麻烦的。"

刘敬趁机将写好的文书递上，说："请大单于缔结和约！"

冒顿单于见此，示意手下接过文书。手下看了看文书，对冒顿单于说："只有和亲、休战两条。"

关注实际利益的冒顿单于，想到汉朝公主和丰厚的嫁妆，见和约就两条，挥手就同意了。随后，汉匈友好协定签订，双方宣布和亲休战。匈汉关系进入一个新时期。

5. 以汉制汉，冒顿单于这次彻底失策了

刘邦采取和亲休战策略，缓和与匈奴关系，便集中力量加强内部统治，恢复生产，发展国力，剪灭异姓诸侯王。异姓诸侯王人人自危，反叛接二连三。刘邦不辞辛苦，一次次征战，将他们消灭。

韩王信向冒顿单于提到的陈豨也逐渐惴惴不安起来。陈豨出任代相，

率领汉军防御匈奴卓有成效。无论是韩王信，还是冒顿单于，在得知代国防守情况后，都不敢大举进犯。看到一个又一个异姓诸侯被刘邦消灭，陈豨开始担心自己的命运。

陈豨位居列侯，与淮阴侯韩信私人关系不错。淮阴侯韩信战功卓越，却被无故贬斥。刘邦如果查出他与淮阴侯韩信有来往，是不会放过他的。在陈豨担惊受怕时，韩王信多次派王黄等人潜入长城内，秘密会见陈豨，劝告他刘邦不讲恩德，保命要紧，只要投靠了匈奴，起兵反刘邦，不仅能活命，还可以在匈奴帮助下取得天下。

陈豨权衡利弊后，决定外联匈奴，起兵造反。公元前196年八月，陈豨正式举起造反大旗。冒顿单于并不急于派兵干涉，而是观望局势。直到第二年春，韩王信再三要求出兵支援陈豨，冒顿单于才派他率领匈奴骑兵到参合陂接应，同时派王黄、曼丘臣等人率军直接援助陈豨。此时，匈汉已经和亲，冒顿单于不便出面，便留在单于庭，只是派投降匈奴的汉将率部参战。

冒顿单于玩两面手段，表面上与汉朝和亲，结为兄弟之国，暗中却怂恿汉朝反叛分子暴动，分化和肢解汉朝。刘邦非常气愤，决定同样采取两面手段对付。他维持表面的汉匈和睦，同时毫不手软地镇压叛臣，巩固边防。于是，他不顾年老体衰，亲征陈豨。

对冒顿单于挑起汉朝内争，刘邦看得非常清楚——陈豨叛变是匈奴和韩王信挑唆的。他将计就计，借助打击陈豨之机，筹划打击匈奴和韩王信。匈奴强大，汉军暂时无力与之决战。刘邦决定尽量避免与匈奴军交锋，先集中力量消灭韩王信。消灭了韩王信，就如同除掉匈奴的一只手。

于是，刘邦率军大张旗鼓地前去镇压陈豨。同时，派柴武率军到参合陂迎战韩王信。

柴武率军到参合陂后，派人给韩王信送去一封信，信中说："皇上宽厚仁慈，尽管有诸侯背叛逃亡，但只要他们再度归顺，就会不诛杀他们，还恢复他们爵位名号。这是你知道的。你因战败才逃归匈奴，并没什么大罪。希望你迷途知返，回归汉朝！"

韩王信回了一封信，说："皇上把我从平民中提拔上来，让我做了王，是我的万幸。不过，在荥阳保卫战中，我不能以死效忠，投降项羽。这是第一条罪。匈奴军进攻马邑时，我不能坚守城池，献城投降。这是第二条罪。如今，我率匈奴军与你作战。这是第三条罪。历史上的文种、范蠡没犯一条罪。在越王灭吴之后，他们一个被杀，一个逃亡。如今，我犯下了三条罪，还想苟全性命吗？我逃到山谷中，每天向匈奴人乞讨过日子，我想回归，但情势不允许我回归啊！"

收到韩王信回信后，柴武见招降之路走不通，只好率军攻打。两军交锋后，柴武率军攻下参合陂，斩杀韩王信。不久，刘邦率军向陈豨发起进攻。陈豨实力不强，加上失去韩王信支援，大败而逃，率领残部逃入山林。刘邦率军追击，很快擒杀侯敞、王黄、张春、曼丘臣等叛将。樊哙率军紧追陈豨，在第二年冬将其斩杀。

战局发展有点儿出乎冒顿单于的意料。陈豨、韩王信、王黄、曼丘臣等人已死，冒顿单于正在寻找新的中原代理人。汉朝燕王卢绾突然投降匈奴，带来刘邦病死的消息。冒顿单于大喜，封卢绾为东胡卢王。

原来，燕王卢绾和刘邦交情非常好。刘邦镇压燕王臧荼后，卢绾被封为燕王。刘邦亲征陈豨时，率军到邯郸，从南向北攻打陈豨。燕王卢绾率军自东北方向攻打陈豨。陈豨抵敌不住，派遣王黄向匈奴人求救。卢绾也派张胜出使匈奴，阻止匈奴发出援军。逃亡到匈奴的原燕王臧荼儿子臧衍策反了张胜。张胜成为卢绾和匈奴人之间的线人。张胜在匈奴活动的情况被刘邦得知。刘邦认为卢绾造反，派樊哙率军攻打燕国。卢绾得知汉军前来征讨，不愿与汉军交锋，将他的宫人、家属、步骑数千徙居到长城下。当时，刘邦已经病重。卢绾想等刘邦病好后，再入朝谢罪。但一个月后，卢绾得知刘邦病死。他害怕吕后不会放过他，便率军投降了匈奴。

刘邦死了，冒顿单于心情多少有些复杂：没有这个强劲对手，他将会感到孤独；失去这个强劲对手，他将有更多机会翻越长城。他密切关注汉朝政治走向，以决定下一步行动。

6. 高光时刻，普天之下因冒顿单于而战栗

冒顿单于是汉朝女婿。刘邦死后，他决定"先礼后兵"，将匈奴习俗和制度强加到汉朝身上。

公元前191年，冒顿单于给吕后写了一封信，信中说："孤偾之君，生于沮泽之中，长于平野牛马之域，数至边境，原游中国。陛下独立，孤偾独居，两主不乐，无以自娱，愿以所有，易其所无。"这段话的大致意思是：你死了丈夫，我也孤单寂寞，我们凑在一起过日子吧！

冒顿单于此举，在中原人看来是无理取闹；但在匈奴人看来，有法律和习俗依据。匈奴有继婚制度：父亲死了，继位的儿子可以娶除生母以外的庶母为妻子；哥哥死了，弟弟可娶嫂子为妻子；弟弟死了，哥哥可娶弟媳为妻子。按照此理，匈奴和汉朝结为兄弟之国，按照继婚制度，冒顿单于认为，无论是娶母，还是娶嫂，他都应该前来收取刘邦的妻子及财产。

冒顿单于写这封信的目的不在于要吕后，而在于要汉朝江山，即使要不来江山，也可以借这件事让吕后和汉朝发怒，和他翻脸，挑起战争。他深信，凭匈奴的实力，可以狠狠地抢掠汉朝一次。

吕后看了那封信，勃然大怒，但在召陈平、樊哙、季布等人商议后，决定继续和亲匈奴。她命令谒者（官名）张泽以她的名义写了一封回信，又送去一个宗室女和一些财物。

信中说："单于不忘弊邑，赐之以书，弊邑恐惧。退而自图，年老气衰，发齿堕落，行步失度，单于过听，不足以自污。弊邑无罪，宜在见赦。窃有御车二乘，马二驷，以奉常驾。"

吕后说自己年老色衰，怕玷污单于，不敢前去侍奉，汉朝没什么得罪单于的地方，希望单于原谅。见汉朝太后如此卑躬屈膝，又送来美女和财物，冒顿单于感觉好极了，打消南下的念头，反而派人带马匹等礼物回赠吕后，还致歉说："未尝闻中国礼仪，陛下幸而赦之。"

冒顿单于认为，他给汉朝下马威和索取财物目的达到，"解释"一下，不仅可以为此后索取财物打下基础，还能显示他和平的诚意。

双方都给对方面子，匈汉之间得以继续维持微妙的友好邦交。

忍者无敌。这次事件，冒顿单于领教了吕后的厉害，认为她是个了不起的女人，对汉朝平添了几分敬意，耍虎威后见好即收。匈汉和亲继续，双方和睦相处。在此后十几年里，匈奴没有大规模侵扰中原。

不过，冒顿单于在等待机会。他准备一旦汉朝内乱或者陷入分裂，就率军越过长城，抢掠中原。公元前180年，吕后去世。公元前179年，代王刘恒登基。代王刘恒的封国与匈奴接壤。他对匈奴人非常了解，害怕匈奴人趁他登基初期根基不稳，挥师南下，便继续举起和亲大旗，选一位宗室女，将她册封为公主，嫁给冒顿单于，还送去大量嫁妆。

冒顿单于接受和亲，同时也产生了南下的念头。他原以为汉朝会像秦朝那样，只要刘邦一死，国家就会陷入内乱，没想到汉朝国力越来越强盛。他已年近60岁，所剩时日无多，看到汉朝有崛起迹象，实在有些坐不住。他决定给刘恒一个下马威，敲打一下汉朝。

公元前177年，冒顿单于命令右贤王率匈奴军在河套平原抢掠。这时，河南地为匈奴占领。按说，右贤王在自己领地上自由活动，无可厚非。关键是其动机在"盗"，匈奴军突然越过边境，侵掠了汉朝辖区。

冒顿单于此举明显向刘恒示威：你做代王时，我们敢进入代郡；你做了皇帝，我们同样敢入侵！

匈奴右贤王率军大举侵掠边境。刘恒决定借机树立皇威，彰显才干，于是御驾亲征。曾跟随刘邦亲征匈奴的那帮老臣还在，纷纷劝阻。薄太后也出面劝阻。最终，刘恒命丞相灌婴率8万5千名车兵和骑兵前去迎击右贤王，自己亲自巡幸太原，检阅吏民，以为后盾，同时写信谴责冒顿单于违背和亲盟约，摆出绝交开战架势。

右贤王见汉朝大军前来，不敢硬碰，赶紧带着抢掠的财物逃跑。灌婴率领汉军紧追不舍。他想越过长城，继续追击。但汉朝爆发内乱，刘恒不得不停止征战。

这次事件惊醒了冒顿单于。战前，汉朝使者见冒顿单于时，理直气壮，严厉谴责右贤王破坏和亲政策。冒顿单于理屈词穷，恼羞成怒，索性杀了汉朝使者。得知右贤王为汉军所逼狼狈逃回塞外的消息，他才发现刘恒有血性，不是好惹的。于是，他暂时取消南进的计划，征战大月氏。

大月氏曾经多次被匈奴人打败。冒顿单于与汉朝较量，每逢陷入僵持局面时就见好即收，有个重要原因就是他担心陷入长期僵持后，大月氏会趁机复仇，在背后捅一刀。

冒顿单于想摆脱事实上存在的汉朝和大月氏东西两线牵制匈奴的状态，决定先打击大月氏，征服西域其他国家，然后将其战果展示给汉朝人看。于是，冒顿单于命右贤王率军向西突袭大月氏。大月氏根本不是匈奴人的对手，又一次遭遇惨败，不得不再一次西迁，退到伊犁河流域。匈奴人完全占据河西走廊，控制了西域锁钥之地，解除了南下的后顾之忧。

河西走廊在今天甘肃西部一带。它南面有一座高山，像一面屏风，从山上流下的雪水清冽甘甜，汇流成为疏勒河、弱水、卢水等多条小河，滋润着河西大地。右贤王攻占河西走廊后，冒顿单于亲自前往那里，向南面高山祭拜。

匈奴占领河西走廊，还收获了意料之外的战略收益。大月氏是西域大国，被匈奴追着猛打，不得不跨过死亡之海，翻越葱岭逃到西部去。西域那些小国家都闻风丧胆，不得不考虑寻求匈奴保护问题。

一时间，楼兰、乌孙等西域26国纷纷投降匈奴，贡献财物、美女。

匈奴将其势力范围伸向西域，一下子改变了当地战略格局。西域诸国成为匈奴臣属。冒顿单于将其划归匈奴右部日逐王管辖。此前，匈奴是"一单于四王"结构，而将西域诸国纳入势力范围后，匈奴变成"一单于五王"。统治结构的调整和扩大，意味着匈奴统治范围和势力进一步突破。

为管理好西域诸国，日逐王下令设立僮仆都尉，专职负责定期巡视西域各诸国，收取贡品，打击不服的国家。就这样，匈奴在西域建立起相对完整的管理体系，将西域诸国统管起来。

匈奴对汉朝的战略优势进一步加强——匈奴独霸整个北方草原，控制西域，从东北、西北、正北三个方向对汉朝形成战略进攻的态势。

趁着打败大月氏的余威，西域26国闻风归降，志得意满的冒顿单于决定对汉朝来一次战略恐吓——向汉朝展示匈奴在西域的辉煌战果，威逼汉朝继续和亲，送公主，送财物，同时警告汉朝，大月氏以及西域26国的前车之鉴在那里。

公元前174年，冒顿单于写信给汉朝皇帝刘恒，讲述匈奴在西域的丰功伟绩。信的大致意思是：汉朝皇帝，继续和亲政策，对汉匈双方都有利。前次背盟，不是本单于的本意，原因是你方边境官吏侵扰、侮辱我方右贤王，右贤王情绪失控，没来得及请示本单于，听信后义卢侯难氏等人挑唆，同你方官吏发生冲突，破坏本单于与你先皇缔结的友好条约，离间了汉匈之间兄弟关系。本单于已经采取措施惩罚右贤王，命他率军攻打大月氏。托上天的洪福，匈奴将官威猛，士兵精良，战马强壮，轻松消灭大月氏，杀掉一切敢于反抗和不服匈奴的人，降服大月氏百姓，还威服西域楼兰、乌孙、呼揭等26国。西域诸国人都成为本单于的臣民，草原上凡能弯弓射箭的人都成为一家。大匈奴境内安定祥和。本单于愿意停战，休养士卒，喂养战马，消除以前的不愉快，恢复先前盟约，使两国边疆百姓安宁，让少年人能平安地成长，老年人能平安地生活，世世代代和平安乐，友好相处。

不仅如此，冒顿单于还命令右贤王率军进入河南地抢掠一番，然后将责任推给汉朝边境官吏。

冒顿单于此举是赤裸裸的威胁。刘恒收到信，立即召集群臣，商议对策。此刻，匈奴严重威胁着汉朝，但汉朝公卿对此前的经历记忆犹新，与匈奴交战没信心，不愿意打破目前相对和平局面。他们普遍认为，匈奴刚刚打败大月氏，降服了西域26国，挟胜利余威，军队战斗力正强，这时发兵与匈奴交战，对汉朝不利，还是继续和亲更有利。

刘恒冷静考虑，发现匈奴处在实力的顶峰，汉朝与之对决取胜把握不大，便装傻充愣，从字的表面理解那封信，答应匈奴和亲请求，派使者给冒顿单于送回信。

冒顿单于接到刘恒的回信，比较满意，认为刘恒非常认可他的话，高度赞许他热爱和平，虽然也指责匈奴背弃盟约，要求他约束好匈奴的官吏，谨守信用，不要违背盟约，但依然坚持和亲，还送来很多财物。冒顿单于讲究实用主义，对汉朝人"不敬之辞"并没太在意。因为匈奴对汉朝处在空前战略优势地位，压制汉朝的自信还是有的。

在迎来人生最高光的时刻不久，冒顿单于死了。他儿子稽粥继位，即老上单于。老上单于能将匈奴带向何方呢？

第三章　全面碾压，
　　　匈奴尽显超级帝国范儿

匈奴降伏西域诸国，威慑汉朝继续和亲。冒顿单于在匈奴最高光时刻死了。老上单于继位后，汉朝叛徒宦官中行说获得重用，见招拆招，强势压制汉朝，在和亲上百般挑刺。汉朝几代皇帝忍辱负重，继续和亲政策，积蓄实力。

1. 重用汉奸，老上单于收获意外利益

老上单于继位后，匈汉两方使者来往频繁，都想趁机试探对方的政策动向。刘恒表现积极，将原本嫁给冒顿单于的公主送给老上单于。老上单于接受了这次和亲，但内心总有"被汉朝安排了"的感觉。

不过，闷闷不乐的老上单于，很快在汉朝和亲队伍中"发现了惊喜"——熟知汉朝底细的随行太监中行说，不仅足智多谋，而且对匈奴死心塌地。冒顿单于时代利用韩王信等人"以汉制汉"，老上单于受到启发，决定趁机重用中行说，让他做自己的谋士。

原来，汉朝和亲公主到匈奴时，除了带大量嫁妆外，还有一批陪嫁的宫女和宦官。匈汉习俗不同，饮食起居、自然环境有很大差异。无论是宫女，还是太监，都将随公主出嫁匈奴视同"走上不归路"。

在准备和亲时，领头太监选中了一个叫中行说的小太监。中行说直接表达自己的看法："我不愿意去匈奴。你另选别人吧！"太监是皇家奴仆，皇帝安排你干什么，你就干什么，没有任何条件可讲。中行说的举动激怒了领头太监。他愤怒地说："就你去！我传达的是皇上的旨意！"

太监身份特殊，喜欢动不动拿"我传达的是皇上的旨意"来吓唬其他人。中行说深知领头太监是在故意整他，立即大声反驳说："你不要拿皇上的旨意来吓唬我！派谁去，不就是你一句话吗？既然你拿皇上的旨意来压我，那我也告诉你，如果真的要我去，我无话可说，但你听好了，我将来会成为大汉的心腹大患。逼我去匈奴，我一定会让做出此决定的人付出代价。"

领头太监没在乎中行说的狠话，再次强调："我传达的是皇上的旨意！"

中行说认为他被逼到绝境——他要么死，要么随公主去匈奴。最终，中行说选择了随公主去匈奴，投奔匈奴，为匈奴单于出谋划策，报复汉朝。

到匈奴后，中行说立即投靠老上单于，替他出谋划策，对付汉朝。老上单于见熟悉汉朝情况的中行说主动替他谋划，视之为"天赐"，将他当作心腹。

当时，匈奴人没文字，没书籍，不读书，许多事靠口头转达约定。个人智慧和知识主要来自个人的见闻和老一辈人的口口相传。中原人除了这些，还会读书，广泛地吸取前人的智慧。中行说在汉朝皇宫里做太监，读了不少书，精通谋略权术，对汉朝人行事和思维方式非常熟悉。他一心要帮助匈奴压制汉朝。老上单于当然将他当作"天赐福音"。

在老上单于支持下，中行说在匈奴推行反汉化运动，强化匈奴民风和优秀传统。匈奴经济、文化十分落后，日用物品非常缺乏。匈奴人喜欢汉朝制造的精美物品，出现崇尚汉朝的风气。一些匈奴贵族喜欢穿汉朝进贡来的锦衣，喜欢吃具有浓厚中原风味的美食，喜欢喝中原的美酒佳酿。他们恨自己生在塞外，一心向往中土。

匈奴贵族腐化，生活方式汉化，心里崇尚汉朝，这对匈奴来说，是危险的信号。短视的匈奴贵族浑然不觉，中行说却一语点醒梦中人。他对老上单于说："匈奴人口不如汉朝一个大郡的多，之所以能保持强大，全在于服饰、饮食与汉朝不同，在经济上不依赖汉朝。如今，单于改变匈奴旧俗，推广汉朝饮食服装，这些东西在匈奴人看来很珍贵，也很多。但是，对于地大物博的汉朝来说，不过是十分之一二而已，根本伤不了其元气。长此以往，匈奴人就会人心思动，早晚要归化于汉朝。中原人通过和亲同化游牧民族，是常用手段。例如，历史上晋国和戎狄结亲，用美酒佳肴和女乐换取戎狄的马匹、毛皮等，让他们享受腐化生活。结果，几十年后，戎狄成为晋国附属，心甘情愿地出人出力替晋国打仗卖命。汉服不适合在马上穿的，美酒佳肴吃了就没了，对匈奴没什么好处。匈奴人日渐沉迷于锦衣玉食，会逐渐丧失自己的优势……"

老上单于见中行说考虑得深远，深信其谋划，开始采取措施，阻止匈奴人汉化。为了让匈奴人不穿汉服，老上单于根据中行说的建议，在召集贵族聚会时，命令两队士兵分别穿着匈奴服装和汉服，策马在荆棘丛中奔驰。结果，穿汉服士兵身上的衣服变成破布条。老上单于趁机号召大家穿匈奴服装，说匈奴服装更坚固完美。不仅如此，老上单于还带头将面前的汉式食物全部扔掉，号召大家喝奶吃烤肉。为防止匈奴人汉化，老上单于制定一条法律："得汉食物皆丢弃之；得汉衣物皆撕裂之。"

中行说深知匈奴文化方面落后汉朝，便想方设法帮助匈奴人提高民族认同感和自信心。在匈汉双方书信往来上，中行说设法突出匈奴单于比汉朝皇帝高贵一等。他要求匈奴致汉朝的国书，要比汉朝致匈奴的长一寸，所用封印加大，国书开头写上"天地所生、日月所置的匈奴大单于敬问汉朝皇帝无恙"后，再写其他内容。这种国书格式让人感觉汉朝是匈奴属国。

更令老上单于高兴的是，中行说还代表匈奴跟汉朝使者辩论，从文化习俗上压制汉朝人。

有一次，汉朝使者说："匈奴风俗轻视老年人。"他以此暗示匈奴人应该向汉朝学习尊老爱幼。

中行说反问："按照汉朝风俗，当兵或被派去戍守疆土的人出发时，他们父母难道不省下暖和衣物和肥美食品送给他们吗？"

使者回答："当然要这样。"

中行说大声反驳："战争是最重要的事，只有赢得战争才能生存发展。在匈奴，年老体弱的人不能打仗，把肥美食物给壮健的人吃，让他们吃饱喝足，有力气好好打仗。这样，父亲与儿子能长久相互保护。你怎么说成是轻视老年人呢？"

使者又嘲笑说："匈奴父子同睡一个房间。父亲死后，儿子娶后母为妻子；兄弟死后，其他活着兄弟娶死者的妻子。匈奴官吏没帽子和衣带等服饰，也缺少礼节。这一切难道是文明国家应有的吗？"

中行说继续反驳说："匈奴人的风俗是无与伦比的。人人吃肉，喝奶，穿皮质衣服。牲畜吃草喝水，随着时序推移而更换地点。在形势急迫之时，匈奴人人能骑马射箭，保家卫国；在形势宽松时，大家欢乐相处，彼此很少约束，君臣关系简单，办事简单高效。父子兄弟继婚制度，是为避免种族消失。匈奴人虽然伦常混乱，却一定要立本族子孙。中原人假装正派，不实行继婚制度，亲属关系越来越疏远，甚至相互残杀，改朝易姓。不仅如此，中原的礼义弊端多，它使君主与臣民之间产生怨恨。君主极力修造宫室房屋，耗尽民力，侵扰百姓利益。中原百姓一年到头努力耕田种桑，最终满足君主个人而已。他们到处修筑城池，防御外来侵扰，又是练兵，又是务农，活得疲惫不堪。唉！生活在土石房里的汉族人，你们有什么理由喋喋不休指责匈奴人呢？难道你们戴帽子就了不起吗？……"

使者哑口无言，根本不是中行说的对手。老上单于看到中行说代表匈奴与汉朝使者辩论，丝毫不落下风，更增添了对他的几分信任，便将与汉朝打交道的事交给他处理。

中行说真是尽心尽责。从此以后，汉朝使者来到匈奴，中行说根本就不给他们辩论的机会，经常事先警告他们："不要多废话，只要保证送给匈奴的礼品量足数够，品种齐全，质量优良就行！如果品种不齐全，质量粗劣，等到庄稼成熟时，匈奴铁骑就放马奔驰，践踏你们的庄稼，夺取你们的财物。"

中行说更令老上单于满意的是，他将汉朝管理经验传授给匈奴人，亲自教授匈奴官吏汉朝先进赋税计算和征收、管理知识，教授匈奴人数学知识和法律知识。他不惜得罪匈奴贵族，力举加强单于权威，对贵族加以管束。

经过一系列反汉化举动后，老上单于的统治巩固了，对各贵族和部落的控制加强了，匈奴的实力也继续蒸蒸日上。中行说又建议老上单于先威胁一下汉朝，索要一些好处，然后集中力量进攻大月氏。

老上单于正好要检验一下中行说的反汉化运动的成效，同意他的建议。公元前166年，老上单于亲率14万匈奴骑兵，大举入侵汉朝。匈奴军进攻朝那、萧关，杀死汉朝北地郡都尉孙印，掠走人口、牧畜、财物无数，还纵兵焚毁回中宫。此外，匈奴斥候还率领骑兵攻到汉朝的甘泉，迫近长安。

刘恒大惊，一边调兵加强长安防守，一边调集骑兵迎击匈奴军。

老上单于在塞内留居了一个多月，却不想跟汉军决战。汉军快到前线时，他就率匈奴军退到塞外。汉军追到塞外，不敢深入追击，无功而返。

这一战，匈奴人所获颇丰，又全身而退。老上单于十分惬意，继续令匈奴兵侵扰汉朝边塞。刘恒没其他更好办法，只好一边派人加强防守，一边派人前往匈奴示好，许以和亲和"岁贡"。

老上单于接受了汉朝讲和请求。匈汉双方正式相约以长城边塞为界，互不侵犯。公元前162年，汉朝和亲公主送到老上单于那里。匈汉双方暂时又进入和平期。老上单于便腾出手来，打击另一个对手——大月氏。

2. 平定西域，匈奴再次证明其强大实力

在军事方面，老上单于毫不例外地取得了对大月氏的胜利，但从政治上看，却给匈奴的未来埋下了隐患——赶走了相对温和的仇敌大月氏，扶植了一个倔强而叛逆的乌孙——后来乌孙在数百年间一直反匈奴。

大月氏是匈奴宿敌，虽然多次被匈奴打败，但主力犹存，仅仅是被赶到西部去了。大月氏被匈奴从漠南草原一步步赶到西域伊犁河流域后，因祸得福，反而获得了更大的生存空间，有复兴苗头。因为当时西域诸国实力较弱，大月氏接触过中原文明，且势力比原住民庞大得多，恢复和发展环境优越。

得知大月氏有复兴趋势，老上单于认为必须扼杀。大月氏的强大，对匈奴西域的控制造成严重威胁，而西域诸国又对匈奴西部安全非常重要。还有个深层次忧患，那就是担心大月氏和汉朝从两个方向夹攻匈奴，让匈奴从战略主动转为被动。他乐意接受汉朝和亲，跟大月氏复兴有一定关系。

老上单于决定出兵大月氏，还有一个重要因素，流亡匈奴的乌孙昆莫（王）猎骄靡长大了，强烈要求匈奴人帮他杀回故地，消灭宿敌大月氏，重建乌孙，为匈奴镇守西部边疆。老上单于认为，打击宿敌大月氏，在西域扶植一个忠于匈奴的代理人，是一个非常不错的战略。对汉朝实现战略威吓后，老上单于就着手策划征服大月氏的战争。

公元前177年，匈奴右贤王入侵河南地，遭到挫折，转而向西进攻大月氏。大月氏战败，继续西迁，来到西域。当时，西域诸国已经归附匈奴。大月氏要生存，要向西迁徙，必须要与臣属匈奴的西域诸国

作战。

大月氏打不过匈奴，但与西域诸国比，仍是超级强国。趁匈奴兵力撤回之际，大月氏出兵攻打乌孙。当时，乌孙是西域小国，根本不是大月氏的对手，没多久便战败灭国。乌孙昆莫难兜靡被杀。乌孙领地被大月氏占领。

乌孙灭国时，难兜靡的继承者猎骄靡仅1岁。难兜靡的心腹傅父布就翎侯冒险抱着猎骄靡逃往匈奴。当时，乌孙是匈奴属国。他们逃难到匈奴，冒顿单于收留了他们。

傅父布就翎侯给冒顿单于讲述了逃亡过程中的一个故事：躲过大月氏人追杀后，傅父布就翎侯和猎骄靡又渴又饿。他只好把猎骄靡藏在草丛中，独自一人去寻找食物。他走了很远才找到一些吃的。他惦记着小主人，匆忙往回赶。等返回草丛时，他发现有只母狼在给猎骄靡喂奶，空中还有乌鸦叼着肉飞翔。

傅父布就翎侯认为这是上天的神迹，神乎其神地讲给冒顿单于听。匈奴人以狼为图腾，认为自己是狼的后代。冒顿单于听说猎骄靡在逃亡途中得到母狼眷顾，便认为猎骄靡是天之骄子下凡，决定好好抚养他，帮助他复国，同时将收集的乌孙残部交给他统率。冒顿单于死后，老上单于继续抚养猎骄靡。

转眼十几年过去了，猎骄靡长大后，担任了流亡匈奴的乌孙昆莫。猎骄靡一天也没忘记国仇家恨，请求匈奴单于派兵帮助他攻灭大月氏，实现复国梦想，充当匈奴在西域的忠实小弟。老上单于看到大月氏有复兴势头，在与汉朝和亲后，就让猎骄靡带路，派匈奴军去攻打大月氏。

公元前161年，老上单于在17岁的猎骄靡的引路下，亲率匈奴军向大月氏发起了进攻。大月氏人经受不住匈奴铁骑攻击，迅速战败，损失惨重。这一战中，大月氏王被杀。老上单于令人将大月氏王头盖骨制成酒杯。

在大月氏王后率领下，大月氏残部继续西迁，来到中亚。乌孙昆莫猎骄靡成为匈奴在西域的代理人。他率军帮助匈奴人平定西域诸国，成为匈奴最忠实奴仆。继冒顿单于之后，老上单于再次征服西域诸国，确立匈奴对西域霸权，扩大了匈奴的势力范围。匈奴的强盛再次得到了证明。

平定西域没多久，老上单于就死了。他儿子军臣单于继位。中行说继续侍奉军臣单于。军臣单于继续重用中行说，却在乌孙那里遇到了麻烦。

乌孙昆莫猎骄靡占据大月氏人留下的伊犁河流域牧场。那里水草肥美，气候宜人，没多久，乌孙势力就强大起来。

猎骄靡尊重老上单于，却不拿军臣单于当回事。军臣单于继位不久，他就宣布乌孙独立，摆脱匈奴控制。军臣单于大怒，派兵偷袭乌孙。猎骄靡从小在匈奴长大，对匈奴人那一套太熟悉了。他一点也不惊慌，利用地理优势，将匈奴军打得惨败。

小小的乌孙打败了强大的匈奴，这在当时是不可思议的。军臣单于想起猎骄靡的身世传奇，认为他是狼孩儿，匈奴军惨败纯属天意，就不敢再派兵前去进攻乌孙。他认为，乌孙是小国，不会对匈奴构成大威胁，而匈奴最大敌人是汉朝。

不过，汉朝继续和亲政策。军臣单于继位，在公元前160年，汉朝就给他送了和亲公主和大笔嫁妆。

中行说煽动军臣单于说："大单于，给汉朝一点颜色看看！不然，汉朝会轻视您。"

正好进攻乌孙失利，军臣单于急于挽回面子，树立权威，回答中行说："按你的意思办！"

公元前158年冬天，军臣单于单方面宣布断绝与汉朝和亲关系，然后率军大举入侵汉朝。两路匈奴骑兵，各有3万，分别朝着上郡和云中进攻，一路烧杀抢掠。匈奴骑兵攻到甘泉宫时，汉朝各路援军赶到，准备与匈奴军决战。军臣单于见抢掠目的已经达到，率军带着抢掠到的财物、牲畜、人口，浩浩荡荡返回匈奴。汉军追到边塞便停止了。

刘恒只好再次忍气吞声，集中力量先解决藩国问题，再集中全力对付匈奴。不过，他一件事都没做成，就于公元前156年死了。在他临死前一个月，军臣单于率领匈奴军入侵。垂危中的刘恒派翟青到匈奴求和，双方继续和亲。军臣单于不知道刘恒即将死去，以为可以趁机捞一笔，就傲慢地答应了。

公元前155年秋，汉朝新皇帝刘启派人将和亲公主送到匈奴。军臣单于一如既往地笑纳。不久，中行说对军臣单于说："大单于，据内线消息报告，汉朝经济实力最近几年恢复很快。匈奴即使与汉朝和亲，也要时刻想办法削弱汉朝实力，使它没有反击能力……"

军臣单于心领神会，接受汉朝和亲公主以及丰厚嫁妆后，依旧派兵骚扰汉朝边境，源源不断地抢掠物资和人口，让汉朝在骚扰中疲于奔命。刘启却无可奈何。公元前154年，汉朝爆发七国之乱，汉朝中央与七大诸侯国大打出手。

赵国与匈奴接壤。赵王刘遂写信给军臣单于，邀请他出兵一起攻打刘启。军臣单于想像当年冒顿单于那样"原游中国"，乘机率军越过长城，大肆抢掠，挥师南进。不过，七国之乱很快被镇压。大量汉军迅速赶往边境迎击军臣单于率领的匈奴军。军臣单于不愿意硬碰硬地决战，只好退军而去，同时派小股匈奴军不断侵扰长城边塞，能抢的尽量抢，即使不能南下中原，也不让汉朝消停。

这一折腾两年过去了。刘启没办法，不得不在公元前152年再送一位和亲公主。

军臣单于举行大婚，度完蜜月，中行说劝他派使者去跟刘启说："汉匈之间关系破裂了，你们要承担责任。"军臣单于毫不犹豫地答应了。

匈奴使者将话传递给刘启。刘启很纳闷，问匈奴使者："此话怎讲？大汉诚心和亲，刚送去和亲公主，单于就想变卦吗？"

匈奴使者说："既然结为姻亲，就要拿出诚意来。汉朝自和亲以来，一直拿宗室女充当公主，没和亲诚意。这次送过去的和亲公主也是假公主。汉朝骗了天地所生、日月所置的几代单于这么多年。这个账该怎么算？"

刘启刚从"七国之乱"梦魇中清醒过来，正在恢复战争创伤，稳定国内秩序，不想节外生枝与强大匈奴翻脸，只好忍痛割爱，说："我将亲生女儿嫁给单于就是了！"

匈奴使者见目的达到了，迅速返回报告军臣单于。军臣单于非常高兴，不久又举行了一次婚礼，娶了刘启15岁的亲生女儿南宫公主（有些史料记载这次和亲也并非南宫公主），又获得一批丰厚的嫁妆。

不仅如此，为平息军臣单于的怒火，表达友好诚意，刘启下令在汉匈边境开通关市，双方做起生意。军臣单于对此十分满意，匈奴上层贵族也十分满意。和亲得到好处的是单于。关市开通使匈奴上层贵族可以用马匹、牛羊去和中原人交换日常生活用品，从而享用中原丰富物产和各种精美制品。

军臣单于见刘启对匈奴"百依百顺"，产生了高人一等的感觉，不好意思再派兵侵扰边境。匈奴贵族也享受了汉朝好处，抢掠的想法也没之前强烈，侵略的动力小了很多。

在此后10余年时间里，双方相安无事。匈奴军再也没有大规模入侵汉朝。

3. 战略疏忽，军臣单于安逸后便惊恐不安

一晃十几年过去了。军臣单于享受超级霸主的感觉，意识到再不派匈奴军"锻炼锻炼"，将会降低对汉朝的威慑。于是，在公元前148年春，军臣单于率匈奴军翻越长城实施抢掠。他自信地率军来到长城下时，发现汉朝不仅将城墙修得坚固，而且各地守将的战略战术素养非常高。

匈奴军进攻雁门时，汉军居然敢主动迎战匈奴军。令人刮目相看的是，汉军无论是战斗力还是组织性，都有非常大的进步。匈奴军几次进攻，都被汉军挫败，损兵折将而毫无进展。

雁门是攻不进去了。进攻这里的匈奴兵既怕又羞愤，用树枝扎成汉朝雁门太守郅都的人像，作为练兵的箭靶子。每个以进攻雁门失败为耻的匈奴将士，见到这个箭靶子，都狠狠地对其射箭泄愤。

雁门攻不进去，匈奴军就从其他关隘进攻，但他们依然发现汉军进退有据，与之作战，非常难有突破。尤其是进攻上郡时，匈奴骑兵还被汉朝上郡守将李广戏耍了一次。

匈奴军抢掠上郡时，正好遇到李广率百余骑兵亲自巡逻边哨归来。当时，匈奴有数千骑兵，正是歼灭汉朝这支小规模骑兵的好机会。匈奴骑兵随即策马追击。不料，李广阻止想掉转马头往回跑的骑兵将士说："我们离自己大军有数十里的距离，如果现在逃走，匈奴人必然会追上来。到时，他们万箭齐发，我们一个都活不成。我们不如留下来，跟他们针锋相对。这样，匈奴人必然认为我们是汉军抛出的诱饵，引诱他们上钩，从而不敢攻击我们。我们同时派人去调集大军来援。大军一到，局面将有利于我们了。"

就这样，李广率汉朝百余骑兵不退反进。到离匈奴军不到 1 千米的地方，他们停下来，下马解鞍，躺在草地上休息。看到一小股汉军竟然如此胆大，匈奴将领们摸不着头脑。

派人观察汉军的神情状态，发现他们毫无惧色，淡定自若。这些汉军不会是来送死的，必然是汉军抛出的诱饵，他们后面必然有大量军队埋伏。匈奴将领做出基本判断后，还是觉得有些不对劲儿，便派了一名小校再去阵前瞭望，观察一下汉军。

小校骑白马出阵瞭望时，汉军将领李广飞身上马冲上去，搭箭射向匈奴小校。匈奴小校瞬间被射杀，而李广也随即镇定自若地回到队伍中休息。

汉军不仅毫不畏惧，而且箭术如此精湛，看到这一幕的匈奴骑兵都有些惊讶了。原本怀疑汉军这支小股骑兵是诱饵的匈奴将领更加相信自己的判断，看到天色已晚，害怕遭到汉军突袭，对峙一会儿后，率军撤走了。

事后得知那支小股骑兵就是李广率领巡查边哨的卫队，孤军深入，身后根本没埋伏汉军。军臣单于得知这一消息，非常生气。但更令他生气的是另外一条情报。

据得到的情报分析，军臣单于意识到自己被汉朝皇帝刘启欺骗了。刘启在卑躬屈膝地和亲后，不仅加强边防建设，培养大批军事将领，还大力发展养马业，模仿匈奴建立骑兵，并在骑兵配置上超越了匈奴。

令军臣单于脊梁发冷的是，汉朝官府就拥有40万匹马，如果加上民间的马，那数量更多。这些都是骑兵的重要支撑。不仅如此，汉朝还将骑兵分为轻骑兵和重骑兵，有重点、有针对性地进行训练。轻骑兵不装备铠甲，武器以弓箭为主，骑较矮小灵活的战马，用于侦察和迂回包围；重骑兵装备铠甲，武器以戟、矛和环首刀等为主，骑乘高大健壮的马，用于正面冲锋陷阵。匈奴骑兵战斗力虽强，但基本属于轻骑兵。如果匈汉进行骑兵对阵，匈奴轻骑兵对汉朝重骑兵，显然不占优势。

十几年前，军臣单于玩弄汉朝于股掌之间，迫使汉朝皇帝刘启不得不低声下气地和亲休战。如今，军臣单于和他的匈奴依旧强大，但汉朝也强大起来。刘启不再理会他，一副兵来将挡的架势。汉军将士依托长城，严阵以待，让匈奴军无机可乘。

充满懊悔郁闷的军臣单于率匈奴军在长城边上逗留了一阵，始终找不到突破机会，只好退兵而去。

回到单于庭后，军臣单于又面临新的麻烦：匈奴贵族们适应了十几年与汉朝和亲的状态，突然回到战争状态，感到非常不适应。

很多匈奴贵族已经习惯使用汉朝物品，过汉式生活。中行说那一套不准用汉式服装，不准吃汉式饮食，让他们非常难受。原来，他们相信保持匈奴传统，能使匈奴强大，保持对汉朝压制。那样的话，他们在匈奴生活压抑一点，也就忍了。现在，现实告诉他们中行说那一套是坑人的。向往汉式生活的匈奴贵族到中原定居的渴望，再次被激发。

第二年，即公元前147年，不满军臣单于统治的匈奴徐卢、仆黯、范代和邯郸等小王和部落首领率众归降汉朝。对此，军臣单于并未惊慌，因为这些人曾杀了不少汉朝人，他们逃到汉朝，正好可以借助刘启之手除掉他们。借助敌人之手除掉政敌，这是军臣单于的如意算盘。但从汉朝得知的消息，让他惊恐了。

原来，刘启将匈奴贵族投降汉朝看作是他们认为汉朝比匈奴更有前途，不仅不记前仇收留了他们，还封他们为列侯，让他们享受更豪华奢侈的生活。

军臣单于意识到这是刘启的离间计，立即采取严厉的措施，加强对匈奴贵族的控制。不过，这并未阻止越来越多的匈奴贵族离开军臣单于，投向汉朝怀抱。公元前145年，匈奴东胡王卢他归降汉朝，被封为亚谷侯。卢他是被刘邦逼反、逃入匈奴的前燕王卢绾的孙子。

匈奴贵族接二连三地投靠汉朝，原来汉朝投降匈奴的人又转向投奔汉朝，这是匈奴由盛转衰的危险信号。

军臣单于不得不重新评估汉朝实力，制定策略，挽回匈奴颓势。经过评估，他发现汉朝骑兵比他想象中的战争潜力还大，尤其马的数量众多，"庶众街巷有马，阡陌之间成群"。出了一身冷汗后，军臣单于决定将敌人扼死在骨骼尚未健壮之前。

经过一番精心的准备，军臣单于于公元前144年亲率匈奴军大举进攻上郡。这次进攻的目标，既不是攻城略地，也不是抢掠人口和财物，而是汉军养马场。他们企图夺取汉军战马，削弱汉军建立强大骑兵的基础。

军臣单于的攻击目标令汉军意外。养马场的守军以及附近百姓奋死抗击，战斗进行得非常激烈。匈奴军杀死汉军2千多人，但依然无法实现夺走战马的目标。周边的汉军迅速赶来援助，并有和军臣单于决战的气势。军臣单于意识到决战匈奴军占不到便宜，只好撤军而去。汉军照例追到长城边就停下来。

军臣单于不死心，在公元前142年又率军攻进雁门郡。这次，军臣单于没进攻养马场，而是直接攻城。雁门军民奋起抵抗。经过惨烈战斗，匈奴军杀死雁门郡太守冯敬，在付出重大伤亡后攻克雁门。因无力继续南侵，军臣单于下令匈奴军屠城泄愤后撤走。

这次战争后，军臣单于发现，汉军虽然英勇，誓死作战，但大批援军到来后，战马虽然成群，但也无力向北追击。这说明汉朝军马虽多，但并未培养出优秀骑兵，也没胆量主动进攻匈奴。匈奴依旧对汉朝保持着优势。

军臣单于自我安慰后，又准备入侵汉朝，但他还没来得及实施，就得到喜讯：刘启死了，年仅16岁的刘彻继位。

此时是公元前141年，在惊恐和愤怒中度过七八年的军臣单于终于可以喘一口气，迎来了他改变局势的新机遇。军臣单于深信：对刘启无可奈何，但对付一个十几岁的毛头小伙子，还是有把握的。

4. 马邑之围，老单于差点中小皇帝的计

刘彻继位，继续推行和亲政策。公元前137年，他派63岁的公孙弘出使匈奴。汉朝年轻皇帝会对匈奴采取什么政策，军臣单于心里没底，决定趁机试探一下。

公孙弘见到军臣单于后，照例问好，重申和亲政策，继续与匈奴和平共处。军臣单于直接对公孙弘说："那将你们皇帝的女儿送来和亲啊！"

公孙弘很恭敬地回答说："皇帝很年轻，才十几岁，公主年龄太小。大单于，等公主成年后，一定送来和亲。"

军臣单于见公孙弘逆来顺受，低调应答，处处迁就，哈哈大笑

起来。

中行说说:"汉朝延迟和亲,这是违背盟约。给匈奴造成的损失,汉朝准备怎么办?"

公孙弘凭借其渊博学识和儒雅风度,迅速化解刁难:"延迟和亲所造成的损失,我们已经替大单于想好了。我们准备恢复撤销的关市,每年继续赠送匈奴大批如金帛、丝絮等贵重礼物,数量可以考虑增加。"

"那加一倍吧!"军臣单于笑着对公孙弘说。

"禀告大单于,这件事我会启奏皇上的。"公孙弘依旧不慌不忙地说。

"那就这样定了!加一倍!!"军臣单于已经过了血气方刚的年龄,考虑问题理智,正视现实。刘彻才十几岁,公主是个小孩子,让人家现在就送公主来和亲,说不过去。互市关闭后,汉朝不给钱财和生活用品,匈奴人想越过长城去抢,又被守军阻击,难遂心愿,日子过得很窘迫。习惯享受汉朝奢侈品的匈奴贵族很不适应,颇有怨言,恢复互市也好,至少可以缓和匈奴贵族不满情绪。军臣单于考虑片刻,同意继续与汉朝和亲休战。

为表示和亲诚意,军臣单于空前积极,不时派人带着几匹骏马来到长城要塞,由胡巫祈祷祝福后,送进关内转交汉朝皇帝,以示善意。不过,军臣单于依旧不时派小股匈奴军侵扰长城边塞。

不久,军臣单于得知在匈奴辖区内有人抓住汉朝使者张骞等人。他派人审问张骞,张骞誓死不回答。没办法,军臣单于只好下令审判那些跟随张骞的胡人,包括匈奴人。审问结果是,张骞是出使大月氏的使者。

军臣单于愤愤地说:"大月氏在我国西北边,汉朝人怎么能往那儿出使呢?请问,如果我想派人出使南越,汉朝肯任凭我们的人经过吗?"

张骞依旧避而不答。军臣单于生气归生气,也没怎么为难张骞,将他幽禁起来,还把一个匈奴女子嫁给他,企图以此软化他。

原来，公孙弘带着军臣单于恢复和平的答复返回长安，正值血气方刚的刘彻不满意。公孙弘称病告老还乡，回家度余生去了。刘彻一方面继续和匈奴和亲，另一方面开始为征讨匈奴进行军事准备——让投降汉朝的匈奴人秘密训练汉朝骑兵。不仅如此，他展开外交攻势，从结交西域诸国入手，削弱匈奴实力。

西域主要是指敦煌、祁连山以西，葱岭以东和天山南北广大地区。西域分为两路，天山北麓是天然优良牧场，已被匈奴占有，属匈奴右部，归右贤王和右将军管辖。天山南麓气候干燥，可耕种地区狭小，且难以放牧，在汉初形成36国，多以农业为生，兼营畜牧业，有城离庐舍，故称"城离诸国"；36国从其地理分布看，由甘肃出玉门、阳关南行，傍昆仑山北麓向西，经且末、于阗至莎车为南道诸国。出玉门、阳关后北行，由姑师沿天山南麓向西，经焉耆、轮台、龟兹至疏勒为北道诸国。南北道之间是一望无际的塔里木大沙漠。西域居民主要有氐、羌、匈奴、大月氏和塞人等各族部落，总计约30余万人口。

在刘彻登基前，天山南路诸国也被匈奴征服，归属常驻焉耆的匈奴僮仆都尉管辖。僮仆都尉往来于诸国，征收粮食和羊马，把焉耆变成匈奴在天山南路补给站。葱岭以西的大宛、乌孙、大月氏、康居、大夏诸国由于距匈奴较远，尚未直接沦为匈奴属国。

联络西域诸国，结成军事联盟，一起夹攻匈奴，分散一些匈奴兵力，战胜匈奴的把握就会更大一些。

公元前138年，刘彻接到一份奏报：有匈奴叛逃到汉朝的人提供了当年老上单于击破大月氏，将大月氏王的头盖骨制成酒杯，而大月氏人立志报仇却苦于没有盟友相助的消息。刘彻立即决定派人前往大月氏，与它结盟，共击匈奴。

刘彻派张骞率100名随从从长安出发，沿着河西走廊，向西出使大月氏。

军臣单于扣留了张骞，但他担忧刘彻会派其他使者前往西域。中行说趁机煽动军臣单于说:"断绝与汉朝和亲,教训一下刘彻,打消他对匈奴的异心。"

军臣单于决定在和亲问题上做文章。在与中行说商议后,公元前135年,军臣单于派使者前往长安,催促汉朝赶快送和亲公主。当时,刘彻才21岁,亲生女儿才几岁。军臣单于如此做,目的就是要激怒刘彻,挑起战争。

刘彻被激怒了,却没失去理智,召集文武大臣商议对策。最终,刘彻服软了,派人将年幼公主送到匈奴和亲。军臣单于又怀疑汉朝送的和亲公主是假的,想方设法欺凌和折磨公主,以激怒刘彻,挑起战争。

他深信,匈奴对汉朝在军事上依然处于优势,汉朝正在崛起,只要挑起战争,就可以中断汉朝崛起,保持匈奴的强势地位。

没过多久,边境走私商聂壹请求拜见军臣单于。军臣单于对聂壹不陌生。汉朝关闭边境互市时,匈奴贵族日常用品奇缺,不满情绪高涨。走私商聂壹及时帮助军臣单于解决了这个问题。军臣单于对聂壹心存感激,立即召见聂壹:"你这次带来什么好东西啊?"

聂壹可怜兮兮地说:"我是来寻求大单于保护的。汉朝打击走私,禁止跟你们匈奴做生意。马邑县令和县丞平时对我搜刮盘剥,好处费拿了不少,却不给我提供保护。前不久,我给大单于准备了一批珍宝。从马邑出关时,马邑县令和县丞突然下令盘查,将那些货物扣留在马邑。我的家人也被扣留在那里。我是只身逃出马邑城的。请大单于可怜我,收留我,帮我报仇,夺回那批货物……"

军臣单于听后,随即觉得机会来临了,说:"有这回事?你说说,怎么帮你报仇?"

聂壹回答说:"如果大单于信任的话,我愿意潜回马邑,杀死马邑县令和县丞,将长城关隘打开。这样,匈奴军就能轻易进入长城内抢掠,甚至可以趁势杀向长安……"

军臣单于没及时回答,而是盯着聂壹看了看。聂壹继续哭诉:"我就是一个商人，不关心两国政治，一心只想发财，赚点钱花花。没想到汉朝对我这样无情，我也要对它无义。我与它不共戴天……"

军臣单于见聂壹说得那样悲情，丝毫没怀疑。他也想趁机抢掠一下汉朝，便询问中行说："军师的意见呢？"

中行说唯恐军臣单于放过汉朝，说："大单于，该给汉朝一点颜色看看了。"

军臣单于安抚了一番聂壹，然后对他说："你潜回马邑，寻机杀掉马邑县令和县丞。我召集大军，悄悄向马邑周边聚集。你将马邑县令和县丞杀掉后，打开长城关隘。匈奴军从马邑进入长城内，大肆抢掠汉朝，为你报仇雪耻。到时，你原来的财物，还是全部归你……"

聂壹慌忙拜谢，在匈奴待了几天，就回到马邑。军臣单于也很快下达聚集命令，迅速集结了10多万骑兵，做好入侵汉朝准备。

不久，马邑传来消息：聂壹已经将马邑县令和县丞杀死，将他们的人头挂在马邑城头。目前，他已经完全控制马邑，专等匈奴大军到来。

得知此消息，军臣单于立即率10余万匈奴骑兵南下，悄然向马邑靠近。匈奴军到达离马邑100多里的武州塞时，匈奴人发现牛羊遍野，却无人放牧。

中行说提醒军臣单于说："这里离马邑有100多里路远。牛羊要走好几天才能这里！"军臣单于听后，不得不怀疑起来：成群牛羊一下子逃到百里之外，不是容易的事。如果马邑发生动乱，牛羊没人管理，那么牛羊也不大可能成群地跑这么远。

中行说趁机提出："汉朝人狡猾。大单于，要不，先派小股军队去前面侦察一下。"

军臣单于认为有道理，下令大军停止前进，就地休息，并派出小股军队到前面侦察。

没过多久，小股侦察的军队回来了，抓获了正在巡视的汉朝雁门尉史。军臣单于见了那个尉史，话都没多说，挥手令人杀掉。尉史大声叫喊："大单于饶命！大单于饶命！我有重要消息报告大单于！"

军臣单于让他说下去。尉史把他知道的消息和盘托出。

原来，军臣单于欺凌和折磨小公主的事被外贸商聂壹知道后，聂壹将消息上报王恢。王恢是主战派，将他和聂壹商议的计谋上报给刘彻。在一番朝议后，刘彻决定在马邑设伏，命令聂壹引诱军臣单于率军进入马邑，一举击杀。在马邑附近，汉军攻埋伏了 30 余万车骑兵，共分 5 路，韩安国、李广、公孙贺 3 人各率人马分别埋伏在马邑旁边的句注山，负责伏击匈奴军主力，王恢和李息各率人马潜伏在代郡，负责攻击匈奴军后部，同时追击匈奴败兵……

听尉史讲完，军臣单于大惊："我本来就对此事有疑心。没想到，真的是圈套。"

军臣单于赶紧下令撤军。撤回漠南草原后，军臣单于尚惊魂未定，说："我得到尉史，天意啊，上天让他把这个情报告诉我。我不能亏待他！"于是，他封尉史为"天王"。

军臣单于得到情报，突然率匈奴军撤走，马邑附近的汉军无一出击。王恢所部也没出击，汉军精心策划的一场战争因泄密而告终。逃离险境的军臣单于回想这件事就感到后怕，对刘彻恨得咬牙切齿。他决定寻机率军翻越长城，狠狠地教训一下他。

5. 龙城被屠，匈奴圣地首次遭到攻击

军臣单于期间，基本与汉朝保持和睦相处关系。中行说经常劝说军臣单于不要让汉朝休养生息，缓过劲儿来，要对它保持进攻势态，不断骚扰，阻止它崛起。军臣单于贪图汉朝美女和财货，虽然认为中行提的建议对，但并没贯彻到底，致使汉朝在刘启在位期间人口和财富急剧增长，民间和官方蓄养的战马不断攀升。

中行说看到汉匈之间实力此消彼长，忧心忡忡，但军臣单于对他更多的是尊重，并没受到重用。马邑事件，军臣单于惊出一身冷汗，猛然省悟，决定重新重用中行说。中行说竭忠尽智，但汉匈之间大势已经不是凭他一己之力所能改变的。年老的中行说也只能使用最原始古老的战术，派匈奴军入侵汉朝边境实施抢掠。

马邑事件后，军臣单于下令断绝与汉朝和亲关系，加大侵入汉朝边境抢掠频率。于是，长城沿线爆发了空前激烈而频繁的战争。

在这次疯狂报复浪潮中，渔阳和上谷是战争最激烈的地方，成千上万汉朝官吏及军民被杀。匈奴军焚烧城镇，践踏庄稼，破坏田园，抢掠财物，将在马邑激起的愤怒尽情地发泄出来。不过，匈奴军并不恋战，实施抢掠后，带着财物迅速撤到长城外。军臣单于企图通过不断骚扰，让汉军疲于奔命，削弱汉军实力，再寻机大举进攻中原腹地。

刘彻早预料到匈奴人会报复，但内部诸侯问题严重，导致无法集中全力对付匈奴。匈奴人频繁报复，刘彻趁机削弱了诸侯军权。公元前130年，江都王刘非上书，请缨率军，出击匈奴。刘彻不置可否，却同意诸侯属下军队参与抗击匈奴，下诏立法"雍阏求奋击匈奴者，格明诏，当弃市"，即任何人敢压制属下抗击匈奴的格杀勿论。这一政策得到各诸侯属下将士拥护——他们也渴望为国出力、升官发财的机会。刘彻顺势将他们调离各诸侯国，整编成军队，收归自己管辖。

事实上，军臣单于命令匈奴骑兵大规模侵扰汉朝边境，在气势上咄咄逼人，但也知道与汉朝完全决裂的时机不成熟，也不完全符合匈奴利益。在盐、铁等战略物资上，匈奴完全依赖汉朝。不仅如此，匈奴贵族喜欢丝帛等奢侈品，仅凭边境抢掠，是无法获得满足的。因此，匈奴与汉朝战争期间，仍然坚持与汉朝在边地关市通商。

军臣单于看到这一点，刘彻当然也捕捉到了潜藏在关市中的战机。匈奴人离不开关市通商，他就借关市通商的机会，袭击匈奴人，切断匈奴战略物资来源。他下令上谷、代郡、雁门、云中等地汉军同时大规模袭击来关市通商的匈奴人，宣布盐、铁归朝廷专营，任何私人不得从事相关贸易。

刘彻实行盐铁朝廷专营后，匈奴盐铁来源被切断。军臣单于很苦恼。军师中行说也无计可施。实行盐铁朝廷专营是史无前例的，这种经济管控是超越军臣单于和中行说认知的。在他们苦苦寻找良机时，刘彻另一个史无前例的举动让他们大出意料之外——公元前129年，汉军主动越过长城，向匈奴本土发起了进攻。

由于历次汉军行动都是在长城内调兵遣将进行防御作战，军臣单于对汉军进入匈奴本土作战根本没有心理准备，在情报方面非常缺乏，根本不知道汉军行动的任何消息。他只好根据自己预想的重点设防，下令匈奴骑兵向他预想的重点防区汇集。单于庭临近代郡和雁门方向，军臣单于就下令匈奴军汇集在这里，兵分两路迎战。

战场上很快传来好消息，在代郡方向，匈奴骑兵偏师遇到了公孙敖率领的1万汉军骑兵。匈奴骑兵利用本土作战和人数多的优势，将汉军骑兵大得打败，只有不到三分之一的骑兵落荒而逃。

军臣单于非常满意，信心十足。当然，他对自己率领的匈奴主力更是信心十足。在雁门方向，他率军遇到汉朝名将李广率领的1万骑兵。相比匈奴军主力，这1万骑兵深入匈奴境内，简直就是送死。他下令匈奴军围歼李广率领的骑兵。

军臣单于久仰李广威名，听说李广是汉朝最善战的将领，命令手下"得李广必生致之"，即遇到李广不要杀他，要活捉他。战果不出军臣单于的意外，匈奴骑兵顺利消灭了汉军骑兵，也成功将李广活捉。

军臣单于非常高兴，令人迅速将李广押来。他想亲眼看看汉朝最善战的将军，最好能将他劝降，成为威慑汉朝的一张牌。不过，他高兴没多久，就得到一个令他生气的消息：李广跑了！

原来，李广被俘时受了重伤。军臣单于命令人将李广押过去，受重伤的李广走不能走，骑马不能骑马，坐轿坐车当时匈奴军中又没有。匈奴骑兵没办法，想来想去，将两匹马并在一起，中间用绳子结成网袋，然后将受伤的李广放在中间躺着。李广获得此"待遇"，也明白匈奴单于想干什么，于是他躺在网袋里装死。看护的匈奴骑兵以为他真的受重伤动弹不得，就放松了警惕。走了十多里路后，李广发现旁边有个匈奴少年骑着一匹好马，便看准时机突然纵身跃起，把匈奴少年推下马，抢了他的马，夺了他的弓箭，策马扬鞭向南奔驰。押送的匈奴骑兵惊呆了，立即追击。面对数百匈奴骑兵紧紧追赶，李广边跑边射杀追兵，居然成功逃脱了。

军臣单于得知消息，气得大骂。但过了几天，传来了一个他愧对祖宗的消息：龙城被一个叫卫青的率领骑兵袭击了，守卫的700多人全部被杀死。

龙城是匈奴人每年集会祭天的地方，是匈奴人圣地。汉军屠杀龙城，虽然损失才700多人，对匈奴来说，是"伤害性不大，侮辱性极强"的。军臣单于听到消息，咬牙切齿地说："刘彻，卫青……"

当然，还有一条消息可以让军臣单于稍微宽慰点，那就是公孙贺率1万汉军骑兵，在云中方向进攻匈奴本土，没遇到一个匈奴人，白跑一趟，耗费了汉军人力、物力。

战后，军臣单于迅速做出反应，加大对汉朝边境骚扰力度，让汉军疲于应付。这年冬天，匈奴精锐骑兵频繁地进入渔阳，大肆烧杀抢掠。刘彻派老成持重的韩安国到渔阳防守，依然挡不住匈奴人攻城略地，杀人放火。

军臣单于的举动，让匈奴上层贵族觉得他懦弱。他此时已老迈虚弱，时日不多，匈奴上层贵族也没将振兴匈奴的希望寄托在他身上，而是提前选择自己看好的下一任单于继承者。於丹是军臣单于的儿子，伊稚斜是军臣单于的弟弟。伊稚斜比於丹要勇猛。一部分上层贵族将对军臣单于的不满转移到於丹身上，坚定支持伊稚斜。军臣单于是想将单于传给於丹的。他想除掉伊稚斜，又担心内忧外患引发的震动导致匈奴进一步陷入危机。在他犹豫期间，匈奴贵族悄悄分成支持於丹和支持伊稚斜的两大派。

就在这时，军臣单于又得知一个令他头痛的消息：逃跑的张骞又被抓到了。

此前，军臣单于只知道张骞向西行走，具体什么目的，肩负什么任务，他一概不知道。现在张骞又被抓到了，而且随行的人和装饰大不一样，这又是什么情况呢？军臣单于下令将张骞迅速送到他跟前来。

"张骞，你不是逃跑了吗？怎么又被抓到了？"军臣单于见到张骞就质问道。

张骞已经成功出使西域诸国，在归途中被匈奴人抓获，面对军臣单于的质问，是意料之中的。他不敢多说什么，只是简单地重复："我想回家，我想回家……"

军臣单于以及左右审问很长时间，张骞只说一句话："我想回家。"军臣单于非常气愤，下令将他关押起来，并告诉张骞："要不了多久，本单于率军杀进中原，送你回家！"当然，气愤归气愤，重新抓获张骞是军臣单于不幸中的万幸，如果张骞等人悄悄返回长安，后面不知道要发生什么事。他当务之急，是要从张骞嘴里得知他究竟干什么去了，究竟隐藏了什么阴谋。

不过，处于焦躁繁忙中的军臣单于始终没机会搞清楚这个秘密。

第四章　乾坤逆转，
　　　　匈奴被迫全面战略防御

　　匈奴对汉朝有碾压优势，半个世纪后，汉军却前所未地进攻匈奴。卫青、霍去病相继横空出世，匈奴频频战败。匈奴贵族认为，军臣单于老了，没有魄力，才导致这种结局。事实上，汉朝是真的全面崛起了。即使他们认为强悍的伊稚斜继任单于，匈奴依然逃脱不了战败失地的命运。丢失河南地，丢失阴山，丢失河西走廊，丢失西域属国，匈奴接连失败，被迫全面战略防御。

1. 天才马奴，卫青差点要了军臣单于的命

　　军臣单于与中行说一起出谋划策，准备教训汉朝一下。而刘彻也在策划一场新的战争，准备夺取距长安不足千里的河南地，即河套平原。这里地势平坦，土壤肥沃，水草丰美，宜耕宜牧，汉匈双方都志在必得。匈奴骑兵从这里出发，用一两天就可直入关中，威胁长安。对汉朝而言，匈奴人占据河南地，好比是在背后插一把锋利的尖刀，让人寝食难安。
　　汉匈双方都忙于策划战争时，能言善辩、谈吐幽默的汉朝使者枚皋到了匈奴。枚皋号称是奉皇帝命令前来商谈恢复和平的。军臣单于心知肚明，当然不会被这种和平烟幕弹迷惑。他将计就计，派人与枚皋斡旋

谈判。等枚皋回中原，军臣单于随即命令匈奴兵分三路，同时突破长城，大举入侵汉朝。

这件事发生在公元前128年秋。当时，军臣单于亲率西路军攻击雁门郡，打败了雁门校尉，杀死了1千多人。东路匈奴军2万骑兵猛攻辽西郡，杀死辽西太守，抢掠辽西百姓2千余人；中路军攻击渔阳郡，击败渔阳太守所部1千余人，随后又消灭汉朝名将韩安国所部1千多骑兵。

一时间，汉朝北方边境同时告急，匈奴军大有攻破长城，直捣长安之势。军臣单于看到如此振奋人心的局面，欣喜异常，心里开始想着刘彻迅速派使者送公主来和亲，带上丰厚的嫁妆，赔礼道歉。不久，他得知一个令他惊讶的消息：刘彻派卫青率3万骑兵前来雁门郡应战；李息率兵出代郡，声援渔阳。

卫青，就是那个让匈奴龙城蒙羞的卫青。军臣单于曾令人了解过卫青的情况。卫青是刘彻皇后卫子夫的亲弟弟，刘彻姐姐平阳公主的丈夫。他小时候是平阳公主府中专门负责养马的人，酷爱马，喜欢骑马射箭，舞刀弄枪，有一身好武艺和马上功夫。军臣单于认为，卫青率军前来正合心意，击败卫青，既可以雪耻，也可以对汉朝起到巨大的威慑作用。

事实又证明军臣单于低估了卫青。卫青率汉朝3万精锐骑兵，日夜兼程，赶往雁门郡。与匈奴军接触后，卫青身先士卒，冲锋在前，以必死决心向匈奴军发起攻击。汉朝骑兵在卫青率领下，个个都表现得异常勇猛，誓死拼杀。很快，匈奴骑兵就倒下了数千人。

军臣单于目睹卫青率兵冒死拼杀一幕，第一次有了胆寒感觉。看着卫青率领拼杀的汉军骑兵，军臣单于没勇气率匈奴骑兵冲上去血拼，而是眼看匈奴军快要抵挡不住，慌忙问计于中行说，寻找保存实力的方法。中行说认为，卫青年轻气盛，匈奴军正面迎战，很难取得重大胜利，不如假装失败撤走，引诱卫青率军追击，等到草原深处，将他围而歼之。

军臣单于以为这一招可以险中求胜，便下令匈奴军撤退。不过，出乎军臣单于意料的是，卫青仅仅率军象征性追击了一下，然后下令军队进入塞内，收集散兵，安抚百姓，实行严密防守策略。

卫青并未如军臣单于和中行说预料的那样率军紧追不舍。军臣单于惊叹卫青的军事才干的同时，又羞愤难当，发誓要挽回面子。因为卫青率军出现，军臣单于丧失了眼前的一片大好形势。他堂堂匈奴单于，竟然被一个汉朝并不怎么出名的青年将领击败。

公元前127年正月，趁着汉朝人正在过春节，军臣单于命左贤王率匈奴军攻击汉朝东北部的上谷和渔阳。韩安国率700余人出战，负伤败阵，只好退守不出。匈奴军趁机掳掠了1千多百姓及无数牲畜。

军臣单于做好了准备，一旦刘彻再次派卫青率军援助，他将亲自率军截击卫青，报仇雪恨。这次又出乎意料，卫青没率军支援上谷和渔阳，而韩安国抵挡不住匈奴军进攻，竟然移驻到右北平，继续防御匈奴突破东北防线。

面对这种形势，军臣单于认为，匈奴军入侵时，汉军及时援救困难，只要集中兵力消灭韩安国所部，就可以轻松翻越长城，到广阔而物产丰富的平原上肆意抢掠。军臣单于指挥匈奴军继续围攻韩安国所部。韩安国艰难抵抗，不惜一切代价顶住匈奴骑兵攻击。

就在这段时间，刘彻实施"你打你的，我打我的"策略，命令卫青和李息率5万精锐骑兵经过榆溪旧塞，向北离开云中，然后向西北急进，沿外长城直指高阙（今内蒙古航棉后旗西北），然后向南折回，架桥渡过北河，再沿黄河和贺兰山麓折回陇西，完成对河套及其以南地区的战略包围。

卫青和李息采取马蹄形行军路线，截断了驻扎在高阙以北的右贤王主力，使他无法及时援救白羊部和楼烦部。汉军骑兵得以集中力量一举歼灭白羊部和楼烦部。事实上，卫青和李息率军向匈奴白羊王和楼烦王发动大规模进攻时，当地匈奴军尚未结集起来，无法形成有效的战斗力。

白羊王和楼烦王率匈奴军慌忙迎战。卫青和李息率 5 万精锐骑兵奋力拼杀，猛烈冲击。他们一鼓作气，一举击溃匈奴军，活捉 5 千多匈奴官兵，百余万头牛羊，杀死匈奴军民不计其数。白羊王和楼烦王仓皇向北逃跑。卫青和李息率军追击，全部收复河南故地，取得自汉朝建立以来对匈奴作战的最大胜利。

这一战，解除了匈奴军对汉朝统治中心的威胁，一扫汉朝内部的"恐匈症"，提高民族自信心。从此，不到长城非好汉，无数热血男儿辞别亲人，离开家乡，奔赴边关，加入攻打匈奴的行列中。汉朝尚武精神在这时达到高峰。

战后，卫青、苏建、张次公被封侯。刘彻诏告天下，表彰和宣扬这次重大胜利。不仅如此，刘彻趁机恢复秦朝开创的惩罚犯罪官吏和商人从军制度，并扩充为"七科谪"，扩充汉军的规模，鼓励军民对匈奴作战。

不仅如此，收复河南地后，刘彻还采纳主父偃的建议，在河南地、朔方设立朔方郡，移民屯田。他先令苏建征发 10 万人修筑朔方城，修复蒙恬遗留的要塞和防御工事，又招募流民来防守。河套正式成为汉朝的一部分。

见汉军长期占据河南地，震惊之余的军臣单于立即令匈奴军对汉朝进行反扑。数万匈奴骑兵猛攻代郡、雁门和定襄，疯狂烧杀抢掠。河南地属于右贤王管辖。右贤王怀着报仇雪耻的心态率军猛攻朔方郡。匈奴人的愤怒情绪到达极点。

面对军臣单于疯狂报复，刘彻大规模征发人力、物力支援前线。为保住朔方郡，刘彻下令收缩防御战线，集中兵力防守。

双方僵持一段时间，匈奴人始终无法攻破朔方郡。军臣单于逐渐由最初的愤怒恢复冷静。他知道和汉朝拼消耗拼不起。虽然匈奴可以继续对汉朝进行分批次突袭和骚扰，但此举无法逆转汉朝的战略优势。

军臣单于不得不重新考虑如何恢复和提升匈奴实力，而一旦他放弃袭击，休养生息，又等于给汉朝更多的机会。不过，很多匈奴贵族把失去河南地责任归咎于军臣单于，越来越怀疑他的领导能力，一股反对力量蠢蠢欲动。军臣单于在悲愤之余，第一次对匈奴前途感到悲观和失望。

此时，汉朝已经崛起，变得异常强大。历史曾经给军臣单于无数次彻底征服汉朝的机会，但他放弃了。这一刻，历史已把汉匈博弈的机会给了汉朝。军臣单于无论怎样惨淡经营，都无法改变战略逆转态势。他这时已当了36年单于，风烛残年，体力消耗殆尽，威望消失殆尽——他不再有力挽狂澜的机会。

公元前126年冬，军臣单于在忧愁和愤恨中死去。他统治匈奴36年，匈奴从超级强国变成危机四伏、丢城失地的战败国。一个强盛的时代一去不复还了。

2. 武力夺位，伊稚斜照样逃不出魔掌

公元前126年冬，军臣单于在愤恨中死去，但匈奴国运却没像部分贵族所期待的出现好转。

军臣单于长子左贤王於丹首先成为牺牲品。军臣单于死后，他依照匈奴习俗，割破脸颊，以血泪哭别父亲，准备宣布继任单于，但匈奴内部却造反了。左谷蠡王伊稚斜率军偷袭单于庭。

左谷蠡王原本是左贤王直接下属。左谷蠡王率军袭击左贤王，这是无法洗白的造反。但是，左谷蠡王伊稚斜在匈奴贵族中素有威望，暗中获得了不少匈奴贵族的支持。左贤王於丹对叔叔伊稚斜没有多少威慑，以为抢先继位，能获得政治优势，瓦解支持伊稚斜的势力。因此，於丹并没告诉伊稚斜军臣单于去世的消息，更没通知他到单于庭，而是命令他在封地防守。

伊稚斜及支持他的贵族，时刻关注着军臣单于何时死。军臣单于死后，左贤王於丹虽然封锁消息，但他们还是很快得知了。草原民族从不

谴责强者。伊稚斜率领属下军队，悄悄逼近单于庭。

伊稚斜是来抢单于之位的。於丹心知肚明，得知相关消息，立即率军迎击伊稚斜。於丹的勇气不亚于伊稚斜，但受军臣单于负面影响的牵连，被匈奴贵族出卖得彻底。无论地位还是正统性都高于伊稚斜的於丹，率领远比伊稚斜多的军队，在与叛军作战时，竟然不是对手。一场混战后，忠于於丹的匈奴军被击败。

於丹意识到自己被匈奴贵族抛弃了。在悲愤中，他率残部投靠汉朝。汉朝皇帝刘彻得知匈奴内讧，心情大好。听说於丹率残部来投降，他更觉得喜从天降。於丹是匈奴单于正统，留下他，扶植他，打着"替於丹恢复单于之位"的旗号与匈奴作战，可以分化和瓦解匈奴人的战斗意志。

刘彻暂时放下"国仇"，痛快接纳於丹，率满朝文武高官高规格接待他，并封他为涉安侯。这对於丹来说，是幸运，也是耻辱。於丹在汉朝生活了几个月，不知道是羞愤，还是水土不服，生病死了——汉朝御医都救不活他。

於丹率残部投靠汉朝，获得刘彻高规格的待遇。抢到单于之位的伊稚斜开始有些担心，但随之得知於丹病死，便放手展开他的计划。不过，伊稚斜单于依然不是这次政变的最大受益者，这次政变最大的受益者是刘彻——被关在匈奴的张骞等人趁匈奴内乱之际，悄然返回汉朝，带回刘彻期待多年的与西域诸国通使结盟的消息。

伊稚斜单于没精力去关注被关在匈奴的张骞等人。他当务之急是整合匈奴的势力，树立卓越统治者英雄形象。很多匈奴贵族支持他发动政变，是因为他们对军臣单于一系列错误决策不满，害怕於丹当单于继续那些错误决策，转而更看好对汉朝态度强硬的伊稚斜单于。伊稚斜当上单于后，无论出于什么考虑，都必须下令匈奴军向汉朝发起大规模进攻。

公元前125年夏，匈奴数万骑兵进攻代郡。与以前秋冬进攻汉朝不同,匈奴军此次夏季进攻,正是汉军防御薄弱时期。代郡汉军奋起抵抗,但寡不敌众,代郡太守战死。匈奴军趁机抢掠走1千多人。而几个月后,伊稚斜单于又派数万匈奴骑兵进攻雁门。这一次,他们又杀死和强掠了汉朝1千多军民。

公元前124年,伊稚斜单于又分别派3万匈奴骑兵攻入代郡、定襄、上郡。毫不意外地,三路军都取得了不错的战果。前线指挥作战的右贤王信心十足,还屡次率军侵扰朔方城,杀死汉朝官吏,抢掠汉朝边疆的平民。

伊稚斜单于见频频得手,喜不胜收,尤其是看右贤王的积极表现,深感收复河南地为期不远了。不过,历史证明,他和当年军臣单于一样,同样将局势美化了,同样让现实狠狠打脸了。

原来,伊稚斜单于发起疯狂侵扰时,刘彻没组织大规模反击,是因为从张骞那里得知西南能通往西域的消息,正策划征服西南夷,打通连接西域的道路。伊稚斜单于的举动迫使刘彻重新衡量对手,部署兵力。他暂时放弃征服西南夷的计划,倾全国之力与匈奴较量,定下"全面防御,重点反击"战略。

右贤王部侵犯汉朝表现最积极,对汉朝造成的威胁也最大。刘彻把重点反击目标锁定右贤王。就在公元前124年,几乎与匈奴三路大军侵扰汉朝同时,刘彻任命卫青为统帅,率精锐骑兵偷袭匈奴右贤王部。除卫青本部3万精锐骑兵外,卫青还被授权指挥苏建部、李沮部、公孙贺部、李蔡部、李息部及张次公部,能调动10多万军队。

为麻痹匈奴人,卫青命令李息和张次公率军装作主力,从右北平出发,进攻匈奴左贤王部,实施战略牵制。左贤王部经过内讧不久,战斗力有所削弱。汉军"主力"进攻左贤王部,看起来合情合理。但卫青的目标不是左贤王部,而是实力较为强大的右贤王部——他亲自率汉军真正主力偷袭匈奴右贤王部。

在前不久,匈奴右贤王部攻掠汉朝时抢夺了不少人口和财物。右贤王和诸将醉心于胜利，在大帐里饮酒作乐。右贤王心情特别欢畅，认为汉军虽然敢进入匈奴境内作战，但仅仅是限于边境附近而已，右贤王王庭距离汉朝边境有700里，足以保证安全。再加上这时期气候不佳，不是用兵季节，汉军不可能在这个季节深入匈奴发动进攻。

战场上没有什么不可能。卫青是一个善于将不可能转变成可能的人。他战前准备工作做得精细，率汉军主力悄悄地朝右贤王王庭靠近。匈奴人居然事先没得到一点信息。汉军袭击右贤王王庭那天晚上，右贤王仍安然醉卧在帐中酣睡。到半夜时分，右贤王被左右摇醒。左右告诉他：汉军已经包围了王庭！右贤王大惊失色，在冷静思考片刻后，脱口而出：跑！

右贤王带上爱妾，率领数百精锐骑兵，上马勇猛冲锋。趁着夜色不明，他的下属与汉军拼命之机突围溜走。右贤王逃走的消息很快被传递出去。匈奴官兵群龙无首，乱作一团。卫青断定匈奴后方出了乱子，下令收拢包围圈，同时令人抓匈奴俘虏来问话。

得知匈奴右贤王逃走，卫青下令将士向匈奴骑兵喊话：放下武器，可免一死，否则立斩不饶。关键时刻，匈奴人不讲究什么气节，非常识时务，一个个丢掉武器，举手投降。这一战，汉军俘虏1万5千多匈奴人，包括右贤王下属的10多个裨王（小王）。财物兵器不可胜数，牛羊牲畜有数百万头。

卫青率军凯旋，汉朝上下一片欢腾。不过，在辉煌胜利背后，汉朝经济也趋于恶化。汉军人员损失虽然不是很大，但马匹消耗惊人，兵甲、粮食等战略物资耗费非常大。为保持作战能力，刘彻大刀阔斧地进行了一系列经济改革。最终，汉军军费问题解决了，又具有了与匈奴持续作战的能力。

不过，右贤王主力被摧毁，很长时间恢复不了元气，这对伊稚斜单于打击很大。为挽回不利局面，伊稚斜单于采取高频率小规模突袭，迫使汉军改变作战计划。他亲自指挥万余骑兵进攻代郡，杀死汉朝代郡都尉朱英以下千余人。都尉属于两千石以上级别军官。伊稚斜单于对战果比较满意，但引起了刘彻的担忧。

公元前123年春，刘彻命令卫青率汉军直捣匈奴的单于庭。这次出征的将领，除主帅卫青外，还有公孙敖、公孙贺、苏建、赵信、李广、李沮以及年轻的霍去病。霍去病担任骠骑校尉，率一支骑兵作为机动兵力。

卫青亲率主力军从定襄出发，向匈奴发起进攻。得知汉军进攻的消息，伊稚斜单于毫不示弱，立即率本部人马迎战。他认为，只要击败卫青所部，就能扭转匈奴国运，振奋士气，提升他的威望。

不久，伊稚斜单于率匈奴主力与卫青率的3万汉军主力相遇。主力对主力，都志在必胜，迅速展开一场恶战。卫青指挥汉军奋勇拼杀，杀死3千多匈奴兵。伊稚斜单于见状，决定依靠数量优势拼全力剿杀卫青所部，命令匈奴骑兵全力压过去。卫青见匈奴骑兵人数远胜于己，又摆出全力拼杀的架势，意识到硬拼于己不利，下令汉军撤到定襄、云中一带，依托堡垒要塞，积极防守，寻机出击。

卫青这一招变被动为主动，化不利为有利。匈奴军不善于攻坚战，多次进攻，都无法击败汉军。伊稚斜单于无奈，只好将匈奴主力撤回阴山地区，积极做好再次抗击汉军的准备。他想结集全匈奴兵马，寻机向卫青所部发起攻击。他很清楚，卫青是汉军灵魂，卫青所部为汉军精锐，只要能打败这支汉军，杀死或者活捉卫青，才能真正震慑汉朝。这种主力决战是匈奴扭转不利局势的最有效途径。

卫青率汉军骑兵在堡垒要塞里修整一个多月后，又率军从定襄出发，再次进攻匈奴。到达阴山地区时，他们遭到伊稚斜单于率领的匈奴主力军伏击。卫青从容镇定，下令汉军迎战。双方都认为这一战是决定性一战，都拼死搏杀，战斗异常激烈，胜负难分。

在关键时刻，匈奴左贤王率部赶来支援伊稚斜单于。匈奴两部主力会合在一起，在人数上更显优势。伊稚斜单于大喜，歼灭汉军主力的机会终于来临，他下令匈奴军加大进攻力度。

汉军的赵信所部和苏建所部遭到左贤王所部猛烈攻击。卫青得知消息，命令赵信与苏建合兵一处，以确保主力右侧安全。左贤王发现汉军前军和右军有会合趋势，下令匈奴军全力阻止。

鏖战数日后，汉军前右两军伤亡3千多骑兵。在关键时刻，赵信率800骑兵投降了左贤王。赵信原为匈奴降将，降汉后被封为翕侯。匈奴人没气节观念，在关键时刻只认强者。左贤王非常高兴，接纳赵信，加强向苏建所部的进攻。苏建率军苦苦支撑，形势非常危急。

卫青得知赵信投降左贤王，意识到苏建将很难阻挡匈奴左贤王部，便使用金蝉脱壳之计，令人化装成他本人，继续打着他的旗号，统率汉军主力，与伊稚斜单于所部继续鏖战，然后亲自率少数精锐骑兵去援助苏建。

卫青认为，能不能战胜左贤王所部，决定着这场决战的胜负。苏建所部兵力少，难以阻挡左贤王进军。他亲自秘密前往攻击左贤王所部，出奇制胜，才能赢得最终胜利。

匈奴左贤王接受了赵信800骑兵投降，对苏建所部情况也了解得非常清楚，有十足信心消灭苏建所部。但他还没来得及高兴，就发现汉军援军来了。这支援军战斗力非常强悍，比苏建所部还要顽强凶猛。左贤王准备亲自率军去消灭那支援军，但很快得知汉军援军统帅是卫青。匈奴人都知道卫青是汉军最凶猛的将领，也是这次战争的主帅。卫青亲自率部来援，援军数量一定不少。

此前，军臣单于被卫青打败过，伊稚斜单于被卫青打败过，左贤王看着凶猛的汉军援军，想起那些悲惨往事，顿时没有了与汉军援军死拼的底气。眼看抵挡不住卫青所部的攻击，左贤王随即率领残部逃走。

卫青并不追击，在救出苏建等人后，将军队会合起来，率领他们一起去与主力兵合一处，全力对付伊稚斜单于。

伊稚斜单于一如既往指挥匈奴军与汉军鏖战。他信心十足，只要困住卫青几天，等左贤王消灭了苏建所部，匈奴两路主力会合，便是全歼卫青所部的时候。几天后，伊稚斜单于得到的消息，不是左贤王率军赶来支援，而是卫青率汉军赶来夹击，左贤王已经被卫青击败。伊稚斜单于一脸懵，调查半天后，他才发现这几天对阵的是假卫青，真卫青率部跑去打左贤王了。

大好机会就这样丧失了。伊稚斜单于想了想，意识到决战取胜希望不大，长期和卫青缠斗，还不知卫青会使出什么招数，就下令撤军，从长计议。

这一战，匈奴损失1万9千多人。汉朝也损失两位将领和三四千精锐骑兵。伊稚斜单于率领的匈奴军主力没遭受重大损失。此外，他得到赵信及800精锐骑兵，也是收获。伊稚斜单于认为，他虽然没战胜卫青，但依然具备与汉军决战的实力。

撤走后，伊稚斜单于立即召见赵信。赵信原是匈奴的小王，地位不低，但后来得罪军臣单于，率部叛逃汉朝，被汉朝皇帝封为翕侯。赵信充分发挥他熟知匈奴虚实，在卫青手下任职，多次为汉军领路，担任先锋冲锋陷阵。

伊稚斜单于不追究那些过往，他只想让熟悉当前汉朝政治、军事、经济形势的赵信真心为自己效力。中行说已经离开汉朝几十年，对汉朝近况根本不了解。赵信回归匈奴，在伊稚斜单于眼里价值巨大。为笼络赵信，伊稚斜单于封他为自次王，还把姐姐嫁给他。

赵信成为这次战争最大的受益者，他非常感动，全心全意为伊稚斜单于出谋划策。他告诉伊稚斜单于，匈奴与汉朝攻守已易位，在决战中击败汉军，是拼消耗，对匈奴不利。汉朝人口众多，财力雄厚，即使输掉一次决战，死上十万八万人，不伤筋动骨，但如果匈奴死上十万八万人，则动摇国家根基。目前，汉军骑兵战斗力不亚于匈奴骑兵，特别期望与匈奴骑兵速战速决。汉朝已经动用一切财力，各种税收无孔不入。匈奴骑兵避免与汉军主力决战，只需长年保持侵扰，持续消耗汉朝财力和军力，假以时日，就会激化其国内矛盾，重蹈秦朝灭亡覆辙。

伊稚斜单于闻言，茅塞顿开，决定暂避汉军锋芒，率领匈奴军主力离开阴山，徙居漠北，以逸待劳，等待时机。同时，他留下少数精锐骑兵不时入侵抢掠，骚扰汉军。

这种战略调整还没来得及实施，伊稚斜单于就得知一个史无前例的噩耗，惊得目瞪口呆。

3. 谋略失误，匈奴一战丢失河西走廊

单于庭被端了！伊稚斜单于听到手下报告消息时，惊讶得半天说不出话来。

原来，卫青率军与伊稚斜单于、左贤王决战时，年仅18岁的霍去病率800精锐骑兵长驱直入匈奴后方数百里。这支机动精锐骑兵，杀到单于庭，一连斩杀2028人，捕获匈奴相国、当户等高官。其中，伊稚斜单于外祖父行籍若侯产被杀，他姑父罗姑比被抓。

"卫青，卫青，卫青，霍去病，霍去病，霍去病……"，伊稚斜单于悲痛了一阵，毫不犹豫地率领匈奴主力退到漠北。他想走当年头曼单于的老路，依托漠北，实现复兴匈奴梦想。不过，事实很快证明，伊稚斜单于选择了错误战略。

得知伊稚斜单于将匈奴单于庭迁往漠北的消息，刘彻略略惊讶了一下，没有命令汉军尾随追击，而是将目光投向河西之地。张骞从西域归来，建议刘彻经营西域——取得西域，可以"广地万里"，获取"天马""奇物"，斩断匈奴右臂，对匈奴形成战略包围局面。伊稚斜单于将匈奴单于庭迁往漠北，匈奴主力北撤，汉军北部战场压力骤减，这是夺取通往西域大门河西之地的难得机遇。

当时，河西之地被匈奴浑邪王和休屠王分治：浑邪王居河西西部；休屠王居河西东部。匈奴占据河西之地，西控西域诸国，南制西羌诸部，

成为汉朝西北边境大患，对汉朝形成了战略压制。

伊稚斜单于听赵信建议，将单于庭迁徙到漠北，既是为避免与汉军主力决战，也是诱敌深入，等到汉军疲敝时，再进行包围歼灭，根本没想到汉军不追击他们，而是将攻击目标锁定河西之地。

公元前121年三月，刘彻命令霍去病率1万骑兵去夺取河西走廊。当时，匈奴单于庭刚北迁，刘彻担心伊稚斜单于可能突然率军折返，因而没派卫青率兵出征，留下他防止意外。

伊稚斜单于没等到卫青率军追击他的消息，等到的是霍去病大败浑邪王和休屠王的消息。

原来，霍去病行军作战不按常理出牌，搞千里大奔袭。他率军自长安出发，沿着渭水河谷向西挺进，在金城渡河，然后出陇西向前挺进，快速翻过乌鳌山，沿着乌鞘岭北坡急进，绕过匈奴脩濮部落，渡过狐奴河（今石羊大河），之后转战6天，接连扫荡天水陇西一带5个匈奴部落。霍去病对投降的饶恕不杀，抵抗的毫不犹豫杀掉，很多匈奴部落闻风而降。

霍去病率汉军翻过焉支山，向西北长驱直入千余里。浑邪王和休屠王得知汉军长途奔袭，集结军队，会集在一起，共同抵抗霍去病所部。双方短兵相接，霍去病所部汉军骑兵大胜，匈奴军被杀8900多人，包括折兰王和卢侯王，而浑邪王子、匈奴相国、都尉等多人被俘。

休屠王率残部逃跑时，丢掉了祭天金人。浑邪王也率残部逃跑。霍去病挥师追击他们的残部，一直到了敦煌，才班师回朝。霍去病这种长驱深入的机动闪击战术，让伊稚斜单于听后胆战心惊。因为按照这种打法，匈奴任何地方都可能成为汉军进攻目标，包括遥远的漠北。

伊稚斜单于感到后怕，不得不加紧策划报复汉朝，想办法将汉军的气势压下去。他决定返回漠南，亲自率军入侵代郡和雁门，将战火烧到汉朝境内。不过，在他正在实施这一策略时，汉军又分几路发起了进攻。

同年夏天，汉军又一次集结数万骑兵，兵分两路，由霍去病率右路骑兵从北地（今甘肃省宁县西北）出发；由公孙敖率领左路骑兵从陇西（今甘肃省临洮西北）出发，两路大军攻击匈奴单于本部，计划在祁连山会师。几乎与此同时，张骞和李广率军从右北平出发，分两路攻打匈奴左贤王所部。

伊稚斜单于得知消息时，已经来不及调整战略，"狭路相逢勇者胜"，只好率军入侵代郡和雁门，企图阻止汉军从东西两面会师。于是，这一场战争变成了典型的"你打你的，我打我的"。

令伊稚斜单于头痛的，依然是霍去病。霍去病率军从北地出发，在灵武渡黄河，翻过贺兰山，穿越浚稽山沙地（今巴丹吉林大沙漠），到达居延海，然后转兵沿着额济纳河南下，攻到小月氏（今酒泉），在张掖城下举行阅兵，挺进2千里后，达到祁连山及合黎山一带。公孙敖所部没有如期赶来，霍去病破釜沉舟，独自承担进攻匈奴重任。他率军发起了猛烈进攻，击败了阻击他的匈奴军，然后又率军向西攻打诸羌部落，迅速占领河西走廊。

这一战的结果令伊稚斜单于感到空前羞辱。霍去病斩杀30200多匈奴人，活捉单桓王、酋涂王、稽且王、脩濮王、呼于耆王等王、阏氏和王子共59人，俘虏匈奴相国、将军、当户、都尉共计63人。

令伊稚斜单于略感欣慰的是，公孙敖率军迷了路，没能与霍去病会师，否则，匈奴遭受的损失还会更大。

当然，伊稚斜单于也并不是没有战果值得称道。在东线，李广率4千骑兵为先锋，进攻匈奴。匈奴左贤王率4万余骑兵将他包围，负责后卫的张骞所部没赶上，左贤王率匈奴骑兵趁机围剿李广所部。李广让部下结为圆阵，士兵手持弓弩向外。

匈奴军连续发起冲击。汉军箭如雨下，战况极为惨烈。汉军死伤过半，弓箭将尽。李广令士兵持弓弩引而不发，本人大黄连弩连杀了几位匈奴将领。匈奴军惊恐，攻势稍缓。当天晚上，双方对峙。

第二天早上，张骞率援军赶到。匈奴军准备不足。李广趁机率军逃走。不过，李广率领的4千骑兵，基本被匈奴军消灭。

综合这些消息，伊稚斜单于认为整体上败局已难以挽回，不如撤兵回漠北，保存实力。

回到漠北后，伊稚斜单于便决定在公元前121年秋召开各部将领会议，总结前一阶段战争的得失，追究河西之败责任，除掉浑邪王和休屠王，整顿匈奴军纪，提高匈奴军凝聚力和战斗力。

伊稚斜单于派使者通知休屠王和浑邪王去单于庭。他们被霍去病打得一塌糊涂，不敢去见单于，认为汉朝强大，匈奴衰微，即使伊稚斜单于不杀他们，他们留在匈奴也没什么前途，决定率部投降汉朝。

刘彻大喜，命令霍去病率部前去接应。看到霍去病率军以排山倒海的气势而来，以准备接战的方式来迎降，除刚刚杀掉休屠王的浑邪王外，大部分匈奴人动摇了。见匈奴人骚动，有逃跑的，霍去病率军高呼：放下武器。随后，汉军追杀了反悔不降的8千多人。

浑邪王率4万多匈奴人归顺汉朝。刘彻厚待投降的匈奴人，将浑邪王封为漯阴侯，4个裨王也被封为列侯。

浑邪部和休屠部投降汉朝，震惊匈奴。见浑邪部和休屠部投降汉朝后受到优待，匈奴其他别部也心动了。乌桓王率部趁匈奴右贤王败退之机，脱离匈奴，归顺汉朝。

至此，匈奴处境非常恶劣。他们的牲畜和人口大量减少，生存空间已被压缩到漠北苦寒之地。

4. 漠北之战，伊稚斜单于被迫请求和亲休战

在赵信建议下，伊稚斜单于将匈奴军主力集结在漠北，休养生息，积蓄力量。他在寘颜山修筑赵信城，赏赐给赵信住。随后，他们日夜筹划，伺机骚扰和反击汉军。

公元前 120 年秋，经过精心准备，伊稚斜单于派数万匈奴骑兵入侵右北平和定襄。这一战，匈奴军杀掠了数千军民，抢掠了大批财物。

公元前 119 年春，刘彻与群臣商议进攻漠北。有人认为，降将赵信对汉军作战特点颇熟悉，又被伊稚斜单于所宠信，经常为伊稚斜单于出谋划策，汉军进攻漠北，时间长了，难免会陷入匈奴包围之中，如果进攻漠北，必须以单于庭为目标，寻找到伊稚斜单于所部，速战速决，一战定乾坤。

刘彻认为，汉军进攻漠北有难度，但再难也要打。他下令进行总动员，集中人力、财力，确保军需供应，命令数十万步兵负责辎重及军需补给，又从民间征发 14 万匹战马，确保骑兵作战需要。不仅如此，他还同时派卫青和霍去病率军出战。

卫青统率右路军，有 5 万精锐骑兵；霍去病统率左路军，也有 5 万精锐骑兵，但汉军最精锐善战的骑兵，包括匈奴投降骑兵，都分配到霍去病手下。原本，刘彻判断匈奴主力军在匈奴西部，准备派霍去病率精锐从定襄发起攻击，派卫青率军从代郡攻击匈奴东部。霍去病出发前，抓了几个匈奴人，这几个匈奴人供述说伊稚斜单于在匈奴东部。刘彻临时改变战略部署，让卫青和霍去病互换方向。

得知汉军即将大举进攻，伊稚斜单于召集诸将商议对策。赵信说："不必太担心，汉军即使越过大漠，也是人马疲乏。我们可以以逸待劳，击败他们，俘虏他们。"赵信是"汉朝问题专家"。伊稚斜单于对他非常信赖，认为言之有理，下令集中匈奴精锐骑兵在漠北以逸待劳，等汉军一出大漠，就迎头痛击。同时，为困死汉军，他下令将辎重转移到北部。匈奴军即使俘虏不了穿越大沙漠的汉军，也可以困死他们。

负责配合策应的卫青抓到几个俘虏后，得知伊稚斜单于就在他进军方向，他意识到自己要承担主攻任务了，立即亲率精兵快速前进，改令李广及赵食其率军作为掩护。卫青率军向北急行千余里，找到了伊稚斜单于率领的主力骑兵。

卫青下令兵车环绕在军营外，防止匈奴骑兵突袭，然后派 5 千骑兵发起进攻。伊稚斜单于本土作战，志在必胜，大手一挥，令 1 万匈奴骑兵迎战。双方全力应战，打到了天黑还不分胜负。

这一次，伊稚斜单于信心十足，丝毫不慌张。他认为，匈奴军在本土作战，相持时间越往后拖，就越有机会获胜。

双方鏖战正酣时，突然刮起了沙尘暴。两军对阵，却相互看不见。卫青急中生智，命令这 5 千骑兵坚持进攻，同时派出两支骑兵从两翼迂回，在沙尘暴掩护下，包抄伊稚斜单于的单于庭。

汉军骑兵迂回包抄，打得伊稚斜单于没有一点心理准备。他的雄心壮志一下子烟消云散，丢下冒着沙尘暴鏖战的 1 万骑兵，率领数百精锐骑兵向西北突围逃走。突围后，伊稚斜单于又马不停蹄地继续向西奔逃。

当时能见度低，伊稚斜单于逃走，汉军并不知情，依然全力进攻。失去指挥的匈奴军各自为战，渐渐抵挡不住。卫青从俘虏口中得知伊稚斜单于已经逃走的消息，立即派轻骑兵趁夜追击，并亲自率大军跟进。

第二天天亮时，汉军斩杀 1 万 9 千匈奴官兵，追了 200 多里，还不见伊稚斜单于。卫青就率军继续向北挺进，攻克寘颜山赵信城，夺取匈奴辎重军粮。休整一天后，汉军带走部分军粮辎重撤退，并烧毁剩余部分。

伊稚斜单于向西北突围后，因有汉军轻骑兵追击，他东躲西藏，与部众失去联系达十几天之久。匈奴内部一片混乱，很多贵族认为伊稚斜单于已死。右谷蠡王自立为单于，统领余下部众。伊稚斜单于得知消息，又回到单于庭。右谷蠡王只好取消单于称号。

伊稚斜单于没追究右谷蠡王的责任，慌忙收集残部，但不久传来左贤王部几乎全军覆没的消息。

原来，霍去病率军轻装前进，在兴城（今多伦附近）与路博德所部及渔阳太守解所部会师后，向北挺进 2 千余里，找到匈奴左贤王部。双方展开激战。左贤王所部不是对手，溃败而逃。霍去病率汉军穷追不舍，越过鸡侯山，渡弓庐水，到达狼居胥山，并在姑衍祭拜天地，登临瀚海后凯旋。

在这次战斗中，霍去病所部杀匈奴北车耆王，擒屯头王、韩王等3人，杀将军、相国、当户、都尉83人以及70400匈奴兵。左贤王部几被全歼，逃散的士兵集聚起来仅仅只有原来的十分之一多一点。

伊稚斜单于悲愤地命人做统计。最终，他发现，匈奴骑兵战死近10万，大批平民投降汉朝，损失牲畜不计其数。没办法，他只好在漠北苦寒之地继续坚持着。因为他判断，汉军这一战损失也很惨重，战马损失也不少，此后相当长一段时间是没有再次进攻漠北的能力的。

伊稚斜单于此前的判断频频失误，这一次形势判断非常准。汉匈双方都已筋疲力尽，不得不进入休战时期。

汉朝专注于巩固胜利成果，修筑光禄城（今内蒙古乌拉特中旗）、居延城、今居城（今甘肃省民勤县），开沟挖渠，在三处设置官吏，又招募关东贫民屯田。

伊稚斜单于收集匈奴残部后，又听赵信的建议，暂时向汉朝请求和亲休战，争取时间恢复国力。他主动派人去长安请求和亲。刘彻召集群臣商议后，提出：要和亲可以，但前提条件是匈奴要臣服于汉朝。

伊稚斜单于对和亲只是一种态度，并不抱多大希望。汉朝丞相长史任敞到匈奴传达汉皇同意和亲的条件。伊稚斜单于无法容忍，下令将任敞扣押起来。此举招致刘彻生气，同样扣押在长安的匈奴使者，并策划新的战争。

伊稚斜单于正准备迎战汉军时，得到一个意外惊喜——霍去病暴死。霍去病远距离长途奔袭作战风格，让匈奴人屡屡蒙羞。他突然死去，令刘彻极其伤心，对匈奴的战争不得不从长计议。

于是，汉匈双方处于不战不和的僵持状态。伊稚斜单于认为，匈奴人休养生息的机会来临了。但谁也没想到，西域争夺战不声不响地爆发了。

5. 西域烽起，匈奴新战场博弈也失利

伊稚斜单于认为匈奴休养生息机会来了时，刘彻却悄悄派张骞率300人出使西域，联络乌孙等西域诸国，共同抗击匈奴。

张骞这次出使重点争取对象，是西域36国中人口多、军事实力强盛，且曾经打败过匈奴的乌孙。乌孙复国已经42年，昔日英雄猎骄靡已垂垂老矣。他虽然听说汉朝打败匈奴，但他也曾经打败过匈奴，对张骞提出的结盟兴趣并不大，迟迟不做答复。张骞便将随从分别派往西域其余国家，尽可能多争取盟友。

大宛王曾与张骞接触过，对张骞再次来访表现得分外客气，决定派使者随同汉朝使者一同去长安。见此，其他国家纷纷效仿。乌孙昆莫猎骄靡也派使者随张骞回访汉朝。

公元前115年，张骞带着西域诸国使者回长安。西域诸国见识了汉朝的富庶。刘彻也对西域使者带来的宝马眼前一亮。他决定派人到西域求购好马，以改善汉朝战马质量，提高汉军骑兵作战能力。

伊稚斜单于在漠北苦寒之地休养生息，人口和马匹发展都极为缓慢。想起强大的匈奴被汉朝占去那么多领土，而休养生息的成就又少得可怜，伊稚斜单于越来越心灰意懒，身体每况愈下。得知西域诸国派使者去长安，他还没来得及采取反制措施，就于公元前114年病死了。乌维继任单于。

反制汉朝联络西域，是乌维单于当务之急。西域诸国派出大批使者去长安，对匈奴而言，是危险的信号。因为一旦他们认可汉朝，就可能脱离匈奴，投入汉朝的怀抱。匈奴联络西域诸国比汉朝更有地利优势。匈奴控制住西域诸国，可以分散来自汉朝的军事压力，还可以收取税收。

乌维单于想来想去，决定联络羌人及西域楼兰、车师等国，共同打击汉朝。他派密使去羌人部落，相约在公元前113年合攻河西之地；

又派密使令楼兰、车师拦截汉朝使者，破坏汉朝使者在西域进行外交活动。

河湟一带十余万羌人如约反汉朝，派兵攻打安故，包围枹罕。乌维单于也命令匈奴军进攻五原郡，策应羌人反汉。但是，乌维单于的如意算盘是让羌人与汉军恶斗，等到两败俱伤时，再坐收渔翁之利。因此，匈奴军进攻五原郡也仅仅是做做样子，并没拼死进攻。

羌人反叛，匈奴人趁机进攻，刘彻令李息和徐自为率10万汉军镇压西羌叛乱，同时派公孙贺和赵破奴分别率1万精锐骑兵，寻找匈奴主力军决战。

匈奴军攻打五原，抢掠一些财物后，立即奉行乌维单于的命令，退到大漠西北某处深山里躲藏起来。公孙贺和赵破奴率军搜寻了很长一段时间，也没发现一个匈奴兵，不得不无功而返。

乌维单于此举得手，正在谋划下一步对汉朝策略时，他出卖羌人的恶果显现了——汉朝征服了羌人，进军西域已经无后顾之忧，将目标指向拦截抢掠汉朝使者的楼兰和车师。楼兰和车师是西域门户，位置非常重要。两国都是亲附匈奴的。

公元前110年，赵破奴与出使西域的使者王恢（不是马邑之谋的王恢，另一个同名的人）率属国骑兵和郡兵数万人进攻楼兰和车师。赵破奴受霍去病影响，当王恢还在敦煌整军时，就已率700轻骑兵日夜兼程，直捣楼兰。

赵破奴率军赶到楼兰城下时，天刚刚亮。楼兰人毫不知情，照例大开城门。赵破奴率军趁机进城，直奔楼兰王宫，将刀架在睡觉的楼兰王脖子上。楼兰王不得不宣布投降。

随后，赵破奴将楼兰王放在马背上，率兵马不停蹄奔袭车师。第二天午后，汉军抵达车师，同样不费吹灰之力就进入了车师城。车师王惊恐之余，发现汉军并不多，企图率卫队与汉军决战。

赵破奴当着车师王的面杀死楼兰王，然后大声说："不投降，就这下场！"随后，700汉军骑兵齐刷刷亮出战刀，准备拼杀。车师王吓破了胆，眼见抵抗无望，弃刀投降。

在一天半时间里，赵破奴连破两国，且不损一兵一卒。西域诸国震惊。赵破奴派人带着楼兰王头颅到西域诸国，宣告："这就是对汉朝不友好的楼兰王！"西域诸国见此，都不敢反汉了。楼兰、车师慌忙送王子到长安做人质。乌孙、大宛诸国也望风归附。

得知赵破奴在西域军事行动的消息，乌维单于震惊之余进行了反思，认为在经营西域上有些失策，连忙采取补救措施。不过，他没有直接派兵去与赵破奴拼杀，而是等赵破奴率军班师后，派兵攻打楼兰。新楼兰王没办法，只好送王子到匈奴做人质，并承诺不在匈奴与汉朝战争中支持汉朝。

后来，乌维单于得知乌孙向汉朝请求和亲，刘彻准备将公主嫁给乌孙昆莫猎骄靡，便抢先派使者到乌孙，主动与乌孙和亲，将匈奴居次（公主）嫁给猎骄靡。这样，匈奴居次成为左夫人，汉朝公主成为右夫人，乌孙成为匈奴与汉朝的又一个战场。

楼兰和乌孙没有办法，只得在汉朝和匈奴两边谁都不得罪。匈奴与汉朝在西域的竞争，很快演变成长期的战略竞争，乌维单于不得不面临这种局面。

第五章　艰难博弈，
　　　　匈奴不敌"最惊恐的克星"

从战略优势陷入战略劣势，匈奴不甘心失败，又连遭打击。汉朝皇帝刘彻是"匈奴不臣服不罢休的顽固"，且特别长寿。他是"匈奴最惊恐的克星"，一生为征服匈奴奋斗。匈奴遭打击后，单于更换频繁，求战无力，求和不成。匈奴单于们只好采取非正常手段周旋，想方设法削弱汉朝。李陵和李广利被匈奴单于成功策反，但最终无法扭转局势。

1. 戏弄汉皇，乌维单于耍起拖延战术

乌维单于在西域拉拢和控制各国，对匈奴来说，是一个非常正确的决策，但严重触动了汉朝神经。因为汉朝向西进，切断匈奴与西域诸国联系，从西域获取战略资源，已经成为既定战略。

公元前110年底，汉朝皇帝刘彻率18万大军亲征，到了长城边塞一带出巡。得知消息，乌维单于立即召集左右心腹商议对策。此时，匈奴势力已经大不如以前，率军与汉军决战已经不是明智的选择。因为军臣单于和伊稚斜单于都败在刘彻手下，乌维单于自知各方面的才华都不如军臣单于和伊稚斜单于。一番商议后，恨得咬牙切齿的乌维单于只好

放弃陈兵塞上与刘彻一较高低的想法，以保存匈奴实力为战略目标，下令各部分散躲开，避免与汉军主力交战。

乌维单于率部躲起来后，派出人去打探前线的相关消息。没多久，打探的人带回了汉朝使者郭吉。郭吉说奉汉朝皇帝的命令出使匈奴，要见匈奴单于。乌维单于见此，就派匈奴主客（主管外交官员）去迎接郭吉。

匈奴主客问郭吉："你这次来这里，有什么事吗？"

当时，匈奴和汉朝处于战争状态，这样询问，显然抱着非常警惕和傲慢的意味。

没想到，郭吉态度很谦逊地说："是的，我是奉命出使而来。"

匈奴主客想都没想，说："好吧，有事你跟我讲就行。"

"这恐怕不行。"郭吉态度依旧很谦逊。

"为什么？"匈奴主客一脸惊讶。

郭吉说："我奉汉朝皇帝的密令，来和单于商量要事。这件事非常重要，我死也不能告诉其他人，必须亲口告诉单于。"

匈奴主客见郭吉如此说，以为汉朝打算和谈，便说："那你等一等。我去报告单于。"

匈奴主客报告乌维单于，并顺带说了自己的猜测。乌维单于非常高兴，亲自接见郭吉。

谁也没想到，郭吉见乌维单于后，笑眯眯地说："单于，我告诉你一个好消息。南越王反叛大汉，现在，他的脑袋已经被悬挂在长安城北门。皇帝让我给你带话，如果单于有实力一决高低，就请率军到边塞一战，皇帝正在那里等着你；如果单于没有实力和汉朝抗衡，那就请你向汉朝称臣，让百姓过太平日子。何必龟缩在漠北苦寒之地受苦呢？你受罪，百姓也跟着你受苦……"

这是赤裸裸的威胁和侮辱。乌维单于听了那些话，一怒之下，下令将郭吉绑了，流放到北海监禁。不仅如此，他还下令杀了匈奴主客。

不过，愤怒归愤怒，生气归生气，乌维单于必须认清形势，想出对策。他内心反复盘算，还是认为匈奴军的战力是打不过18万汉军的。他决定坚持躲避不战战略。他下令各部暂时"不生事，不惹事"，不要到汉朝边境去侵扰抢夺，一心一意休养，练习射箭和打猎本领。

将汉朝使者郭吉流放了，怎么回应汉朝呢？我打不赢你，也要气死你！乌维单于派使者去长安借向汉朝请求和亲休战的名义，气一气汉朝皇帝刘彻。他并不想跟汉朝和亲，但需要借和亲之举拖延时间，让匈奴有机会休养兵马，积蓄国力。

为了让汉朝皇帝刘彻相信匈奴和亲的诚意，乌维单于一批接着一批派使者前往长安，表达和亲休战的意向。刘彻有些怀疑乌维单于的和亲意图和诚意，不想答应和亲休战。但此时，汉朝虽然表面上看起来十分繁荣，但连年战争也不堪重负，双方长期对峙对汉朝也不利。

公元前107年，刘彻派王乌出使匈奴。王乌肩负两个任务：一个是探寻郭吉的下落；另一个是试探匈奴求婚的虚实，摸清乌维单于的和亲底牌。

为了完成任务，王乌的行为举止表现得高度灵活。当初，为了羞辱汉朝使者，中行说制定了一个侮辱性的规定：汉朝使者如果不放弃符节并用墨黥面，是没资格进入单于毡帐的。王乌是北地人，熟悉匈奴规矩，到单于庭前，二话不说，把符节放在一旁，用墨涂黑了脸，便进去见乌维单于。

乌维单于就喜欢这类汉朝使者。他使用空前的规格接待了王乌，不仅跟他谈了和亲休战的事，还亲自设宴招待，与王乌把酒言欢，促膝长谈，天南海北，无话不说。乌维单于心里却非常清楚他的目的，在酒宴期间，他所说的话真真假假，将肺腑之言和胡说八道夹杂在一起。他假装信誓旦旦地对王乌说："只要能实现和平，我就派太子到长安做人质，作为与大汉和亲的条件。"王乌受宠若惊，感觉非常好，对乌维单于的话深信不疑。

王乌享受优厚待遇后，跑回长安，把乌维单于的话如实反馈给刘彻。刘彻听了，高兴之余，又有几分怀疑。为了确认此事真假，他又派杨信为使者，到匈奴去商讨投降具体事宜。

王乌八面玲珑，主动顺从讨好乌维单于。乌维单于龙颜大悦，高规格接待他，专门跟他说他想听的话。而杨信太刚直倔强，原则性很强，不肯屈从于匈奴那种对汉朝使者带有侮辱性质的规定，到单于庭门前手握节杖不放松，且坚决不愿意涂黑脸。于是，外交史上奇怪的一幕出现了——使者到了门口，却因为对方的规定，迟迟不愿意去见对方首领。

双方僵持了一段时间，乌维单于无奈，只好做出让步。他亲自走出单于庭，在单于庭外空地上接见了汉朝使者杨信。

到了这种地步，汉朝使者杨信也不讲什么客套，单刀直入，对乌维单于说："既然单于答应匈奴与汉朝和亲，那就请单于兑现诺言，先将太子送到长安去。"

这个条件本是乌维单于亲口对上一次来访汉朝使者王乌说的，但此时他却不认账："你搞错了吧？按照汉朝高皇帝刘邦与匈奴伟大冒顿单于所缔结的和亲协议，应该是汉朝送公主到匈奴和亲，并送大量绸缎、物品做嫁妆，作为回报，匈奴与汉朝和平相处，不派兵进攻汉朝边境。现在，你们想撕毁以前协议，让我把太子送到长安做人质，这赤裸裸的霸权行径，本单于怎么能同意呢？"

杨信见乌维单于不认账，勃然大怒，说："这明明是单于亲口跟汉朝使者王乌说的啊！"

乌维单于瞪着杨信说："本单于还骗你不成？"

杨信感觉被羞辱，转身回国，将乌维单于的话一五一十地向刘彻作汇报。刘彻听罢此话，非常气愤，立刻召来王乌，问："你说单于要送匈奴太子到长安做人质，现在单于说没这回事，到底是怎么回事？"

欺君之罪可不是闹着玩的，王乌吓得满头大汗，连忙解释："皇上，这确实是单于亲口告诉我的啊！可能是杨信太刚直高傲，匈奴单于不愿意跟他谈那事。我愿意再次出使匈奴，探个究竟。"

刘彻内心期待能促成这件事，也没追究什么，便又派王乌出使匈奴。

王乌来漠北草原时，乌维单于又非常热情地以高规格接待了他，照样亲自设宴招待。在席间，他还是不停地说匈奴与汉朝应友好和平那些话。不仅如此，乌维单于跟王乌还像兄弟一样，信誓旦旦地表示："我以人格担保，以前对你说过的话全都算数。不仅如此，我还准备亲自到长安朝见你们的皇帝，与他结拜为兄弟，以便两国能长期和睦相处，互不侵犯……"

乌维单于一番话把王乌忽悠得晕晕乎乎的，王乌就赶紧跑回国报告："单于是真心和亲。他不但愿意送太子做人质，还准备亲自到长安朝见。单于亲口告诉我，杨信不随乡入俗，遵从匈奴规矩，他才大动肝火，不愿意跟他谈的。"

匈奴单于到长安朝拜，是皇帝刘彻苦苦奋斗的目标，内心超级渴望这一场面出现。见王乌说到此事，他竟然相信了，立即召集大臣讨论接待匈奴单于的礼节。

汉朝是礼仪之邦。匈奴单于虽然是汉朝手下败将，但也是一个大国元首。匈奴单于有诚意来长安朝见汉朝皇帝，汉朝的接待礼仪当然不能马虎。一番商议后，刘彻决定用高于诸侯王的礼仪接待匈奴单于。他下令在长安修建豪华的单于宫邸，规格要高于诸侯王王宫，低于皇宫。以此作为乌维单于前来朝见时的住处，也可以纪念汉朝让匈奴臣服的丰功伟绩。

单于宫邸落成后，刘彻派使者到匈奴，告知乌维单于："单于可以动身前往长安朝见汉朝天子了，专门为接待你的宫邸已经建成！"

乌维单于听到这话，忍不住笑起来。他根本就没想过去朝见汉朝皇帝，也不可能低头去长安。他之所以那样表态，是为了拖延时间，给匈奴争取时间休养生息，训练和扩充军队。汉朝皇帝居然信以为真，乌维单于意识到恶心汉朝的机会成熟了。

乌维单于决定降低招待汉朝使者的规格，并派人对汉朝使者说："你的级别太低了。汉朝没把匈奴当大国看待。单于说了，不见到汉朝高级别的使者，就不谈去长安的事。"

为再度表示"诚意"，乌维单于派一个"贵人"去长安，代他向汉朝皇帝问好，同时看看汉朝修建的单于官邸。

匈奴"贵人"到长安后，不知道他是因为本身就有病，还是水土不服，没多久就病倒了。刘彻派太医给他治病，但没治好。匈奴"贵人"死在长安。刘彻尴尬无比，派二千石级别的高官路充国护送匈奴"贵人"遗体回漠北，同时带去大量财物作为吊唁之礼。

刘彻想安慰一下乌维单于，表达歉意，同时维护双方友好。乌维单于明白他的心意，但他原本就没有打算与汉朝真心友好，便对路充国说："你们汉朝害死了我们的'贵人'，还假惺惺地将尸体送回来。幸亏本单于没去长安，否则躺在棺材里面的就是我了……"

路充国想解释，但乌维单于根本不给他机会，大肆指责汉朝包藏祸心。随后，他下令逮捕路充国，将他幽禁起来，送去与郭吉作伴。

此时，匈奴国力和军队战斗力已经有一定的恢复。乌维单于借助此事跟汉朝翻脸，下令匈奴军袭击汉朝边境，摆出一副与汉朝势不两立的架势。

至此，刘彻才明白被乌维单于戏弄了。原来，乌维单于所谓和亲、送太子做人质、亲自前往长安朝拜全是假的，不过是拖延时间、恢复国力的烟幕弹。

得知路充国被扣押和匈奴骑兵侵扰汉朝边疆的消息，刘彻打消和谈念头，派郭昌和赵破奴率军到朔方加强防守。同时，他又开始策划远征匈奴。

一场血腥战争眼看就要来临。

2. 诈降汉朝，儿单于获得久违的胜利

乌维单于将汉朝皇帝刘彻戏弄一番后，意识到马上将面临一场战争，因此也在厉兵秣马做相关准备。

不过，战争还没爆发，乌维单于就得到一个意外好消息。公元前106年，匈奴克星、汉朝大将军卫青死了。对匈奴人来说，除了汉朝皇帝刘彻外，卫青和霍去病是他们的魔咒。霍去病已经死去。卫青是汉军悬在匈奴军头上的一把利剑，是汉军与匈奴作战的精神支柱。卫青是汉军向匈奴发起进攻，首次获得胜利的将领，也是汉军数次大规模进攻匈奴并摧毁匈奴主力的主帅。卫青死去，刘彻失去了与匈奴大规模作战的最锐利武器。匈奴军"恐汉"从此有望扭转。

果然，卫青去世，汉军没有因为上次皇帝被戏耍的事进攻匈奴。乌维单于兴奋异常之余，也很理智，没能力派兵去攻打汉朝，那就抓住机会休养生息，积蓄力量吧！不过，一年后的公元前105年，乌维单于突然暴病身亡。乌维单于年仅15岁的儿子詹师卢继任单于，汉朝人称为儿单于。

汉朝皇帝刘彻正在策划新的进攻匈奴战争。得知乌维单于死了，新单于只有15岁，便企图以更小成本逼迫匈奴臣服。他改变策略，暂时放弃战争手段，改为分化、瓦解匈奴内部，让匈奴人自相残杀，最终两败俱伤，以促使匈奴臣服汉朝。

刘彻向匈奴分别派出两个使者：一个使者前去吊唁乌维单于，抚慰儿单于；另一个使者去慰问匈奴右贤王，表达汉朝愿意与他交好的意愿。

为什么此时派人去慰问右贤王呢？右贤王是乌维单于的大弟弟，在匈奴有人缘有威望。刘彻认为，他可能不会服从15岁的侄子，派人前去慰问可以试探他有无做单于的野心。即使他没有做单于的野心，此举也可以挑拨离间他们叔侄，为匈奴内讧埋下种子。

右贤王的理智超出了刘彻的想象。他看出汉朝派人慰问他的意图，毫不犹豫地逮捕汉朝使者，将他交给儿单于。儿单于得知汉朝使者在匈奴进行离间活动，索性也将汉朝使者逮捕，同时率匈奴部众继续往西北迁徙。他当务之急是要稳定内部，巩固他单于的地位。于是，他命令将左贤王所部分为两翼：左翼负责防备云中郡的汉军攻击，右翼负责防备敦煌郡的汉军攻击。

得知汉朝使者全部被关押，刘彻震怒，下令扣留所有匈奴使者。儿单于也毫不示弱，继续扣押汉朝使者。双方不断对等报复，扣留对方使者。一来一往，双方扣留了对方十多批次使者，但战争还是没打起来。

这并不是刘彻不想发兵攻打匈奴，而是因为儿单于率匈奴军躲得远远的，同时派出探听消息的人对汉军的一举一动也严格监视。此时，刘彻已经一把年纪了，没有当初的冒险精神，也没像卫青、霍去病等善于远距离突袭的将领可用，从而认为深入草原作战风险太大，不如等待时机再看。

就在双方静默对峙期间，儿单于遇到了大麻烦。公元前105年冬季，儿单于即位那一年冬季，天气空前寒冷。匈奴遭遇罕见雪灾。不少匈奴人以及牲畜被冻死，没冻死的匈奴人也有很多处于饥寒交迫中。

迷信的匈奴人认为，儿单于年少无德，喜欢杀戮和打仗，得罪了上天，上天降下灾难惩罚匈奴人。在这种情况下，一部分匈奴人想反叛儿单于。

匈奴左大都尉派出心腹到长安联络。使者对刘彻说："左大都尉想杀了儿单于投降汉朝，只是汉朝太远，如果汉军能前来接应的话，左大都尉就立即率部投降。"

这样好的机会，刘彻当然不会放过。他派公孙敖在塞外修筑受降城，准备接应匈奴左大都尉率部投降，并派人去通知左大都尉可以起事。不过，左大都尉认为，受降城距离单于庭太远，难以及时策应，迟迟不肯动手。

得知左大都尉的忧虑，刘彻派赵破奴率 2 万精锐骑兵，从朔方郡出发，走 2 千多里，到浚稽山接应，同时再次派人通知左大都尉立即起事。

赵破奴率汉军逼近儿单于的单于庭时，左大都尉才决定反叛。然而，左大都尉拖得太久，他反叛的消息已经泄露。儿单于提前做好部署，没等他起事，就亲率匈奴军攻击他。

砍下左大都尉脑袋后，儿单于集中单于庭和左贤王所部共计 8 万骑兵，一起去围攻赵破奴率领前来接应左大都尉起事的汉军。赵破奴得知消息，意识到敌我双方力量悬殊，立即下令撤军。但是，赵破奴所率 2 万汉军在撤退到距受降城不到 400 里之地时，被 8 万匈奴骑兵追上包围了。

双方展开一场生死搏斗，一直到天黑都没分出胜负。双方各自收兵回营，准备第二天再战。汉军被围困在高地，严重缺乏饮用水。当天晚上，赵破奴饥渴难耐，亲自出去寻找水源时，遭到匈奴军伏击，不幸被俘虏。

儿单于非常高兴，令人将赵破奴关押起来。第二天，双方继续开战。儿单于令人押着赵破奴到汉军阵前喊话，让汉军放下武器，投降匈奴。根据汉律，军队主帅有失，其余将士要治罪。赵破奴被匈奴人抓获，汉军将士都会受牵连。这支汉军不少将士原本就是匈奴人投汉的。他们不想因为这件事回汉朝接受惩罚，纷纷主动投降匈奴，其他人见此，也跟着投降了。

汉军 2 万精锐骑兵集体投降匈奴。这是匈汉开战以来第一次。自军臣单于以来，匈奴几十年从未这样扬眉吐气过。匈奴军"恐汉"情绪一扫而光。儿单于更是志得意满，率匈奴军长驱直入，攻击受降城。

受降城汉军囤积大量物资。守城汉军利用丰富的物资和坚固的城池，与匈奴骑兵对抗。儿单于率匈奴军久攻不下，便绕过受降城，侵入汉朝边境，大肆劫掠一番后扬长而去。

从此，匈奴人不仅不再认为是儿单于触怒上天，让匈奴遭受老天惩罚，而且从儿单于身上看到了复兴的希望。那么，取得空前胜利的儿单于，是否有能力率领匈奴复兴呢？

3. 侵扰汉朝，呴犁湖单于失去天大机会

2万精锐骑兵被俘虏，这一仗给了刘彻当头一击。他突然意识到，漠北之战后，匈奴人逃到漠北已经休养生息十多年，实力已经得到恢复。儿单于年纪不大，但并不像他想象的那样不经事，看来不容小觑。刘彻及时调整战略，做好长期作战准备。

儿单于取得这次战役胜利，大大提高了威望，匈奴人的"恐汉"心理一扫而光，匈奴复兴，似乎在儿单于手里就可以实现。于是，儿单于在匈奴贵族面前骄狂起来，这引起很多匈奴人的不满。

公元前102年夏，儿单于再次率军攻打受降城。匈奴军尚未到达受降城时，儿单于突然死了，死因不明。在他死后，匈奴贵族立乌维单于的弟弟呴犁湖为单于。

儿单于在匈奴历史上如同一道闪电，瞬间就消失了。

呴犁湖单于继位后，下令匈奴军大肆攻击汉朝边境防线。匈汉之间有爆发大规模战争趋势。汉朝皇帝刘彻发现在短时间内彻底消灭匈奴不现实，便改变长途奔袭策略，改为堡垒战术。他令徐自为率军在五原以北数百里地方修筑堡垒与哨所，一直修到浚稽山下，韩说和卫伉率军负责防守这条长达数百里的堡垒战线。另外，路博德率军驻守在居延泽，负责保护堡垒线左翼。

呴犁湖单于急于树立威信，见汉朝采用堡垒战术，丝毫没有犹豫，于公元前102年秋，亲自率军进攻汉朝。匈奴军同时对汉朝云中、定襄、五原、朔方四郡发动全面进攻，杀死汉朝军民数千人。不仅如此，匈奴军还将徐自为所筑的漫长的堡垒线一一拔掉，全部拆毁。

为了保障他继任单于后对汉朝首战必胜，在他亲率匈奴军进攻汉朝

时，还派右贤王率匈奴军在西部侵掠汉朝的敦煌和张掖。右贤王率军掳掠了大批人口与牲畜，但被任文率领的汉朝援军击退，导致掳掠人口与财物又被夺回。右贤王部历经激战，但最终战果却微乎其微。

不过，呴犁湖单于树立威信的目的达到了。他率军对汉朝边境四郡大肆抢掠，然后满载着胜利成果，非常开心地回到单于庭。他准备召集各部首领，一起分析和总结这次战争。没多久，他收到从西域传来的消息：西域诸国纷纷臣服汉朝，脱离匈奴。

西域是汉朝和匈奴争夺的重要区域。当初，赵破奴率军远征楼兰和车师，西域诸国被迫表示归顺汉朝，但匈奴在西域影响力巨大，匈奴军一到西域，楼兰等西域诸国就不得不继续表示臣服匈奴。西域诸国离汉朝远，离匈奴比较近，匈奴人在争夺西域中具有地利的优势。

不过，在儿单于时期的公元前104年，汉朝皇帝刘彻派车令率100余人到大宛国求购汗血宝马。不知什么原因，大宛王毋寡拒绝卖给汉朝汗血宝马，还对车令非常傲慢地说："汉朝与大宛远隔万水千山，我不给你汗血宝马，你们能将我怎么样？"

车令历尽辛苦来大宛换取几匹汗血宝马，想不到被拒绝，非常生气，当场将送给大宛王毋寡的礼物打得粉碎，转身回国。毋寡觉得受到羞辱，派郁成王率军伏杀了车令等100多人。刘彻闻讯被激怒，派李广利率军远征大宛。

儿单于得知消息，派人警告西域诸国不准帮助汉军，否则将会遭到严惩。李广利率军攻打大宛时，遭到西域诸国一致的无声抵制。它们既不给汉军提供补给，也不与汉军为敌，冷眼旁观。汉军一路忍着饥渴，在荒漠中千里行军。

为摆脱困境，李广利只好指挥汉军沿途攻击西域诸国，打下来就抢些粮食，打不下来就绕路而行。汉军一路减员严重，抵达郁成城下时，只剩下几千名饥饿不堪的士兵。汉军忍着饥饿攻城，但没有攻下。李广利失去征服大宛的信心，私自撤军，但被刘彻令人拦在玉门关外。

不久后，赵破奴所部投降匈奴。有人建议暂停攻打大宛，集中力量对付匈奴。但是，刘彻力排众议，决定再一次攻打大宛。公元前102年，匈奴儿单于突然死去，呴犁湖单于继位，李广利再度远征大宛。当时，汉军有6万人出征，18万人负责策应和后勤供应。这是呴犁湖单于率军攻袭汉朝边塞获胜的一个外在原因。

西域诸国得知数万汉军再征大宛，纷纷顺风转舵，打开城门欢迎汉军，让汉军顺利通过。轮台国闭门据守，不让汉军通过。汉军攻灭轮台国后，迅速向大宛国杀过去。

一路汉军进攻郁成城，郁成王率部迎战，遭到惨败，退回城里不敢出战；李广利亲率另一路汉军绕过郁成城，向大宛王城贵山进攻。他们断绝贵山城的水源后，再进行攻城。贵山城外城被攻破，大宛军民死伤无数。大宛贵族杀死毋寡，与李广利谈判。

双方握手言和。李广利得到数十匹大宛良马，册立与汉朝亲善的大宛王后，率军撤回。在撤回过程中，校尉王申生率领千余人经过郁成城时，被郁成王率数千人歼灭。李广利得知消息，命令上官桀率军猛攻郁成城。郁成王逃跑，不久被擒杀。

西域诸国得知此消息，纷纷派王子跟随汉军前往汉朝表示效忠。刘彻重奖远征军将士，下令在西域设置官吏，统一管理西域诸国，又派数百名士兵在渠犁、轮台等地种田驻守，自给自足，供应来往汉朝使者食物。

呴犁湖单于忙于侵扰汉朝，没有及时援助西域诸国。西域诸国意识到匈奴靠不住，集体倒向汉朝，以寻求保护。此前对汉朝和匈奴保持同等外交的乌孙国，也公开表示支持汉朝，与汉朝结成军事同盟。匈奴在西域陷入空前孤立状态。

呴犁湖单于不愿接受，听说汉朝远征军正在回师途中，想率军截击李广利部，又害怕汉军挟胜利余威，士气高昂，战斗力正旺盛，匈奴军打不过。这一次，他非常谨慎，先派人前往侦探汉朝远征军的信息，再决定是否截击。

不久，呴犁湖单于得知一个令他感到一丝安慰的消息：汉朝远征军损失巨大，一路上尽是汉军尸骨，到玉门关时，仅剩下1万多人。呴犁湖单于大喜，准备率军截击。

还没等他率军出征，就染上重病，没过多久就死了。在不到四年时间里，匈奴连续死了三个单于，笼罩着不祥的阴影。

4. 猛坑舅舅，"干儿子"就这么叛逆任性

西域诸国倒向了汉朝，乌孙等西域强国与汉朝结盟，呴犁湖单于在这个时候死了。匈奴贵族认为国家处在危急时刻，需要找一个跟汉朝有一定关系的人当单于，以避免汉朝趁机攻击匈奴。于是，且鞮侯继任单于。

且鞮侯单于的生母是汉朝和亲的南宫公主。南宫公主是汉朝皇帝刘彻的同父异母姐姐。从辈分讲，且鞮侯单于是刘彻的外甥。匈奴人认为，舅舅对外甥发动战争，不符合汉朝的礼制。

西征获得胜利，刘彻原本想趁机放开手脚征服匈奴，但得知外甥当上匈奴单于，只好改变策略，派人到匈奴送去国书，告知汉朝西征及西域诸国归附的事。当然，汉朝国书的措辞和态度极为强硬。且鞮侯单于看得出，那是汉朝皇帝刘彻在警告他不要对汉朝动心思。

且鞮侯单于看了国书，虽然对汉朝强硬态度不满，但考虑到匈奴在四年时间里死了三个单于，国内民心不稳。他以左大都尉身份继任单于，还需要花时间去安抚手下老资历的贵族。毕竟，左右贤王、左右谷蠡王、左右大将原来地位都在他之上。他继任单于，与汉朝翻脸，显然不是好的选择。

一番衡量后，且鞮侯单于采纳权臣卫律的建议，派使者到长安示好求和，向舅舅问安，将历任单于扣留的汉朝使者释放回汉朝。为表达求和诚意，且鞮侯单于还派人给汉朝皇帝刘彻传话——愿意做他的干

儿子。

外甥加干儿子，关系更加亲近一层。再加上，且鞮侯单于摆出友好态度，刘彻虽然遗憾匈奴没有臣服汉朝，但整体还是满意的。这毕竟是良好开端。双方友好，休养生息，汉朝地大物博，人口众多，用不了几年，就会进一步拉大与匈奴国力的差距。

见且鞮侯单于将汉朝使者全部放回来，刘彻也宣布将扣押的匈奴使者全部送回去，同时派苏武为汉朝使者，张胜和常惠为副使，率领庞大使团护送匈奴使者回去，同时为且鞮侯单于送去大量礼物。

且鞮侯单于一直生活在匈奴，舅舅刘彻在他脑海里的印象就是匈奴人的恶魔。他之所以向舅舅示好，一是由于实力不济，二是由于投降匈奴的汉族人卫律劝导所致，并不是真的顾及亲情。他从汉朝使者带来的厚礼看出汉朝对匈奴并无动武的野心，汉朝皇帝还真的将他当亲外甥看待了。

且鞮侯单于变得嚣张蛮横起来，对汉朝使者苏武等人傲慢无礼。苏武等人也非常恼火，认为汉朝上了当。这时，一个叫虞常的匈奴人来找他的朋友副使张胜。虞常原是匈奴浑邪部人，随浑邪王一同投降汉朝，被安排在赵破奴属下当差。赵破奴所部被迫投降时，虞常等归汉的匈奴人又投降匈奴。浑邪王外甥缑王也在其中。他们家眷在汉朝，也早已适应汉朝生活，回到漠北苦寒之地后，生活上不适应，且得不到重用，还被其他匈奴人歧视。这些人总想找机会重回汉朝。

虞常和缑王找到张胜，提出杀死卫律，劫持且鞮侯单于母亲南宫公主返回中原。卫律作为汉朝使者，趁出使的机会投降匈奴，经常替匈奴出谋划策对付汉朝，令汉朝损失巨大。张胜立功心切，背着苏武答应了。

一个月后，且鞮侯单于外出打猎，单于庭只有他的母亲、弟弟、儿子和少量护卫。虞常纠集70多人准备发难，但有人在行动前夜泄密，且鞮侯单于弟弟及儿子设下埋伏，围捕缑王、虞常等70人，随即将他们全部杀掉。

事件发生后，且鞮侯单于怎么处理此事，彰显着他的政治智慧，也关乎匈奴与汉朝关系走向。他可以将此事定性为匈奴内部事件，也可以定性为与汉朝有关的涉外事件。且鞮侯单于极其不成熟，竟然忘记当务之急是与汉朝实现和平，为匈奴休养生息和复兴争取时间。他一气之下要将包括苏武在内的所有汉朝使团人员杀死。匈奴左伊秩訾建议，杀了这些人也没有多大用处，不如逼降他们。且鞮侯单于在匈奴威望不高，又是刚刚继位，不得不尊重各部贵族的意见，同意逼降，命令卫律全权负责这件事。

卫律逼迫苏武等人投降，苏武坚决不投降。而张胜禁不住匈奴人的酷刑，投降了。卫律随后诱降苏武，又被苏武大骂一通。卫律没办法，向且鞮侯单于建议，将苏武流放到北海放羊，让他等到公羊下崽后再回来。

张胜投降、苏武被流放，刘彻得知消息后非常愤怒。他已经老了，想在有生之年实现征服匈奴愿望，哪怕是他外甥且鞮侯单于在口头上表示臣服，也能成就他的千秋功业，他也会感到一丝安慰的。现在看来，国与国之间的纷争是不讲亲情的。

没多久，先前被迫投降匈奴的浞野侯逃回汉朝，汇报了他在匈奴所看到的一切情况。刘彻大喜，决定对匈奴发动战争。

且鞮侯单于也知道和平之门被堵死，他所面临的将是战争，而对手是击败此前数任单于，如今已进入老年的汉朝皇帝——他从未谋面的舅舅刘彻。

要打，那就打吧！且鞮侯单于需要战争来巩固威望，也深信斗得过一个老头。

5. 逼降李陵，且鞮侯单于见到匈奴复兴之光

在匈奴克星霍去病、卫青死后，为继续对匈奴作战，刘彻刻意栽培

了李陵、苏武、霍光、上官桀、赵充国等后起之秀。与匈奴和谈之门关闭了，这些年轻将领有机会展示才华了。

公元前99年，刘彻命令李广利挂帅出征。李广利是李夫人的哥哥。刘彻宠爱李夫人。李夫人临死前托付刘彻照顾她的哥哥。刘彻怀念李夫人，想给李广利封侯，才特意让他挂帅远征大宛。远征大宛失败后，刘彻不惜成本让李广利再次远征大宛。这次远征后，李广利实现了封侯的愿望。但是，汉朝内部有人质疑李广利的军事才干。其中，李陵就非常明显。

汉朝皇帝刘彻安排李陵负责李广利军队的后勤辎重护送任务。李陵不服气，亲自去找刘彻。李陵是李广的孙子，擅长骑射，为人谦让真诚，不贪图财富，又能礼贤下士。刘彻曾命他率800轻骑兵经过居延，深入匈奴2千多里实施侦察。李陵圆满完成任务，升官为骑都尉，负责教授酒泉、张掖的将士学习骑射。在李广利远征大宛回师时，李陵率领500轻骑兵到盐水接应，回来后，他继续屯驻在张掖。

李陵要求单独率一支骑兵到兰干山南边去打击匈奴人，迫使匈奴单于分兵抵御。刘彻对李陵不服安排的举动很不高兴，但很欣赏他的才华，只好实情相告："难道你不愿意做李广利将军属下？我已经分派了所有骑兵，再也没骑兵可调给你了！"

刘彻委婉地告诉李陵战略部署命令已经下达，没有更改的余地。年轻气盛的李陵却说："没有骑兵无所谓！我只想率军以少击众，以5千步兵出击单于庭就足够了！"

以区区5千步兵出塞长驱直入攻打匈奴，是卫青、霍去病等都不敢做的事，以步兵长驱直入，一旦作战失利，就没有生还的机会。刘彻心里一怔，想拒绝，却最终答应了，令强弩都尉路博德率军在半路接应李陵所部。

路博德久经沙场，曾随霍去病攻打过匈奴，立过很多战功，又率军在平定南越之战中大显身手，一直打到海南岛。如今，路博德虽然因犯罪被降职为都尉，但同样心高气傲，一般人他看不起。李陵不愿为李广利属下，路博德同样也不愿意给李陵"打下手"，但又不敢明确抗议，便上奏说现在匈奴草肥马壮，不宜同他们发生战争，不如等到明年春天再由他和李陵分率酒泉、张掖两地各5千骑兵攻打匈奴。

战略部署命令早已下达，李陵要求单独分兵，路博德也想单独分兵，再这样下去，保不准还会有人提出单独分兵。刘彻生气地下诏说："据刚从匈奴逃回的赵破奴报告，匈奴将入侵西河，路博德率兵驻防西河；李陵立即率5千人从居延出发，沿着赵破奴进军匈奴的原路返回受降城进行休整。"

最终，汉军分四路向匈奴进攻：李广利率部为一路；李陵率部为一路；路博德率部为一路；公孙敖率部为一路。且鞮侯单于得知相关消息，进行了分析，认为论军事才干，四人中李广利最差，论军队机动性，李陵所部最差，而路博德和公孙敖都是久经战场的老将。一番衡量后，且鞮侯单于决定集中兵力，迎战李广利所部汉军主力及李陵所部，至于路博德和公孙敖，就让他们到大漠中迷路去吧！因为匈奴集中兵力重点反击这两路汉军，只要有一路成功，就可提升匈奴军的士气，继而赢得整场战争。

在天山，匈奴右贤王所部遇到李广利所率3万骑兵，双方展开激烈厮杀。汉军的战斗力超出且鞮侯单于预计，匈奴骑兵一下子损失了1万人。右贤王见作战不利，只好下令撤退，同时派人向且鞮侯单于求援，报告李广利所部具体位置。李广利并没有乘胜追击，而是见好就收，率军回撤。

且鞮侯单于得知消息，亲率匈奴主力军星夜前去援助右贤王，准备围堵李广利所部。他率匈奴军赶到时，李广利正率军回撤。他立即命令匈奴骑兵将李广利所部汉军包围起来，全力进攻。李广指挥汉军反击，伤亡日重，粮草渐尽。

且鞮侯单于意识到战局对匈奴非常有利，下令匈奴骑兵不间断进攻。他认为，只要持续几天，李广利必然会被击败。但令他惊讶的是，汉军中杀出了一支 100 人左右的敢死队，对外围的匈奴军发起自杀式进攻。且鞮侯单于令人拼命堵住，但匈奴军阵脚大乱，最终还是被那支军队撕开包围圈，李广利趁机率军猛冲猛打，率不到 1 万人杀出重围。李广利率军逃跑后，且鞮侯单于才得知率敢死队的人叫赵充国，汉军的一员老将。

到手的胜利就这样消失了。且鞮侯单于有些遗憾，但细想一下，又信心十足起来。他认为，以前汉军对匈奴军的绝对优势开始消失了，通过这次胜利，匈奴人可以重新找回自信。他坚信自己制定的战略，重点对付李广利和李陵，现在李广利战败逃跑，接下来就是集中力量攻打李陵所部。

李陵所率 5 千人是步兵，出塞作战，机动性不强，但那些兵大多是中原剑客游侠出身，身怀绝技，意气风发，充满必胜信念。他们离开居延千余里后，向北行军 30 天，到浚稽山下驻扎。

在寻找李陵所部过程中，且鞮侯单于听说李陵所部如此狂妄，孤军深入匈奴腹部，就亲率 3 万精锐骑兵前往浚稽山，围攻李陵所部。匈奴军很快将李陵所部包围在两山之间，并不断发起进攻。

李陵所部顽强抵抗，战斗力也超出且鞮侯单于预期。冲锋的匈奴兵一个接一个倒下。且鞮侯单于只好率军狼狈溃退，准备退到山上重整旗鼓。没想到，李陵竟然率军追击过来。在往山里溃退时，匈奴兵又损失数千人。

且鞮侯单于大惊，心想，碰上了真正对手，立即命令左右贤王所部共 8 万余骑兵增援，押上匈奴人全部家当，也要将李陵这支军队消灭。

几番顽强战斗后，李陵率军边打边撤，且鞮侯单于立即命令匈奴骑兵紧追不舍，匈奴军很快将李陵所部汉军围困在山谷中。匈奴骑兵不断往山谷中射箭，汉军顽强抵抗，集中突围。结果，匈奴损失 3 千多人，最终还是让李陵所部逃走。

且鞮侯单于率匈奴骑兵紧追不舍，将撤退的汉军逼进一片满是芦苇的大沼泽中。且鞮侯单于大喜，令人顺风放火。汉军抢先撤走，钻进不远处的树林中。且鞮侯单于令他的儿子率军继续进攻。但是，匈奴骑兵在树林中无法发挥马的冲击优势，汉军使用连弩射杀，匈奴人很快损失数千人马。匈奴军再度大败而归。

且鞮侯单于分析局面，发现李陵所部即将弹尽粮绝，但战力不减，撤退有序，便怀疑他是刘彻派出将匈奴军往长城边引导的诱饵。他准备再攻击一次就撤回漠北。就在这时，一个叫管敢的汉军军侯来降，告知了李陵所部实际情况。

原来李陵所部没有后援。且鞮侯单于大喜，立即集中优势兵力猛攻。李陵只好率军迅速南撤。且鞮侯单于率军紧追不舍，再一次将他们逼到一个峡谷中。得知峡谷中没有水源，且鞮侯单于令人严守谷口，防止汉军突围。

果然，李陵所部深夜分路突围。且鞮侯单于依仗兵力优势，派兵分路追杀。一番恶战后，且鞮侯单于取得相对满意的战果，除几百汉军突围逃走外，其他汉军全部被消灭，汉军统帅李陵投降。

匈奴人崇尚勇武，李陵在战场上的表现让匈奴人折服。李陵愿意投降，且鞮侯单于大喜过望。李陵是威震匈奴名将李广的孙子，他投降匈奴，是对汉朝皇帝刘彻天大的讽刺，也是对汉军军心巨大的打击。当然，且鞮侯单于认为李陵投降，可以提升他的威望，也可以振奋匈奴军士气。

且鞮侯单于令人调查李陵的具体情况。原来，李陵爷爷李广在漠北之战中迷路，遭到卫青责备，自杀而死。李陵叔叔李敢怪罪卫青，刺伤卫青。卫青没责怪李敢，但他外甥霍去病得知消息后，在一次打猎中将李敢杀死。刘彻在处理这件事时，采取和稀泥方式，宣布李敢是被鹿角触死的。刘彻觉得此事愧对李家，对李家子弟特别优待。李敢的儿子李禹嚣张跋扈，在酒后调戏过皇宫里的贵人。刘彻很不高兴，但也只是将李禹吓唬一阵后便饶了他。李陵是李广大儿子李当户的遗腹子,有李广遗风。刘彻特别器重他,以致他临战时提出要单独率军深入,被特别批准。

且鞮侯单于得知这些详细消息后,决定要比刘彻对李陵更好。他先封李陵为王,然后将匈奴居次嫁给他,并将投降匈奴的所有汉族人交给他统率。

消息传回长安后,刘彻十分愤怒。先前向刘彻报告说李陵等人将拼死报国的陈步乐自杀谢罪。司马迁为李陵投降辩解,被处以宫刑。

刘彻咽不下这口气,更不甘心败于且鞮侯单于之手,决定再次进攻匈奴。公元前97年,刘彻兵分三路,再一次出征匈奴。李广利率6万骑兵和7万步兵为中路,从朔方出发,路博德率1万骑兵,充当李广利的后援;韩说率3万步兵为西路,从五原出发;公孙敖率1万骑兵和3万步兵为东路,从雁门出发。

且鞮侯单于听说汉军三路攻过来,主力仍然是李广利,就再次采用大踏步回撤方略,把老弱妇孺、辎重粮草、牛羊牲畜撤到余吾水(今土拉河)北边,然后亲率10万匈奴军在余吾水南边以逸待劳,准备迎战李广利所部,同时令左贤王、右贤王分别在两厢等候,抵挡汉军东路、西路。

且鞮侯单于对阵李广利,双方交战十几天后,不分胜负。李广利不敢继续交战,率军悄悄撤走。且鞮侯单于看到匈奴军战斗力也非常虚弱,在十几天战斗中损失不小,也没率军追击。不过,令且鞮侯单于感到高兴的是,左贤王狐鹿姑率匈奴军打败公孙敖所率汉军。

不久,且鞮侯单于收到对他而言的好消息:刘彻杀了李陵全家。这样,李陵就再也没有牵挂,不会心里想着汉朝,会死心塌地地为匈奴效力了。

且鞮侯单于连连挫败汉军,心里非常高兴。兴奋之余,他认为匈奴复兴机会来临了!不过,上天没让他看到那一天。一年后,即公元前96年,且鞮侯单于死了。

6. 迷信诅咒，狐鹿姑单于葬送了国运

且鞮侯单于有两个儿子，大儿子为左贤王，二儿子为左大将。且鞮侯单于临死前吩咐传位给左贤王。各部贵人商议新单于即位一事，长久等不来左贤王。各部贵人认为匈奴不能长时间没有单于，便拥立左大将为单于。正要举行登基仪式时，左贤王来了，左大将要让位于他。左贤王推让，但左大将执意不肯，表示你如果将来不幸死了，再传位给我。左贤王同意，对天发誓，登上单于之位，即狐鹿姑单于。

狐鹿姑单于信守承诺，将弟弟从左大将升为左贤王，以示王储地位。新左贤王没过几年就病死了。他的儿子先贤掸要继任左贤王。狐鹿姑单于不认账——我答应传位给你父亲，并没有答应传位给你。他将亲生儿子任命为新左贤王，让先贤掸做日逐王。先贤掸没办法，只好在喝酒骂人中度日。

此时，汉朝连年征战，国库空虚，暂时无力组织大规模战争。狐鹿姑单于也认为匈奴需要休养生息，也没有命令匈奴军侵扰汉朝边塞。双方既不宣布停战，也不宣布和平，各自悄然搁置了战争。

双方心照不宣地和平了6年，各自积蓄国力，准备再战。公元前91年，经过6年修整的匈奴军逐渐强大起来，再也按捺不住抢掠的本性。狐鹿姑单于下令匈奴军进攻上谷和五原。

由于较长时间没有战争，汉朝边境防御有所松懈。匈奴军轻松攻破五原，随后又攻破酒泉。狐鹿姑单于对此次战果非常满意。

年迈的汉朝皇帝刘彻被激怒，再次策划攻打匈奴的战争。公元前90年，刘彻派李广利率7万人，从五原出发；商丘成率3万人，从西河出发；莽通率4万骑兵，从酒泉出发，三路大军同时向匈奴腹地进攻。

年轻气盛的狐鹿姑单于得知汉军大举进攻，决定誓死一战。商丘成率军进攻匈奴，没遇到匈奴军，准备撤退时，被狐鹿姑单于发现了。狐

鹿姑单于不愿意放过他，派李陵与匈奴大将一起率3万多骑兵，追击汉军。双方在当年李陵与且鞮侯单于大战的浚稽山边相遇。

商丘成率军转战9天，汉军陷入重围，多次击退匈奴军，杀死不少匈奴兵，两军一直打到蒲奴水。李陵率失利的匈奴军撤走，才结束这场战争。

莽通率军抵达天山后，遇到匈奴大将偃渠和左右呼知王率的2万余骑兵。偃渠见汉军军容强盛，斗志昂扬，不敢应战，率军撤走，莽通率军撤回。

狐鹿姑单于派右大都尉与卫律率5千骑兵在夫羊句山峡中埋伏。李广利派2千属国胡骑应战。匈奴人抵挡不住，死伤数百人，败逃而去。汉军乘胜追击，追到范夫人城。匈奴军四散奔走，不敢应战。李广利心满意足地吩咐手下，准备回长安领封赏。

这时，后方传来消息，丞相刘屈氂被告发对皇帝行巫蛊，被腰斩，他家人都被杀。李广利的家人也被牵连下狱。他决定深入匈奴作战，用更大的胜利来为家人赎罪，便不顾一切，率军深入，直抵郅居水北边。

这里是匈奴腹地。汉军遭遇左贤王所率2万骑兵。经过一天血战，汉军的战果辉煌，斩杀匈奴左大将，匈奴士兵死伤非常多。李广利想继续向匈奴腹地进攻，遭到部属反对。于是，他率军退到燕然山。

狐鹿姑单于趁机亲率5万骑兵袭击汉军，取得较大战果，逼迫李广利下令修筑堡垒坚守。狐鹿姑单于意识到击败李广利的机会来临，命令匈奴军紧紧包围燕然山，然后寻找破敌之计。他召集投降匈奴的汉族人，让他们献计。有个人献了一条计策，狐鹿姑单于想了想，认为可行，下令立即执行。

在夜里，匈奴人在汉军营前挖掘了深达数尺的壕堑，让人一下子无法跨越。挖好壕堑后，狐鹿姑单于率匈奴军迂回到汉军背后，发起猛攻。这样，匈奴军进攻的军队陡然增加了一倍。一场激战后，汉军抵挡不住，阵脚大乱，想逃走却被堑壕所阻。李广利无奈，在阵前投降匈奴。

狐鹿姑单于非常高兴，见李广利来降，高规格接待，把女儿嫁给了他。

经此一战，狐鹿姑单于的声威一下子树立起来了，整个匈奴也变得自信起来。借着军事上的胜利，狐鹿姑单于派人到西域诸国宣传汉朝已经屈服于匈奴，要西域诸国认清形势，重新归附匈奴。

不仅如此，第二年，他派使者给汉朝送去国书，理直气壮地要与汉朝恢复和亲政策，公开宣称"本单于准备与汉朝打开关隘，互通友好。我娶汉朝公主为妻，汉朝每年送给我百万石美酒、五千斛稷米、丝绸绢帛万匹，其他的按照先前冒顿单于与你们高皇帝的约定执行"。

在刘彻看来，这和亲条件无疑是勒索。要是在以往，他早就怒发冲冠，拍案而起，派兵攻打匈奴，但这一次他没有。此时，汉朝已经无力再发动大规模对匈奴的战争，文景之治以来所积累的财富早已经耗尽，百姓已不堪重负。刘彻明白，在他有生之年消灭匈奴不可能，哪怕是让匈奴臣服也不可能。他也向匈奴派出使者，商议停战一事。随后，刘彻又发布《轮台罪己诏》，向天下谢罪，表示不再发动战争。

匈奴形势有所好转，但遗憾的是，狐鹿姑单于犯了一个大错误。原来，李广利投降后，受到的宠遇远远超过卫律。卫律内心妒忌，便设计除掉李广利。狐鹿姑单于母亲生病，卫律便串通胡巫在作法时，声称那是死去的且鞮侯单于愤怒的缘故。胡巫说，且鞮侯单于在世时，李广利常常率军攻打匈奴。且鞮侯单于每次出兵迎战前都要举行祠祀，说要拿李广利的人头祭天。现在，你们既然已经得到李广利，不拿他的人头祭天，且鞮侯单于死后灵魂会不安宁。

狐鹿姑单于是大孝子，听了胡巫的话，顾不上丈人女婿的情面，下令收押李广利，将他送上祭坛。李广利的待遇突然翻天逆转，气得临死前咒骂："我死必灭匈奴！"

李广利临死的诅咒，成为狐鹿姑单于的心病。李广利死后，狐鹿姑单于的母亲并未康复，匈奴也没有迎来风调雨顺，国泰民安。相反，匈奴接下来的几年灾害不断，不断出现反常的事。

面对一系列可怕的灾难，狐鹿姑单于十分恐惧，想起李广利的诅咒，深信是错杀了好人，触怒了上天，才导致上天的惩罚。他为李广利立祠祭祀，以安抚作祟的冤魂。

一番折腾后，狐鹿姑单于认为，匈奴人的处境比汉族人更糟糕，比汉族人更需要休养生息，再主动挑起战争，会遭到上天的惩罚。于是，匈奴和汉朝又处于不战不和，双方相安无事的状态。两年后，即公元前87年，年迈的刘彻死去，汉朝进入一个新时代。狐鹿姑单于还没来得及调整对汉朝政策，过了一年多，公元前85年，也死了。

第六章　贵族内讧，
　　　　匈奴被迫走上臣服路

霍去病没了，卫青没了，刘彻也死了，汉朝国力削弱了，新皇帝刘弗陵年幼，国内的不稳定因素增多了。匈奴复兴机遇来了。遗憾的是，狐鹿姑单于早死，壶衍鞮单于狂赌，不懂积蓄实力，屡次进攻汉朝，屡次遭汉朝辅政大臣霍光打击。壶衍鞮单于死后，匈奴贵族蜂起争夺单于位。呼韩邪单于率南匈奴归附汉朝，企图借助汉朝力量统一匈奴，但最终沦为汉朝附属。他的劲敌北匈奴郅支单于被迫四处逃窜，最终在西域被消灭。

1. 以战兴国，壶衍鞮率匈奴到崩溃边缘

刘彻16岁登基，当了半个多世纪皇帝，一生对战匈奴数任单于，旨在逼迫匈奴臣服。在此期间，匈奴从鼎盛走向衰败，多次战败，最终还是不愿意臣服。公元前87年的一天，刘彻走完人生的70年历程，带着遗憾死去。

刘彻死了，对匈奴人来说，这是天大的喜讯。他们看到了复兴的希望。半个世纪以来，匈奴遭受汉朝强势打击，由盛转衰，日子过得很窘迫。刘彻死了，汉朝新皇帝刘弗陵只有七八岁，霍光、金日磾等人辅佐，

国内需要稳定，没有精力对匈奴发动大规模战争。狐鹿姑单于评估局势后，认为匈奴的复兴机会来了。

狐鹿姑单于开始思考匈奴的复兴方略，但没等他想明白，在公元前85年，他就死了。狐鹿姑单于死得非常不甘心，一方面是上天不给他时间复兴匈奴；另一方面是他的儿子们都很小，担心继任单于后无法掌控局面。于是，他在临终前留下遗言："我的儿子年龄太小，没能力治理国家，立我弟弟右谷蠡王为单于。"

客观地说，狐鹿姑单于这遗嘱是深谋远虑的，是完全为匈奴前途着想的。颛渠阏氏却怀有私心，与卫律合谋，更改狐鹿姑单于的遗嘱，立她儿子左谷蠡王为单于，即壶衍鞮单于。

按照原遗嘱，新单于由右谷蠡王继任；即使没有遗嘱，新单于按照传统也由左贤王继任。当时，左贤王是狐鹿姑单于的大儿子。壶衍鞮单于继位后，右谷蠡王和左贤王都不服气。他们愤恨之余，准备率部投奔汉朝，但又担心长途跋涉，途中有变。他们思前想后，决定胁迫卢屠王一起投奔乌孙，然后反击匈奴。

卢屠王非常有骨气，认为乌孙以前是匈奴属国，怎么能投靠它？那样太掉面子了。于是，他坚决不愿意离开匈奴去投奔乌孙，而是悄悄到单于庭，将右谷蠡王和左贤王的阴谋报告给壶衍鞮单于。壶衍鞮单于得知消息，十分吃惊，也有几分不相信，立即派人去问右谷蠡王，以验证他是否忠诚。

面对壶衍鞮单于派来的使者，老谋深算的右谷蠡王处变不惊，先是一脸悲愤地大骂卢屠王包藏祸心，恶意间离他们叔侄的关系，然后声称他和左贤王对单于母子忠心耿耿，日月可鉴。壶衍鞮单于年幼无知，鉴别能力差，而他母亲颛渠阏氏更是妇人之见，居然相信右谷蠡王的话，还将卢屠王一刀杀了。

卢屠王死后，右谷蠡王和左贤王立即率各自部众回辖区，不肯再到单于庭朝拜。至此，壶衍鞮单于才发现右谷蠡王和左贤王不服他，卢屠王的举报是真的。不过，他不敢轻易发兵镇压他们，担心引起匈奴贵族反抗。因为在此之前，颛渠阏氏就曾对狐鹿姑单于的异母弟左大都尉下过毒手。左大都尉的同母兄愤恨异常，不肯到单于庭朝拜，对壶衍鞮单于母子恨之入骨。

在这种环境下，在匈奴并没有多大号召力的壶衍鞮单于最明智的做法是优先稳定国内，巩固单于之位，同时对外与汉朝实现和亲，争取和平国际环境，专心治理国内，从而把匈奴推向复兴的轨道。

不过，壶衍鞮单于不仅缺乏政治眼光，而且是有投机瘾的赌徒。他认为，要复兴匈奴，必须要赢得一场大的战争。这场战争不仅能给他树立声威，还可以转移国内民众的视线，消除他们的不满。

他命令匈奴军南侵汉朝。匈奴军攻入代郡，杀死代郡都尉，纵情进行血洗和抢掠。卫律担心此举会招致汉军疯狂的报复，便劝壶衍鞮单于修筑防御工事，储存粮草。壶衍鞮单于采纳了，命人去办理。等匈奴人修筑好一座城池，储存好粮草，有匈奴人说这种防守方式是汉军的做法，是给擅长攻坚战的汉军提供攻击目标。卫律一想，觉得也有道理，就劝壶衍鞮单于不再筑城，释放扣押的汉朝使者和战俘，向汉朝释放善意。

壶衍鞮单于没有搭理卫律的建议，继续率军南侵。卫律坚持延续狐鹿姑单于的政策，暂时与汉朝休战。即使壶衍鞮单于没点头，他还是坚持把苏武、马宏等汉朝使者放回汉朝。壶衍鞮单于也没处罚元老卫律，而是随即派瓯脱王率 2 万匈奴兵侵扰汉朝边塞。

这一次，汉军提前做好了充分准备，严阵以待。他们以逸待劳，伏击来犯的匈奴军，一举斩杀 9 千人，俘获瓯脱王，而自身损失几乎可忽略不计。

壶衍鞮单于原以为可以出其不意地击败汉朝，大捞一笔，没想到遭到伏击，军队损失严重。他担心瓯脱王等人投降汉朝，供出相关机密，引导汉军直捣匈奴腹地，紧急召集部众，向西北撤退，同时派人传令各部要备战备荒，防止汉军北伐。

卫律又数度劝壶衍鞮单于与汉朝和亲休战，争取和平环境和时间积蓄实力，振兴匈奴。壶衍鞮单于不听他的建议。一年后，卫律忧愤而死。

右谷蠡王认为卫律的主张对匈奴最有利，准备与汉朝和亲休战，又怕汉朝不答应，更怕壶衍鞮单于误解他。他经常让部下悄悄给汉朝使者传递想和亲休战的口风。为表达诚意，他主动减轻所部对汉朝边塞的侵扰力度，对待汉朝使者也非常友好，旨在换取汉朝的信任。不过，没多久，右谷蠡王也病死了。

卫律和右谷蠡王两个主和派一死，壶衍鞮单于便决定在对汉战争上赌一把，命令犁污王率军到边境侦察，寻找袭击机会。犁污王率兵在长城一线侦察后，回去跟壶衍鞮单于说："酒泉和张掖的汉军兵力比较弱，离中原内地比较远，如果出兵攻击这里，就能收复这两处失地，取得对西域控制的绝对优势。"

收复失地，掌控西域，复兴匈奴，这既是匈奴人几十年来的梦想，也是壶衍鞮单于的奋斗目标。壶衍鞮单于听罢，非常兴奋，下令动员军队，收复匈奴故土。

不过，匈奴内部对壶衍鞮单于不满的人非常多。他们唯恐壶衍鞮单于的计划成功，进一步压制他们，竟然事先将这一军事机密透露给汉朝。汉朝皇帝刘弗陵年幼，朝政由辅政大臣霍光做主。霍光是抗匈名将霍去病的弟弟，是武力打击匈奴的既得利益者。他得到消息，立即下令向酒泉和张掖增派援军，同时命令边塞附近郡县互相配合，严阵以待，防止匈奴军入侵。

壶衍鞮单于派右贤王和犁污王率4千骑兵，分3队进入日勒、屋兰、番和劫掠。

张掖太守和属国都尉率领汉军进行强烈反击。匈奴军大败，只有数百人逃脱，犁污王被射杀。壶衍鞮单于闻讯，痛哭一场，再也不敢派兵进攻张掖。

不过，壶衍鞮单于的赌徒性格没有变。第二年，他又派3千骑兵突袭五原。这一战，壶衍鞮单于保密工作做得好，汉朝防不胜防。结果，匈奴军的战果喜人，掠杀了数千汉朝军民。随后，匈奴军又沿汉朝边境一路骚扰。但是，汉朝其他边郡都积极防守，匈奴人抢掠到的东西很少。壶衍鞮单于不服气，策划再次侵犯汉朝边塞，大肆抢掠。还没来得及实施，匈奴东边邻居东胡人后裔乌桓人挖掘了历代单于的墓。

壶衍鞮单于闻讯大怒，率2万骑兵去教训乌桓。汉朝辅政大臣霍光从匈奴降兵那里得知此消息，想发兵攻打匈奴，问赵充国是否可行。赵充国认为，乌桓人屡次侵犯汉朝边塞，匈奴派军攻打他们，对汉朝有好处。匈奴频繁侵犯汉朝边境，与乌桓相互攻击，相互耗费实力，可致汉朝北边边境少一些侵扰，如果发兵攻打匈奴，主动招惹战争，对汉朝不利。

霍光又问范明友。范明友认为，匈奴人抢掠成性，现在没南侵，不等于今后不南侵，如果等匈奴人征服乌桓，那么匈奴在东边的力量将更强大，对汉朝的东北部边境更不利，不如趁机出兵攻打匈奴。

霍光充分考虑后，任命范明友为度辽将军，令他率2万骑兵，从辽东出发，向匈奴发起进攻。霍光特别叮嘱范明友："你此次出兵，一定不能空手而归，即使匈奴人跑了，也要把乌桓消灭掉。最好，将它们都击败。"

壶衍鞮单于见范明友率2万汉军来了，不敢迎战，转身率军撤走。范明友率汉军袭击乌桓，一举斩杀6千乌桓兵，杀死3个乌桓王。他成功地实现霍光的战略目标，也成功地实现了自己封侯的梦想。

壶衍鞮单于在东边被汉军吓跑了，咽不下这口气，转而率兵袭击汉朝西域盟国乌孙，逼迫乌孙昆莫将汉朝与乌孙和亲的解忧公主交给他。乌孙昆莫不答应。壶衍鞮单于率军猛攻乌孙，解忧公主给皇帝刘弗陵上书，希望汉朝赶快发兵救援。

这时，刘弗陵正处在重病之中，接到解忧公主的求救书，让大臣讨论是否出兵。还没有讨论出结果,刘弗陵就一命呜呼了。接下来是昌邑王刘贺被立为皇帝。刘贺当皇帝27天后被废,18岁的刘询当上皇帝。就这样,出兵援救乌孙的事拖了一年多。

在这一年里,乌孙昆莫不堪其苦,面对匈奴的军事压力,只好亲自写信向汉朝求救。刘询和霍光都表示要出兵西域,与匈奴决战。

公元前71年,刘询下诏征兵,准备与匈奴决战。一番策划后,汉军分5路出击:田广明率4万骑兵从西河出击;范明友率3万骑兵从张掖出击;韩增率3万骑兵从云中出击;赵充国率3万余骑兵从酒泉出击;余田顺率3万骑兵从五原出击。刘询叮嘱5个将领:此次出击是纵深出击,各路军都要深入匈奴境内2千里攻击。

与此同时,刘询命令西域都护校尉常惠征调西域诸国兵马策应乌孙。乌孙昆莫亲率翕侯以下5万骑兵从西方对匈奴发起反攻。如此一来,汉乌联军达到20余万,形成东西夹击之势。这对匈奴人意味着什么,不言而喻。

壶衍鞮单于根本就不会想到汉军和乌孙军会夹击匈奴。他认为汉朝皇帝年轻,没有魄力大规模出征匈奴。乌孙和汉朝相隔很远,汉乌之间不可能对匈奴发起夹攻。由于轻敌,当汉朝和乌孙20余万联军浩浩荡荡地杀向匈奴时,壶衍鞮单于傻了眼。在关键时刻,壶衍鞮单于没率军迎战,下令各部逃走,驱赶牲畜远逃北方,躲避汉军和乌孙军。

虽然壶衍鞮单于下达了躲避命令,但匈奴在这次战争中损失依然非常大。范明友所部斩杀700余人,掳获马牛羊1万余头;韩增所部斩杀1千余人,掳获马牛羊2千余头;赵充国所部斩杀单于使者蒲阴王以下3千余人,掳获马牛羊7千余头;田广明所部斩首19人,掳获牛马羊100多头;余田顺所部无收获。当然,这几路汉军都没有遇到匈奴主力。壶衍鞮单于保存主力的战略目标实现。

令壶衍鞮单于难以接受的是,西域都护校尉常惠与乌孙联军给匈奴造成重大伤害。他们横扫匈奴右谷蠡王部和单于庭,杀死杀伤匈奴民众不计其数，俘虏单于父行及嫂、居次、名王、犁汙都尉、千长、骑将以下 3 万 9 千余人，牛、羊、马、驼、驴、骡等 70 余万头。

壶衍鞮单于败给汉军，尚能勉强接受，但惨败于乌孙军，无论如何也接受不了。他恨得咬牙切齿，发誓要找乌孙报仇。

同年冬天，壶衍鞮单于亲率匈奴军冒险出击乌孙。乌孙毫无准备，仓皇应战，一败涂地。匈奴人大获全胜，抢掠不少人口和财物。不过，壶衍鞮单于没来得及高兴，就把到手的胜利果实葬送了。

在凯旋途中，匈奴军遭到暴风雪袭击。匈奴部众及畜产被冻死的不可计数。随壶衍鞮单于攻击乌孙的匈奴人，活着返回的不到十分之一。更令壶衍鞮单于难堪的是，被匈奴人欺凌的各部族趁机落井下石：丁零部出兵进攻匈奴北部，乌桓部出兵攻击匈奴东部，乌孙出兵袭击匈奴西部。在三方围攻之下，匈奴军又损失数万人，数万马匹被劫掠，损失的牛羊不计其数。在混乱中，大量匈奴人逃亡，很多人在逃亡过程中冻死饿死。

壶衍鞮单于身陷绝境，努力稳定匈奴局势。不过，三年后的公元前 68 年，匈奴再次遭遇特大荒灾，损失了 30% 以上的人口，约 50% 的牲畜。此时，匈奴实力大减，遇到上千人的汉军都不敢迎战，如鸟兽散逃命去了。

壶衍鞮单于把匈奴复兴的希望押在战争上，结果一系列战争把匈奴逼到崩溃边缘。他无比失落、愤慨和懊悔，在当单于第 17 个年头，两腿一伸，离开了人世。

2. 单于并立，匈奴陷入长久的"战国时代"

壶衍鞮单于死后，他弟弟左贤王继位，即虚闾权渠单于。虚闾权渠单于迫于现实，不得不放弃壶衍鞮单于的错误策略，停止战争，休养生息，并准备派使者向汉朝求亲。不过，他因一件事处理不善，给匈奴带来又一场灾难。

虚闾权渠单于按照匈奴习俗娶了壶衍鞮单于的妻子，却立右大将女儿为大阏氏，废黜壶衍鞮单于所宠幸的颛渠阏氏。没想到，这竟然成为匈奴内讧的导火索。

颛渠阏氏父亲左大且渠不满，伺机报复虚闾权渠单于。

当时，刘询认为，以目前匈奴实力，短期内不可能再大规模入侵汉朝，就撤除外城的士兵，集中力量从事农业生产，与民休养生息。虚闾权渠单于得知这个消息，非常高兴，认为与汉朝和亲、争取休养生息机会来临。他召集各部贵人商议，决定正式与汉朝和亲修好，共享太平，借此恢复国力。左大且渠表面上拥护虚闾权渠单于这一英明决策，背地里却算计他。

左大且渠先向虚闾权渠单于建议使者出访汉朝时，派出军队在边塞壮声势，然后自告奋勇请求与呼卢訾王各率1万骑兵在塞外等候。虚闾权渠单于未经仔细考虑便同意了。

在匈奴两路军队尚未会合时，左大且渠率3个亲信骑兵逃到汉朝，告诉汉朝边将虚闾权渠单于根本没打算和亲，2万匈奴骑兵马上就到了。边将飞报给皇帝。刘询闻讯大怒，调集精锐军队守备战略要地，同时派5千骑兵分三路出塞数百里出击匈奴。最终，三路汉军只分别捕获数十匈奴人，几乎没遇到什么抵抗。

叛逃事件和汉军出塞令虚闾权渠单于不知所措，也无法向汉朝解释清楚，只好率部悻悻离开，与汉朝和好的计划不了了之。

虚闾权渠单于被左大且渠坑后，匈奴厄运接连而来。就在这一年，匈奴再度遭遇饥荒，高达百分之六七十的百姓和牲畜饿死。由于跟汉朝敌对，在这种极端困苦条件下，虚闾权渠单于还不得不派2万骑兵防备汉军趁机进攻。

雪上加霜的是，有匈奴属国驱赶着牲畜叛离。其中，有个数千人的部落在穿越瓯脱逃跑时，与匈奴边防军发生激战。该部落伤亡惨重，残部全部南下投降汉朝。

为改变处境，虚闾权渠单于决定在西域出击。此时，汉朝在西域已经站稳脚跟，全力反击匈奴军。结果，在西域发生的一系列争夺战中，匈奴军胜少败多。而在此期间，丁零人还趁机抢掠匈奴，杀掠了数千匈奴军民，夺走了牲畜无数。

面对重重困境，虚闾权渠单于没有积极寻找合理的解决办法，却想着集中兵力抢掠汉朝，弥补匈奴的损失。公元前60年，他集结匈奴的全部力量，共计10万骑兵，准备偷袭汉朝，大肆抢掠一番。

匈奴军还没出发，一个叫题除渠堂的匈奴人叛逃到汉朝，向汉朝告了密，详细透露了匈奴计划。汉朝派赵充国率4万骑兵在边境戒备，准备伏击匈奴骑兵。不过，赵充国等候了一个多月，始终不见匈奴军，却带来虚闾权渠单于在行军途中重病呕血，不得不临时撤军的消息。

虚闾权渠单于重病后，为稳住局势，只好派使题王都犁胡次等人前往汉朝请求和亲，作为缓兵之计。不过，匈奴使者尚在路上时，虚闾权渠单于就死了。匈奴内部潜藏的矛盾随后集中爆发。

颛渠阏氏被虚闾权渠单于废黜后，与右贤王屠耆堂私通。在参加龙城大会时，颛渠阏氏告诉屠耆堂：虚闾权渠单于已病危，千万不要离开。虚闾权渠单于死后，郝宿王刑未央派人召集诸王商议册立新单于。诸王还没来时，颛渠阏氏与左大且渠都隆奇一起发动政变，立右贤王屠耆堂为单于，号称握衍朐鞮单于。

握衍朐鞮单于分析形势后，认为匈奴要避免与汉朝对峙，应想方设法恢复和亲关系。他派人前往长安，向汉朝请求再次和亲。不过，他忽略了匈奴内部有严重分歧：一部分贵族认为和亲符合匈奴最高利益；另一部分贵族认为与汉朝和亲就是投降。虚闾权渠单于生前的支持者中，大部分反对和亲。

握衍朐鞮单于一不做二不休，将虚闾权渠单于时代的亲信重臣杀了大半，把虚闾权渠单于的子弟近亲诸王大将等全部撤职，让自己子弟取代他们。

虚闾权渠单于的儿子稽侯珊见屠耆堂抢了他的单于位，还向他们挥起大棒和屠刀，便逃到岳父乌禅幕那里。乌禅幕原是西域乌孙与康居之间一个小国国王，因在西域经常被欺负，率部投靠匈奴，他手下有数千兵马。狐鹿姑单于接纳了他，让他居在匈奴右地，并把日逐王先贤掸的姐姐嫁给他。先贤掸父亲左贤王当年已被立为单于，后将单于位让给狐鹿姑单于。狐鹿姑单于许诺死后将单于位还给他，没想到他先死。先贤掸以为会接任左贤王，但没想到被贬为日逐王。先贤掸对狐鹿姑单于怀恨在心，图谋报复。

先贤掸向来与握衍朐鞮单于不和，见握衍朐鞮单于杀戮先朝重臣，又解除了上一任单于子弟近亲诸王的职位，认为下一步必然会拿他开刀。于是，不等握衍朐鞮单于动手，先贤掸就率数万骑兵叛逃到汉朝。

刘询大喜，封先贤掸为归德侯。握衍朐鞮单于无奈，只好任命堂哥薄胥堂为新日逐王。但新日逐王得不到当地民众支持。刘询见状，任命郑吉为西域都护，率部去接管先贤掸丢下的地盘。汉朝完全控制了天山南北。

握衍朐鞮单于恼羞成怒，下令杀掉先贤掸两个弟弟。乌禅幕曾尽力援救，四处奔走求告，结果毫无作用。握衍朐鞮单于夺去大舅子单于位，又杀死两个小舅子，乌禅幕心中复仇的怒火燃烧起来。不久，左奥鞬王死去，握衍朐鞮单于趁机立小儿子为奥鞬王，留居单于庭。原奥鞬王部众强烈不满。他们立原奥鞬王儿子为新奥鞬王，向东迁徙。握衍朐鞮令1万骑兵追击，遭到奥鞬部猛烈抵抗，损失数千人马，大败而归。

握衍朐鞮单于暴虐杀伐成性，国内离心离德，军心民心不稳定。左贤王多次看不起匈奴东部的贵人们，那些贵人有怨言。不久，乌桓入侵姑夕王领地，姑夕王战败，百姓和牲畜被掠去不少。握衍朐鞮单于不仅不发兵相助，还借机治姑夕王的罪。姑夕王害怕，联合乌禅幕及其他东部贵人造反。

公元前58年，虚闾权渠单于儿子稽侯珊自称单于，即呼韩邪单于。呼韩邪单于率领支持他的5万军队对握衍朐鞮单于发起进攻。握衍朐鞮单于非常自信，率军迎战。出乎意料的是，军队在阵前集体投降呼韩邪单于。握衍朐鞮单于率少量亲信逃走，派人通报右贤王，让右贤王帮他。右贤王回信指责他残暴。握衍朐鞮单于羞愤难当，自杀。

呼韩邪单于逐一清算当初害他不能继任单于位的人。颛渠阏氏跑了，左大且渠都隆奇也逃到了右贤王那里，他的部下全部投降呼韩邪单于。呼韩邪单于恼怒右贤王，但分析形势后，忍住没有出兵去攻打。

统治趋于稳固后，各位东部贵人各归领地。呼韩邪单于找回失散的哥哥呼屠吾斯，立他为左谷蠡王，派人去拉拢匈奴西部各位贵人，挑拨他们与右贤王关系，怂恿他们杀掉右贤王。右贤王对呼韩邪单于恨之入骨。

同年冬季，左大且渠都隆奇与右贤王一起册立日逐王薄胥堂为屠耆单于，并率数万骑兵袭击呼韩邪单于。呼韩邪单于被杀得狼狈而逃。屠耆单于刚在单于庭坐下来，就宣布罢免呼屠吾斯左谷蠡王，让大儿子都涂吾西担任，又封小儿子姑瞀楼头为右谷蠡王，两位谷蠡王都留守单于庭。

呼韩邪单于不甘心失败，召集各种势力，准备反扑。屠耆单于得知消息，命令日逐王先贤掸的哥哥右奥鞬王和乌藉都尉各率2万骑兵，驻扎在单于庭东边，防备呼韩邪单于率军进攻。就在这时，呼揭王与唯犁当户合谋，到屠耆单于那里诬告右贤王，说右贤王准备抛弃屠耆单于，自立为乌藉单于。屠耆单于没多想就杀了右贤王父子。右贤王父子突然被杀，在单于庭引起轩然大波。不久，真相大白，右贤王是被冤枉的。屠耆单于无法向匈奴人交代，只得杀了唯犁当户谢罪。这下，呼揭王坐不住了，他干脆率部众跑到一边，占一块地盘，自立为呼揭单于。

右奥鞬王听说此事，也不甘落后，凭借手中2万骑兵，自号车犁单于。随后，车犁单于去拉拢乌藉都尉。乌藉都尉见有人相继自立为单于，发现原来做单于如此容易，就拒不接受车犁单于的拉拢，同样自立为乌藉单于。

一时间，匈奴同时出现5个单于。5个单于相互不服气，相互争夺。屠耆单于占据着单于庭，以正统自居，亲自率军征讨车犁单于，同时派都隆奇率兵攻打乌藉单于。

乌藉单于、车犁单于抵挡不住，率众向西北逃跑，与呼揭单于合兵一处，共有4万人，声势也相当浩大。大敌当前，乌藉单于、呼揭单于去掉单于尊号，共尊车犁单于。屠耆单于得知这消息，唯恐车犁单于势力壮大起来，派左大将和左都尉率4万骑兵防备呼韩邪单于，亲率4万骑兵攻打车犁单于。屠耆单于几下就将车犁单于打败。车犁单于没办法，只好率部继续向西北逃跑。

在屠耆单于与车犁单于恶战时，呼韩邪单于令右谷蠡王等人率兵偷袭屠耆单于的领地。屠耆单于大怒，在打败车犁单于后，率6万骑兵倾巢而出，向东行千里，去袭击呼韩邪单于。呼韩邪单于有4万骑兵，他率军以逸待劳，等屠耆单于率军刚到，没站稳脚跟，就发起进攻。

这一战，呼韩邪单于打败能征善战的屠耆单于。屠耆单于见大势已去，拔剑自杀。左大且渠都隆奇与屠耆小儿子姑瞀楼头等人率残部向南逃跑，投降了汉朝。车犁单于无处投靠，自知不是呼韩邪单于的对手，赶紧去掉单于尊号，率部投降呼韩邪单于。

左大将父子见匈奴内乱不止，认为前途渺茫，索性率本部数万人投降汉朝。李陵儿子拥立乌藉都尉复辟为单于，与呼韩邪单于分庭抗礼。呼韩邪单于发兵攻打，乌藉单于和李陵儿子被杀死。

内乱还在延续。休旬王率部击杀左大且渠，自立为闰振单于。呼韩邪单于的哥哥呼屠吾斯也自立为郅支单于。三大单于不断混战。闰振单于很快退出历史舞台。呼韩邪单于和郅支单于大打出手，长期争斗，都认为自己登上单于位最合法。最终，郅支单于打败呼韩邪单于，占据单于庭。

经过残酷内战，匈奴人口和牲畜损失了80%，草原的各个部落之间经常为一口食物而互相杀戮。呼韩邪单于的处境十分恶劣：他的部众和牲畜已经损失殆尽，北部面临来自郅支单于的军事压力，南面的汉朝虎视眈眈地盯着他。无论遭哪一方进攻，他都将遭遇灭顶之灾。他和部下苦苦思索着未来的出路，是臣服于郅支单于，还是臣服于汉朝。

生存问题最重要。经过激烈争论，呼韩邪单于说服大家，宣布南下，对汉朝称臣，寻求汉朝的保护。

呼韩邪单于率残部来到边境后，派儿子右贤王铢娄渠堂去长安侍奉汉朝皇帝刘询，以表真诚。郅支单于听说呼韩邪单于要投靠汉朝，一下子着急了，怕汉朝派军帮呼韩邪单于攻打他，就以匈奴正统单于身份向汉朝传达善意，同时派儿子右大将驹于利受到长安侍奉汉朝皇帝刘询，以争取汉朝不支持呼韩邪单于。

一时间，为了生存，匈奴两个单于争相讨好汉朝。汉朝皇帝刘询笑了，辅政大臣霍光笑了。

3. 为了生存，呼韩邪单于实行曲线救国

呼韩邪单于和郅支单于争相示好，面对千年难得的好运气，汉朝皇帝刘询该如何应对呢？

刘询召集大臣商议对策。当时，汉朝的主流舆论要求皇帝趁匈奴内乱出兵匈奴，彻底消灭匈奴。刘询也热血沸腾，想御驾亲征，建立不世功业。不过，太子太傅萧望之一番话打消了他狂热的念头。

萧望之认为，对待四夷，汉朝应采取仁义的安抚政策，建议派使者前往吊唁死去的匈奴单于，趁机对匈奴表示同情和抚慰，宣扬汉朝的仁义道德，适时帮助匈奴渡过难关。

萧望之的话听起来迂腐，但刘询想了想，还是觉得有参考价值。匈奴可以用武力打败，但很难用武力降伏。匈奴内斗时，互相攻伐，一旦

汉军远征，大敌当前，势必会促使匈奴停止内斗，一致对外。退一万步讲，汉朝将匈奴灭了，也不能开发其领土，也会有其他游牧部落进入草原，发展壮大，成为新的敌人。随着匈奴衰落，西羌、乌桓等部落已呈现崛起之势。对匈奴内争，最好持观望态度，对内争各方都摆出友好仁慈的态度，让他们相互攻打，最后逼他们全部或一部投降汉朝。如此一来，西羌、乌桓等就不敢对汉朝动歪心思。

随后，刘询下令边塞将士严守边塞，但禁止做出挑衅匈奴的举动，禁止将士私自出塞攻击和骚扰匈奴，也不明确表示支持匈奴任何一方，让呼韩邪单于和郅支单于继续相互攻打。

汉朝迟迟不表态支持他，呼韩邪单于着急了。公元前53年春，他令右贤王铢娄渠堂到长安做质子，见汉朝没有多大反应，又于公元前53年冬派左贤王去长安，朝见汉朝皇帝。得知呼韩邪单于渴望内附汉朝，郅支单于也不甘落后，派出儿子之后，又派出使者，表示愿意与汉朝友好。

见匈奴内战各方争相巴结汉朝，汉朝皇帝刘询经过一番权衡之后，决定扶弱削强，继续维持匈奴分裂局面，将友好天平倾向呼韩邪单于一方。汉朝接待呼韩邪单于所派使者的规格非常高，而接待郅支单于所派使者的规格相对低一些。不过，刘询并未拒绝郅支单于和好的请求。这无疑是给呼韩邪单于压力，告诉他郅支单于也是选项之一。

为在这场对汉朝外交争夺战中胜出，公元前52年冬，呼韩邪单于率5万多部众抵达五原郡塞外，亲自告诉汉朝守将，要向汉朝皇帝进贡珍宝，期望能在次年正月亲自到长安朝见汉朝皇帝。

在匈奴历史上，冒顿单于、老上单于、乌维单于都曾表示要去长安的，但不是傲慢狂妄，就是忽悠欺骗，呼韩邪单于渴望去长安朝拜却是发自内心的。他已经向汉朝派出两个儿子。

刘询非常高兴，趁此大造声势，昭告天下：匈奴单于要来朝见天子，从此四夷咸服，天下太平！数百年来修筑长城，抗击匈奴，有多少英雄儿女命丧疆场，如今终于盼来匈奴臣服那一天。汉朝上下沉浸在欢乐的海洋里。

用何种礼仪接待呼韩邪单于呢？汉朝内部出现广泛争论。萧望之力排众议，认为接待匈奴单于礼仪不能等同于对待臣子的礼仪。刘询也认为，照顾匈奴人的自尊心，才能让他们安心臣服。他最终拍板，决定以与君王平等的身份接见呼韩邪单于。

公元前51年春，呼韩邪单于怀着忐忑不安的心情踏上前往长安的路。车骑都尉韩昌出任迎接专使，到五原塞迎接呼韩邪单于入京。沿途五原、朔方、西河、上郡、北地、冯翊等郡都派2千精锐骑兵列队作为护卫仪仗。不仅如此，刘询还亲自到甘泉宫外迎接呼韩邪单于。

呼韩邪单于原以为汉朝皇帝会以对待俘虏的傲慢姿态接待他，没想到接待规格如此之高，顿感受宠若惊，认为臣服汉朝是英明之举。

随后，刘询赠给呼韩邪单于大量礼物。尤其那枚黄金"匈奴单于玺"引人注目。呼韩邪单于恭敬地接受了。"匈奴单于玺"的象征意义深远。刘询向呼韩邪单于颁发单于玺，意味着呼韩邪单于接受汉朝皇帝册封。当然，考虑到匈奴多年来统治大漠事实及其民族心理，"匈奴单于玺"的形式和字体布局与汉朝天子所用玉玺完全相同，以示匈奴虽然臣服于汉朝，但与汉朝境内臣属有所不同，地位要高一等。

呼韩邪单于在长安住了一个月，汉朝极尽奢华地款待他。他非常感激汉朝皇帝盛情款待，在归国前，主动请求留居光禄塞下。刘询答应了，派长董忠、韩昌率1万6千骑兵和数千边郡守备军马，护送呼韩邪单于从朔方鸡鹿塞回草原，命令这支汉军暂时留在呼韩邪单于身边帮助他征服不服的匈奴人。同时，刘询下令调拨3万4千斛谷，救济南匈奴那些饥寒交迫的人。

呼韩邪单于小心翼翼地维护与汉朝关系。为表示忠诚，第二年，呼韩邪单于再度到长安朝见。他这次回匈奴时，汉朝没有再度派军"护送"，以显示对他充分的信任。

郅支单于起初以为呼韩邪单于朝见汉朝皇帝后，会像此前投降汉朝的那些匈奴贵族一样，不会再回草原，南方不足为虑，便集中力量对付趁乱自立的伊利目单于，将他打败杀死。等到呼韩邪单于回到草原，且得到汉朝大量资助，郅支单于才明白丧失了消灭呼韩邪单于、统一匈奴最佳时机。郅支单于自知不是汉朝对手，就留居匈奴西部，以免遭攻击。

汉朝皇帝刘询对郅支单于并无恶意，虽然优待呼韩邪单于，但对郅支单于派的使者和侍子也很友善。郅支单于的失落难以言表。他仇恨汉朝，又无可奈何。他率军接近乌孙，派人求见乌孙昆莫，要求联合攻打汉朝。乌孙是汉朝盟国，见到呼韩邪单于受到汉朝保护，郅支单于与汉朝关系疏远，便杀死郅支单于的使者，将其首级送到西域都护府，然后派8千骑兵袭击郅支单于。

郅支单于识破乌孙昆莫的诡计，将计就计，打败乌孙军，又挥师向西北击败和降伏了乌揭部，又征发乌揭兵马向西北攻下坚昆，向北降服了丁零，并在坚昆设置单庭。

郅支单于在西北尽情扩大地盘时，汉朝实现皇帝更替。公元前49年，刘询病死，他的儿子刘奭继位。呼韩邪单于趁机索要援助。刘奭大手一挥，给了。郅支单于也趁机上书，要求将质子送回去。刘奭也很大度地同意了，派谷吉将郅支单于的儿子驹于利送回去。

公元前44年冬，驹于利被送回到单于庭坚昆。郅支单于见没有什么捏在汉朝手里，与汉朝翻脸，痛斥汉朝偏袒"匈奴叛徒"呼韩邪单于，杀谷吉等汉朝使者。

泄愤之后，郅支单于感觉做得过火，害怕汉朝报复。正好一向对汉朝不友好的西域大国康居派人前来请郅支单于出兵，共同攻打乌孙。康居王打算将北匈奴军安置在康居东面，联合进攻乌孙，夺取乌孙土地后，将那里送给北匈奴。

郅支单于在杀害谷吉等汉朝使者后，害怕汉军远征坚昆，见康居请求出兵共同攻打乌孙，趁机放弃坚昆，率部众向西朝康居国前进。时值冬季，此去路途遥远，郅支单于一行的准备工作不足，长途跋涉后，很多人冻饿而死，只有3千人抵达康居境内。

郅支单于到达康居后，与康居王结为姻亲。随后，郅支单于指挥北匈奴康居联军攻打乌孙，很快将势力范围推到乌孙都城赤谷城附近。乌孙慑于北匈奴兵威，不敢出兵追击。

刘奭得知谷吉的死讯，开始怀疑是呼韩邪单于所为，后弄清事情真相，得知是郅支单于所为，派人去安抚吓得要死的呼韩邪单于。南匈奴的人心才逐渐安定下来。

这时，南匈奴归附汉朝已经近十年，逐步恢复元气。南匈奴的人多劝呼韩邪单于北归。呼韩邪单于也想尽快占领郅支单于腾出来的漠北单于庭。他向韩昌和张猛提出北归的想法。

韩昌和张猛担心呼韩邪单于北去后难以约束，便越权代表皇帝与呼韩邪订立盟约："自今以来，汉与匈奴合为一家……汉与匈奴敢先背约者，受天不祥！令其世世子孙尽如盟。"韩昌和张猛与呼韩邪单于等人登上匈奴诺水东山山顶，杀白马祭天盟誓。

任何盟约都是以实力作为保障的。南匈奴的实力出现增长，让呼韩邪单于及南匈奴民众在汉军监督之下过日子，远比与他结盟让他们回大漠更安全可靠。韩昌和张猛回长安后，汉朝皇帝刘奭龙颜大怒，以大逆不道的罪名将他们杀了。

不过，呼韩邪单于已率部重返漠北单于庭，刘奭也无可奈何，不得不送个顺水人情，承认与呼韩邪单于缔结的盟约有效。

在韩昌和张猛两个自以为是的官员神助下，呼韩邪单于实现了曲线救国，实现了他当年臣服汉朝，然后依靠汉朝夺回单于庭，重新主宰匈奴的目标。

4. 称霸西域，汉朝都尉葬送匈奴复兴梦

呼韩邪单于顺利回到单于庭，直接原因是韩昌和张猛擅自代表汉朝

皇帝与他誓盟，而汉朝皇帝很生气，但依旧承认盟约有效，有个重要原因是呼韩邪单于的老对手郅支单于还在，正在西域耀武扬威。呼韩邪单于能否坐稳单于庭，取决于他能否战胜特别善战的郅支单于。他要战胜郅支单于，离不开汉朝的支持。

谁也没想到，汉朝官员一次无心插柳之举，灭掉了郅支单于，帮助呼韩邪单于坐稳了单于庭。

康居打不过乌孙。康居王请郅支单于来帮他攻打乌孙。郅支单于率匈奴人到康居，率部打败乌孙，夺取乌孙大片土地。郅支单于发现匈奴骑兵的实力还是非常强的，而康居这块土地远比漠北苦寒之地强，这里复兴匈奴帝国，不失为一种好的选择。

有这种想法后，郅支单于狂傲残忍性格暴露无遗，先肆意欺辱对他有恩的康居王，再杀妻子——康居王女儿，还杀掉一群不满的康居贵族。随后，郅支单于出于自身安全考虑，一改匈奴漂游不定的游牧传统，征发康居人在都赖水畔修筑郅支城。

郅支城落成后，郅支单于派人到大宛等国勒令纳贡。各国惹不起匈奴人，乖乖送上保护费。康居王见郅支单于在康居国为所欲为，手里有12万军队，却没有胆量除掉3千匈奴兵，只好隐忍，苟且偷生。

康居王的懦弱行为，导致郅支单于进一步狂妄，肆意欺凌周边列国，逼迫西域诸国臣服纳贡。在郅支单于淫威逼迫下，西域诸国纷纷倒向匈奴。汉朝皇帝刘奭认为汉朝距康居路途遥远，出兵耗费巨大，且不一定有收获，不愿意出兵，只是连续三次派人向郅支单于索要谷吉等人的尸骨。

郅支单于认为汉朝皇帝刘奭软弱，拒不归还谷吉等人的尸骨，扣留汉朝使者，时而对其百般辱骂，时而表示愿意再度归附汉朝，派儿子到长安做侍子，但前提条件是，汉朝册封其子为西域都护。这简直就是赤裸裸的勒索。

公元前36年，西域都护郑吉退休回中原。刘奭派都护骑都尉甘延寿和副都尉陈汤接替郑吉出镇乌垒城。谁也不会想到，这一次不经意间的任命，竟然改变了汉朝在西域的处境，也改变了北匈奴历史。

郅支单于把北匈奴势力推向全西域。甘延寿和陈汤到西域，目标是保住西域诸国归附汉朝。刘奭派意气风发的陈汤做老成持重的甘延寿的副手。陈汤考虑战局却一点不像副手，比主官都考虑得全面细致。他说："蛮夷小国只认武力，不讲孔孟之道，只臣服强者。现在，郅支单于率北匈奴军占据康居，又企图吞并大宛和乌孙。他一旦实现这目标，那么接下来会消灭安息、大月氏，成为西域超级强国，西域诸国都会被他兼并。他彪悍善战，我们要尽快消灭掉他，不能让他坐大，成为朝廷心腹大患。我们将西域屯田兵集中起来，再联合乌孙军，出其不意，攻下郅支城。这可是千载难逢的好机会啊！"

甘延寿听罢，只好说："是的，是的。不过，这是件大事，要请示皇帝批准才行。我这就上书请示皇帝。"

陈汤说："朝廷那些大臣，根本不可能全面了解千里之外西域的局势。一旦皇帝不予批准，将坐失良机，郅支单于将坐大。将在外，君命有所不受。干了再请示皇帝吧！这可是为朝廷立功的事！"

甘延寿不愿意冒越权杀头危险，坚持说："这件事还是请示皇帝再说吧！"

"来不及了，干了再请示皇帝！"

"请示皇帝再说！"

……

两人发生激烈争论。

不久，甘延寿病倒，卧床养病，军中事务由陈汤代替处理。陈汤索性假传皇帝命令，调集西域15国军队和驻车师汉军共4万多人攻打郅支单于。甘延寿病好后，顺势领导了这场战争。

郅支单于根本不知道两路汉军已经包抄过来，依然派康居副王抱阗率1千多人到乌孙赤谷城以东掳掠。抱阗发现了汉军，但没派人去报告郅支单于，一心想着"完成他的抢掠任务"。汉军辎重队成为抱阗的袭击目标。不过，他的伎俩被陈汤识破。抱阗抢到汉军辎重还没来得及带走，陈汤就纵兵杀过来。抱阗大败，带着残兵迅速逃走。他抢掠的470人及大批牲畜全部被夺走。抱阗两手空空，更无法向郅支单于交代，因而只好寻找机会，重新抢掠到财物后再回去郅支城。

汉军继续前进，进入康居国后，联络不满郅支单于的康居贵族屠墨，与他歃血为盟，命令屠墨统管好部众，不得与汉军为敌；又找到屠墨的侄子开牟，让其带路。康居人怕郅支单于，对汉军进入康居的事，没有任何一个人愿意提前报告郅支单于。

汉军到达郅支城外30里的地方后，安营扎寨，派人去告诉郅支单于。郅支单于发现情况后，大吃一惊，派人前来询问汉军为什么到这里来。陈汤很轻松地回复："单于上书天子说自己地处偏僻，穷困不堪，愿意归汉朝见汉朝天子。汉朝天子可怜单于遗弃匈奴故国，蜗居康居，派我来接你去长安享福。因害怕大军惊动了单于家属，就没直抵郅支城下。提前派人告知单于。"

使者返回后，郅支单于气得咬牙切齿。来者不善，他一边派人继续回访，以拖延时间，一边悄悄派人去调康居援军。陈汤和甘延寿看出其计谋，不耐烦地对郅支单于派的使者说："我们一路辛苦，从遥远的地方赶来郅支城，单于不出来迎接，太不懂礼节！我们人困马乏，军粮耗尽，需要补给，不管单于愿意不愿意，我们都要进郅支城！"

不等使者回去复话，甘延寿和陈汤就率军向郅支城逼近。郅支城墙有两层，外层木城，内层土城。北匈奴军在西域横行已久，气焰熏天。守军向城下的汉军挑衅："来吧，有本事就进来吧！"随后，北匈奴人就督促康居兵躲在木城射击孔后面向汉军射箭。不少汉军被射死射伤。

随后，郅支单于派出百名骑兵从城里杀出，往来驰骋，数百步兵在城门口布成鱼鳞方阵守候。他想通过精锐军队战胜汉军，提升守城军民的士气。汉军与守军交战一阵，发现强攻无法取胜，索性纵火烧了木城。

木城被烧后，郅支单于失去了屏障，想逃跑，但见汉军兵势浩大，且不少西域兵也赶来参战，认为即使突围也逃无可逃。他率残部退入土城中坚守，全身披挂，亲自登城指挥，并令妻子孩子全都上城射箭。城上箭如雨下，汉军弓箭手也马上还击，密集射箭，蜂拥攻城。郅支单于被射中鼻子。

就在这时，外围1万多康居骑兵向汉军发起进攻。甘延寿与陈汤急令暂缓攻城，回师迎战。这部分愚忠于郅支单于的康居骑兵从未与汉军交战过，没见过汉军的战斗力，无知无畏，连夜猛攻汉军营帐。不料，汉军早已经派出一支骑兵绕到康居援军后方。康居骑兵几次三番地攻击汉军营地，都被击退。等待疲惫时，军队对康居骑兵发起夹击。康居军溃不成军，只有数百人侥幸逃生。

1万康居骑兵被击败。汉军士气大振，乘胜攻破土城。郅支单于率领男女百余人退入宫内，顽强抵抗，做困兽之斗。汉兵呐喊着，纵火焚烧宫室，奋不顾身地向残余的北匈奴人猛砍猛剁。郅支单于在自立为单于18年后，死于乱刀之下。逃到康居的3千多北匈奴人，单于、阏氏、王子、名王以下1500多人被杀，有145人被俘虏，剩余1千多人跪地投降。这支在西域无敌手的北匈奴人从此消失了。

甘延寿和陈汤将所获金帛、牲畜等都赏赐给从军将士，厚赏西域诸国随征士兵。然后，甘延寿和陈汤联名向汉朝皇帝刘奭上奏。郅支单于的头在长安专供异族人居住的槁街悬挂10天后掩埋。与汉朝为敌的北匈奴连带其复兴匈奴梦想，一起进入尘埃。

5. 南归时代，匈奴享受久违的和平

呼韩邪单于得知郅支单于在西域全军覆没，既惊喜又忧惧。不共戴天的郅支单于被干掉了，心头大患已除，从此他是匈奴的唯一单于，对

所有匈奴部民发号施令，看到匈奴复兴的希望。汉军跨越万里远征的强大实力也令他震撼。远在西域能征善战的郅支单于都无法逃脱覆灭下场，他距离汉境更近，怎敢有异心呢？他并无叛汉之心，但如果汉朝怀疑他不忠，也很难保证不会发兵讨伐他。那样的话，匈奴将会面临灭顶之灾。

为对汉朝表忠心，呼韩邪单于给汉朝皇帝刘奭上书，请求朝见天子。刘奭同意了。公元前33年正月，呼韩邪单于第三次到长安朝见汉朝皇帝。他所得到赏赐比前两次只多不少。他趁热打铁，提出和亲请求，做汉朝皇帝女婿。

此次和亲与以往不同，以往是匈奴逼婚，此次是匈奴单于亲自诚挚谦卑求婚。刘奭答应了，决定选一位宫女下嫁呼韩邪单于，将和亲变成赐婚。呼韩邪单于急于讨好汉朝，即使娶的是宫女，只要是皇帝所赐，也满心欢喜。就这样，呼韩邪单于娶到了王昭君。

呼韩邪单于娶了王昭君，兴奋得头脑发热，更进一步提出讨好汉朝的建议。他上书汉朝皇帝刘奭要汉朝撤销北部边塞守军，由忠诚的匈奴人代为守卫。

国防是国家安全的根本，怎么能交给别人来防守呢？何况，提出替代防守的是过去的敌人、现在的附属国。刘奭召集群臣商议。许多大臣被匈奴和汉朝和亲的和谐气氛冲昏头脑，居然认为呼韩邪单于的提议利国利民，应该允许。唯有熟悉边塞情形的郎中侯应极力反对，并提出10条理由。他认为，对百蛮异族，要保持威慑并施以恩惠，才是长治久安之策。

一语惊醒梦中人。刘奭觉得侯应的建议有道理，决定拒绝呼韩邪单于的请求。鉴于刚刚赐婚，双方关系比较融洽，直接拒绝，会伤及对方的面子，刘奭派车骑将军许嘉和颜悦色地转告呼韩邪单于"中国四方边境自古以来都设有关梁障塞作为防御，这些要塞并非只为防备塞外威胁，同时也是防备中原的奸邪之徒肆意出塞骚扰草原。所以，要设立守备以避免不法之徒起念滋事"。呼韩邪单于也听出汉朝在委婉拒绝，只得表示遵从。

呼韩邪单于封王昭君为宁胡阏氏，所谓宁胡，是使匈奴得到安宁的意思。王昭君为呼韩邪单于生下一子，叫伊屠智牙师，被立为右日逐王。王昭君为匈奴带去了先进农耕技术和汉室礼仪。匈奴逐渐出现一片升平景象。

公元前31年，在位28年的呼韩邪单于去世。呼韩邪单于生了十几个儿子。颛渠阏氏地位最高贵，且她生的大儿子且莫车深得呼韩邪单于喜爱。呼韩邪单于因病临死前，准备将单于位传给且莫车。颛渠阏氏建议册立年纪最大的雕陶莫皋为继任单于，"约令传国与弟"，保证其他儿子将来都有机会做单于，避免再度出现五单于争位悲剧。呼韩邪单于采纳了此建议。

呼韩邪单于死后，雕陶莫皋继位，即复株累若鞮单于。复株累若鞮单于任命大弟弟且糜胥为左贤王，且莫车为左谷蠡王，囊知牙斯为右贤王，把亲生儿子右致卢儿王醯谐屠奴侯送到汉朝做人质。

王昭君曾请求归汉。汉朝皇帝刘骜从大局出发，令她遵守匈奴习俗。王昭君又嫁给了复株累若鞮单于。

公元前28年，复株累若鞮单于派右皋林王伊邪莫演趁出使汉朝之机，假装向汉朝投降，试探汉朝皇帝刘骜的态度。朝见仪式结束后，刘骜派人将伊邪莫演送至蒲反。伊邪莫演对汉朝使者说："我打算投降汉朝，汉朝如果不接受我，我就自杀，绝不再回匈奴。"

汉朝使者把伊邪莫演的话向朝廷作了汇报。刘骜召集公卿们商议此事。商议结果是，不接受伊邪莫演投降，借机向匈奴新单于昭示，朝廷认可他，希望他永远对汉朝保持友善政策。

伊邪莫演回匈奴后，复株累若鞮单于自感是以小人之心度君子之腹，深感不好意思，从此再也不让伊邪莫演见汉朝使者。他放心臣服汉朝，亲自前往长安朝见汉皇。双方关系融洽，边境安宁。

复株条若鞮单于在位 11 年后死去。且糜胥继位，即搜谐单于。搜谐单于派儿子左祝都韩王朐留斯侯前往长安做人质，册立且莫车为左贤王。搜谐单于在位 8 年，准备亲自到长安朝见，却在途中病逝。且莫车做了单于，即车牙单于。车牙单于派儿子右於涂仇掸王乌夷当到长安当人质，以囊知牙斯为左贤王。车牙单于在位 4 年后死去，囊知牙斯继位，即乌珠留单于。

呼韩邪单于临死前立下"兄终弟及"继位秩序，使匈奴保持了平稳良好发展势头。他的儿子们小心翼翼地侍奉汉朝，尽力维持着良好双边关系。

6. 死亡魔咒，汉匈臣属关系走到尽头

乌珠留单于任命弟弟乐为左贤王、弟弟舆为右贤王，派儿子右股奴王乌鞮牙斯去长安做人质。

汉朝准备派中郎将夏侯藩、副校尉韩容出使匈奴。当时，大司马、骠骑将军王根掌管朝政。有人对王根说："匈奴有块状如斗形的地盘伸入张掖郡内。那里出产一种奇异木材，可用来制作良弓和羽箭。如果我们能得到那块地，那么边防补给的弓箭就充足了。想一想，如果朝廷地盘广了，有更多土地用来买卖兼并，您就立大功了。"

王根是皇帝刘骜舅舅，又是大司马、骠骑将军，辅政大臣。他听了此话，心动了，就跑去对皇帝刘骜说匈奴伸入张掖郡内的那块地，如果能据为己有，将不愁边防补给的弓箭了。刘骜也动心了，说出自己的想法："那块地当然是好地！不过，我们直接找乌珠留单于要那块地，怕他不给，既破坏了两国邦交，又丢我的面子。"

王根见皇帝刘骜动心了，只不过担心面子问题，便接着说："这事好办，你不要担心。我们派人去跟匈奴单于说这件事，能成更好，即使不成，引起不愉快，也可以把这件事推到使者身上，说是使者个人

行为。"

刘骜认为想法不错,让王根立即去贯彻执行。一番考量后,王根把那个任务交给夏侯藩。

夏侯藩到匈奴后,直接对乌珠留单于说:"我听说匈奴有块斗状的地伸入我们张掖郡内。为了这块地,我们派数百名士兵在那里戍守。我认为,单于应该上书将此地献给朝廷,以报大汉天子对单于的厚恩。大汉天子也必将予以单于厚赏。"

见夏侯藩赤裸裸地要土地,乌珠留单于感到惊讶。他问夏侯藩:"这是天子的意思,还是你个人的意思?"

夏侯藩回答得非常圆滑:"既是天子的旨意,也是我为单于筹划的良谋。我完全是为推动两国邦交着想的。"

乌珠留单于明白了夏侯藩的意思,打了个哈哈,说:"当年,孝宣皇帝、孝元皇帝哀怜我父亲呼韩邪单于,才把长城以北都划归匈奴所有。你说的斗形地,属于温偶駼王驻牧的地盘,我对这块地的具体情况不清楚。请允许我先派人核实一下情况,再做决定。"很明显,乌珠留单于在委婉拒绝,只不过找个托辞而已。

夏侯藩却误解了乌珠留单于的意思。他认为,乌珠留单于的态度友好,这事十有八九可成。于是,他急忙回长安复命,告诉皇帝刘骜,说乌珠留单于同意给那块地。皇帝刘骜当然高兴,让夏侯藩再去一趟匈奴,办理一下那块地的交接手续。

不久,夏侯藩又奉命出使匈奴,老调重弹,希望乌珠留单于把那块地献给汉朝。没想到,这一次乌珠留单于竟然翻脸不认账,还一脸委屈地说:"我父兄已经传了五世单于,前几世单于在世时,汉朝都不要这块土地,怎么偏到我这一任上就要呢?这也太拿我不当一回事了吧!这件事要是传出去,我这个匈奴单于还有什么面子?我已经问过温偶駼王,那块地盛产木材,我们匈奴西边的诸侯贵族制作穹庐和车辆,全都仰仗那里出产的木材,一旦失去它,匈奴经济就要崩盘。到时,我们还是要仰仗汉朝救济！再说，这是我父亲传下来的遗产，我不敢交出去，否则，无法向父亲在天之灵和匈奴百姓交代。"

夏侯藩满怀信心而来，没想到碰了一鼻子灰，只好灰溜溜地返回汉朝。在这时，乌珠留单于趁机上书皇帝刘骜，指责夏侯藩前来索要土地，破坏两国邦交，将匈奴的责任推得一干二净。

刘骜得到夏侯藩的回报，又接到乌珠留单于的上书，意识到此前的计谋被乌珠留单于挫败。他只好派人告诉乌珠留单于说："那不是皇帝的意思，是夏侯藩假传旨意，向单于索地。按照汉律，夏侯藩罪当处死。只是适逢大赦，才免去他死罪。如今，皇帝已把他降职为济南太守，使其辖区不与匈奴接壤，避免他再生事端！"

既然是假传皇帝的旨意，那就是死罪，即便遇上大赦，也是死罪可免，活罪难逃，怎么受到的惩罚只是从太原太守变成济南太守呢？乌珠留单于无论如何也想不通。

不过，既然保住了领土，又维持了双方和平共处关系，其他的，他也不计较太多。乌珠留单于顺坡下驴，权当就是那么一回事，还上书替夏侯藩求情。

公元前7年，乌珠留单于送到长安做人质的儿子病死了，尸体被送回匈奴下葬。乌珠留单于又派另一个儿子左於驯仇掸王稽留昆到长安做人质。碰巧，汉朝皇帝刘骜死了。刘骜没儿子，他的侄子刘欣继位。汉朝有人认为，汉朝皇帝刘骜是被匈奴人质克死的。

公元前5年，乌孙军在匈奴西部边界抢走不少牲畜，杀了不少匈奴百姓。乌珠留单于派左大当户乌夷泠率5千骑兵前往迎战，杀死数百名乌孙人，俘获千余人，夺回被掳掠的牲畜。

乌孙人害怕匈奴军反攻到乌孙境内，就派人质到匈奴讲和。乌珠留单于接受了乌孙的人质，然后上报汉朝皇帝刘欣。汉朝皇帝刘欣很不满意乌珠留单于的做法。乌孙和匈奴都是臣服汉朝的属国，属国只有派王子到汉朝做人质的义务，哪里有接受其他属国人质的资格？刘欣派中郎将丁野林、副校尉公乘音出使匈奴，去责备乌珠留单于，命令他把乌孙质子送回去。乌珠留单于没有办法，只好一一照办。

乌珠留单于窝了一肚子火，却又不敢发泄。不久，他不知从哪里听到传言，说匈奴单于每次到长安朝见汉朝皇帝后不久，汉朝皇帝就会死。当初，呼韩邪单于首次去长安时，汉朝皇帝刘询不久就死了；呼韩邪单于第三次去长安时，汉朝皇帝刘奭不久就死了。乌珠留单于恨汉朝皇帝刘欣，就在公元前3年派人到长安，请求让单于亲自去长安朝见皇帝。

凑巧，汉朝皇帝刘欣病了。听说乌珠留单于派人来长安请求朝见，他心里极不开心。他也听到过传言：匈奴胡巫在行巫蛊时诅咒过，匈奴单于每次朝见汉朝皇帝后，汉朝就会出现大变故，不是皇帝死，就是发生其他大灾难。

刘欣听说匈奴单于请求朝见，有一种不祥之感。他担心自己年纪轻轻就被克死。大臣们担心频繁换皇帝会动摇汉朝根基。汉朝君臣商议，最终一致认为乌珠留单于暂时不宜来长安朝见。匈奴使者赶回漠北复命时，将要出长安城，被黄门郎扬雄拦住，让他再等待一段时间。扬雄上书皇帝，阐述拒绝乌珠留单于前来朝见的严重后果，弄不好，会危及社稷江山。皇帝刘欣想了想，改变了主意，答应让乌珠留单于来长安朝见。

乌珠留单于决定于第二年正月前来长安朝见汉朝皇帝。还没出发时，他就病了。没办法，他只好再次派人前往长安，将朝见日期延后一年。汉朝皇帝刘欣得知相关消息，暗自高兴："你想克死我，没想到你要先死了。"不过，乌珠留单于一阵病痛后，康复了。刘欣白高兴一场。

公元前1年，乌珠留单于率500人的庞大贵族使团前往长安。这一年是非常热闹的一年——乌珠留单于来了，西域乌孙等国也派来使团，甚至一些西域商人也冒充某国使者来了。皇帝刘欣的接待任务非常繁重。

万国来朝令人欣喜，也让皇帝刘欣操心。按照传统规矩，对前来朝拜的使团，汉朝皇帝都要给予赏赐，而且价值要匹配得上天朝上国的身份。此时，汉朝内部乌烟瘴气，在朝廷内，王傅两家把持朝政，斗得不可开交；在社会上，土地兼并完全失控，阶级矛盾十分突出，起义事件此起彼伏。

皇帝刘欣心烦意乱，但再乱也不能乱了规矩。他大手一挥，对前来朝见皇帝的使团进行大规模赏赐。匈奴使者团得到的赏赐异常丰厚，在以往单于朝见赏赐的规格基础上，加了370袭衣，3万匹锦绣缯帛，3万斤絮。皇帝刘欣希望通过厚赏破除魔咒，好让自己好好地活下去。

不过，皇帝刘欣破了财却未消灾，匈奴单于朝见汉朝天子的魔咒再一次应验。当年，汉朝皇帝刘欣死去。8岁的刘衎当皇帝。

乌珠留单于本以为汉朝新皇帝继位，对匈奴的态度会改观一些。没想到，这时王莽控制汉朝政权。匈奴的处境越来越尴尬。

当时，西域车师后王姑句无法忍受汉朝校尉徐普的欺压，又受到车师前国王被汉朝处死的惊吓，率部投降匈奴。又有去胡来王唐兜因为怨恨汉朝都护不及时援救，致使他受到羌人侵害，也率部众逃亡到匈奴。乌珠留单于来者不拒，将他们安置在左谷蠡王领地，然后如实报告汉朝。

王莽派中郎将韩隆和王昌、副校尉甄阜、侍中谒者帛敞、长水校尉王歙等人出使匈奴，去警告乌珠留单于："西域是大汉的属地。匈奴不能接受叛逃汉朝的西域人。请单于把人交出来。"

这话说得火药味儿十足。不过，乌珠留单于还想打个哈哈混过去。汉朝使者们板着面孔，进一步责备他："当初匈奴骨肉相攻，国家都差点灭亡。承蒙大汉大恩，如今你们国家才得以延续和兴盛。对汉朝大恩大德，单于也总应该有所报答吧！"

话说到这个份儿上，乌珠留单于知道再辩解下去意味着什么。此时，匈奴是惹不起汉朝的。他赶紧叩头谢罪，将车师王、去胡来王交给汉朝使团，并派人随汉朝使团前往长安谢罪。王莽很不给乌珠留单于面子，以小皇帝刘衎的名义，命中郎将王萌前往西域召集西域诸国国王，同时由乌珠留单于派人将车师王、去胡来王送过去，然后当着西域诸国国王的面，将他们斩首，以此警告其他国王：背叛汉朝的人，这就是下场。

事后不久，王莽又给乌珠留单于下了4条禁令，命令他照章执行，并借此收回当年刘询和呼韩邪单于所订立的条约。乌珠留单于无奈，只得一一接受。

王莽的一系列高压政策，将匈汉之间来之不易的平共处关系推向冰点。乌珠留单于觉得活得窝囊，觉得有点儿对不起父亲呼韩邪单于，发誓要在忍辱负重中爆发。

第七章　天赐良机，
　　　　匈奴却无缘实现"强国梦"

一晃半个多世纪过去了。南匈奴依附汉朝，实力有所恢复，汉朝却走向衰落，被王莽篡夺。王莽欺压匈奴，匈奴无奈反抗。王莽镇压匈奴反抗失利，进一步激化国内矛盾，导致天下大乱，各地起义军风起云涌，各阶层都参加起义军。匈奴趁机复兴。刘秀重建汉朝，却无力征服匈奴，不得不与匈奴交好。匈奴复兴机会来临，但呼都而尸道单于自负，破坏传位制度。他死后，匈奴数个单于并立，再次出现南北匈奴。恢复实力的东汉抓住机会，逐步控制南匈奴，消灭北匈奴，让单于逐渐贬值。匈奴的"强国梦"始终无法实现。

1. 忍辱负重，匈奴生存压力中有复兴机会

乌珠留单于忍辱负重、小心翼翼地与汉朝维持和平关系。匈奴国力得到很大恢复，人口已经超过鼎盛时期一半。汉朝却被新朝取代。新朝看上去强大，却直接继承了汉朝遗留的还在不断激化的各种矛盾。匈汉双方实力此消彼长。乌珠留单于没有足够底气发动一场大规模战争，但王莽频频出手，逐渐把匈新关系推向战争边缘。

新朝建立后，乌珠留单于向新朝称臣，希望双方继续保持和平共处

关系。不过，王莽的做法超过了他的承受底线。王莽建立新朝后，推行改革，还把一系列改革措施推广到四夷，要求改变少数民族族名和首领封号。

王莽登基后，派王骏率使团出使匈奴，告知新朝建立。乌珠留单于只关心使团给匈奴带来多少实惠，因而连忙高呼万岁，接受赏赐。王骏要求乌珠留单于将汉朝皇帝赐予的汉单于印上交，换成新单于印。乌珠留单于很爽快地将旧印交出来。左姑夕侯苏在一旁提醒乌珠留单于："还没看见新印文，暂时不要交此印！"乌珠留单于便要求看了新印再交旧印。王骏表示乌珠留单于及时交纳旧印，是体现对新朝皇帝的诚意。乌珠留单于想一想，也觉得有道理，便将旧印交出来，同时接受新印，也没看印文，便用酒宴招待王骏等人。

酒宴结束后，随行的陈饶亲自动手把旧印砸坏。乌珠留单于发现新印印文是"新匈奴单于章"，而旧印印文是"匈奴单于玺"。按照当时汉朝给匈奴制定的礼制标准，汉朝皇帝赐单于印称为"玺"，赐给诸侯王的印才称为"章"，在汉朝皇帝面前，匈奴单于地位是高于汉朝诸侯王的。现在，新印意味着匈奴单于与汉朝诸侯王同级别。

乌珠留单于第二天立即派右骨都侯当找王骏，说新印与旧印不一样，降低了单于的待遇，要求归还旧印。王骏把已经毁坏的旧印取出来，对右骨都侯当说："新朝用新印，旧印已经没用了，我将它毁掉了。汉朝原来的皇帝现在都变成侯了，单于应该顺承天命，奉行新朝制度。"

右骨都侯当说不过王骏，便回去报告乌珠留单于。乌珠留单于见事已至此，无可奈何，没有为难使团，派右贤王舆带着礼物，随新朝使团前往长安致谢，并上书要求按汉朝旧印印文重新制作玺印。

王骏一行人返回汉朝，途经匈奴左梨汗王咸的辖区，发现那里有不少乌桓人。王骏询问咸怎么回事。咸说乌桓人抗税，杀死匈奴使者。匈奴为教训乌桓人，抓了许多乌桓俘虏。王骏指责咸违反"不得受乌桓降者"条款，要他立即放人。咸没办法，表示这事要请示乌珠留单于。乌珠留单于得知消息，再一次强压怒火，答应放人。王骏直接让乌珠留单于从塞外遣返乌桓人。

对这件事，乌珠留单于心里特别恼火。如果说汉朝皇帝如此，他尚能接受，毕竟汉朝对他们父子有大恩，如今篡汉的王莽对匈奴没半点恩惠，却变本加厉，变着法子欺凌匈奴人。他越想越气，派右大且渠蒲呼卢訾等10余名将领率1万骑兵，以护送乌桓俘虏为名，率军到朔方塞下耀武扬威。乌珠留单于此举意在警告王莽：别把我逼急了，到此为止吧！

王莽得知消息，想惩罚匈奴，但还没想出方法，匈新就发生了一件翻脸的事。西域车师后国狐兰支率2千余人，赶着牲畜，逃到匈奴，请求保护。原来，西域车师后王须置离密谋投降匈奴。新朝在西域的戊己校尉刀护知道了他的阴谋，将须置离用枷锁捆绑了，不等他辩解就将他杀了。乌珠留单于见狐兰支率部前来投降，非常高兴地接纳了他们，派兵与狐兰支一起攻打车师。

匈奴军进入西域后，陈良、韩玄、任商等汉将见西域诸国纷纷背叛新朝，匈奴大军又压境，竟然没交战，就合谋杀死生病的戊己校尉刀护，派人接洽投降一事。乌珠留单于得知此消息，非常高兴，派南将军率2千骑兵前往西域迎接投降的人。西域都护但钦上书王莽说匈奴南将军和右伊秩訾王即将率军侵略西域诸国。

王莽勃然大怒，决定将匈奴分为15块，设置15个单于，以使其无力造反。

他派蔺苞、戴级等人率1万骑兵，携带珍宝财物到云中塞下，诱招呼韩邪子孙们入塞，依次将其封为单于。

蔺苞派人诱骗左犁汙王咸及其儿子登、助入塞。他们刚进入长城内，就被新军控制。蔺苞强迫咸接受孝单于封号。随后，蔺苞放咸一人出塞，将助、登带到长安做人质。

咸脱身后，将事件前后经过禀报乌珠留单于。乌珠留单于非常生气,将他贬为匈奴贱官。不久,助在长安因水土不服病死。王莽宣布登为匈奴新任顺单于。乌珠留单于更生气。此前,他在西域搞点动作,但还是期待与新朝和谈的。王莽直接宣布登为匈奴单于,触及乌珠留单于的底线。

乌珠留单于召集匈奴各部贵人,愤怒地宣布:不承认王莽皇帝地位,匈奴与新朝誓不两立。他派左骨都侯、右伊秩訾王呼卢訾及左贤王乐等人率军进攻新朝云中郡的益寿塞,大杀新朝边塞吏民。这一年是公元11年,长城内外60年和平正式宣布结束。

新朝不承认匈奴单于地位,匈奴也不承认王莽皇帝地位。匈奴经过60年休养生息,实力大为恢复,打着为汉朝皇帝复仇旗号,向新朝发起抢掠和进攻。

匈奴军重新发起进攻,王莽并不认为多严重,而是将其当作转移视线、挽回国内对他不满的机会;将其当作通过战争胜利来树立皇威,巩固统治的机会。于是,王莽针锋相对,派出12位将军携带300天的军粮,分10路出击匈奴。一部分朝臣反对,并提出新军远征的5大困难,且个个困难都会导致失败。王莽坚持自己的决定。有人提出,既然决定出兵,就应先用轻骑兵对匈奴发起闪电袭击,予以重创。王莽认为,王者之师必须要堂堂正正,浩浩荡荡出师,先声夺人,在正面战场威服敌人。

王莽迫不及待地对匈奴宣战,将匈奴改名为"降奴",将单于改名为"服于"。新朝12路大军抵达长城边塞后,就停滞不前,后方粮草出现问题。乌珠留单于发现新朝12路大军停留在边塞,军心涣散,士气低落,毫无作为,便命令匈奴军加紧侵扰和进攻。一时间,新朝边郡百姓伤亡惨重,长城沿线到处都是累累白骨。

在进攻新朝的各路大军中,孝单于咸儿子角表现最积极。王莽得知消息,召集各国在京的使节贵人,会聚一堂,将孝单于留在长安的质子顺单于登杀了。

乌珠留单于得知消息，还没来得及采取下一步措施，就突然死了。咸继位为乌累单于。匈奴进入新的时期。

2. 新朝改制，臣属国匈奴也跟着遭殃

乌珠留单于登基时，乐出任左贤王，舆出任右贤王，根据呼韩邪单于立下"兄终弟及"传位原则，乐就是下一任单于人选。乐已先于乌珠留单于而死，舆就成为下一任单于人选。但在乌珠留单于死后，云须卜居次和右骨都侯须卜当将咸推上单于宝座，即乌累单于。

云须卜居次是王昭君的大女儿，右骨都侯须卜当是她的丈夫。他们都是匈奴的用事大臣，跟咸的关系很好。王莽曾任命咸为孝单于。他们认为王莽喜欢咸，一旦咸继位，有利于改善匈奴与新朝关系。

左贤王乐死后，乌珠留单于并没让右贤王舆递补为左贤王，而是将左贤王名号改为护于。理由是，接连继位的几位左贤王都死了，左贤王这个名号太不吉利。不过，舆没当上护于，乌珠留单于儿子苏屠胡出任护于。很明显，乌珠留单于不想把单于位传给弟弟，而是传给儿子。

乌累单于怨恨乌珠留单于无故将他贬职，降低名号，继位后第一件事就是免去苏屠胡护于之位，将他贬为左屠耆王，并抱着愧疚心理，将舆任命为左贤王。

人事调动完毕，云须卜居次和丈夫须卜当催促乌累单于与新朝和亲，恢复和平。乌累单于并不知道儿子登已被王莽杀死，同意派人前往长安请求和亲。云须卜居次夫妇派人到西河塞下，通过新朝守塞官吏转告和亲侯王歙。王歙是王昭君的侄子，云须卜居次表哥。他不敢马虎，立即上奏王莽。

12 路大军屯驻塞上几个月，却无法出塞征讨匈奴，骑虎难下的王莽听说匈奴主动请求和亲，心里很高兴。不过，他已经杀死了乌累单于的儿子登。

王莽思来想去，决定先把杀登的事糊弄过去。他派和亲侯王歙前往

单于庭祝贺乌累单于继位，赐给乌累单于大量黄金衣被缯帛等礼物，并宣称登在长安活得好好的，还顺便要求将新朝叛将陈良、终带等人遣返中原。

乌累单于的统治还不稳固，不想节外生枝，同意了。他下令将陈良、终带等27人捉拿，交给和亲侯王歙，并派右厨唯姑夕王富等40人送他们一行回汉朝。

一行人回长安后，王莽召开公审大会，在长安城将陈良、终带等27人烧死。随后，他把驻扎在塞上的新军陆续撤回，只留游击都尉守备边塞。他认为，新朝与匈奴敌对关系结束了。

不久，乌累单于得知登早已被王莽所杀。他非常怨恨王莽，不断派人南下侵略新朝。王莽派人到匈奴指责乌累单于：双方既然和亲，你们为什么侵扰新朝边境？

乌累单于决定恶心一下王莽，对使者说："那不是匈奴军所为，是乌桓人和部分匈奴刁民的私自行为。那些人就像中原的盗贼一样，无论政治如何清明，也无法让盗贼绝迹。"新朝使者不相信。乌累单于又说："我刚刚继位，声望尚浅，对国内管控有不到位的地方。请相信，我接下来一定会尽全力严打私自入侵新朝的乌桓人和匈奴刁民，绝不敢对新朝有半点贰心。"

新朝使者见此，也不好再说什么，回去回报王莽。乌累单于趁机派人前往长安，寻找登的尸首。同时，他密令匈奴军，该侵扰新朝边疆时继续侵扰。

王莽想归还登的尸首，又担心乌累单于会杀死他派的使者报复。于是，他将当初建议杀掉登的陈钦关进监狱，然后在公元15年，派和亲侯王歙和王咸带着伏黯、丁业等6人，送匈奴右厨唯姑夕王富回匈奴，同时带上登的尸首。

乌累单于早得知消息，派云和须卜当儿子大且渠奢到边塞等候、迎接。和亲侯王歙一行人到单于庭后，献给乌累单于很多金银珍宝，以安抚他的情绪。随后，他们向乌累单于宣布新朝皇帝旨意，改称匈奴为恭奴，称单于为善于，封骨都侯须卜当为后安公，封大且渠奢为后安侯。

乌累单于见此，心里早就不高兴。汉朝使者还要求乌累单于掘开乌珠留单于的坟墓并鞭尸，率匈奴人撤退到漠北，不得南侵，责令乌累单于缴纳1万匹马、3万头牛、10万头羊作为以前入寇的补偿，释放此前所掠的边民。

乌累单于听到那些，气得肺都要炸了，但看在大量礼物的份儿上，还是在口头上答应了，实际上没一件事照办。他依然命令匈奴军继续侵扰边境。

乌累单于对新朝面服心不服5年后就死了。左贤王舆继位，即呼都而尸道皋若鞮单于。

呼都而尸道皋若鞮单于贪财好利。为尽可能多地从新朝获得赏赐，他派出王昭君两个外孙——云须卜居次的儿子大且渠奢和当于居次的儿子酰椟王俱到长安朝贡请赏。

王莽试图利用这一机会再次分裂匈奴。朝贡完毕，他赏赐不少礼物，命和亲侯王歙等人护送大且渠奢等到制虏塞下。云须卜居次等人前来迎接，被新军挟持。唯有云须卜居次的小儿子设法逃脱回了匈奴。

王莽擅自册立一个"善于"，然后准备派军送"善于"回匈奴，成为统一匈奴的单于。呼都而尸道皋若鞮单于得知消息，非常着急，立即召集匈奴人准备迎战。但新军已经无力进攻匈奴了，国内绿林军和赤眉军势力一天天壮大，攻州掠郡，势如破竹。

呼都而尸道皋若鞮单于见新军并未进攻匈奴，终于松了一口气。新军不来进攻，他乐得休养生息，隔岸观火，看中原各势力混战了。

3. 新朝崩溃，匈奴复兴梦想再次被点燃

新朝崩溃，中原烽烟四起，呼都而尸道皋若鞮单于冷观局势。这是

复兴匈奴的天赐良机。和亲休战派匈奴贵族彻底失势，而传统游牧势力迅猛抬头，发兵南下抢掠的呼声越来越高。还没等呼都而尸道皋若鞮单于思考是否该派兵南下抢掠，一个机会送上门了。

公元 24 年，更始帝刘玄把匈奴一直强烈要求恢复的黄金"匈奴单于玺"按原样铸好，派人到漠北单于庭，授予呼都而尸道皋若鞮单于，并将被扣押在中原的匈奴贵人一起送还匈奴。刘玄认为，匈奴被王莽欺压会思念汉朝，却不知道呼都而尸道皋若鞮单于只认利益，以前汉朝强大，能给匈奴大量赏赐，他认"匈奴单于玺"，如今汉朝柔弱匈奴强大，这个黄金印玺对他已经没多大吸引力了。

呼都而尸道皋若鞮单于认为此时非彼时了。在接见更始帝的使者时，他直接说："本单于已经不需要这块玺了。消灭王莽，我们匈奴是首功。你们皇帝要知道感恩的话，就应该向本单于称臣。这样，本单于也会给他赐一块汉皇帝玺的……"

本以为单于会乖乖称臣的更始帝的使者们面面相觑，据理力争："大单于，我们说的，都是按照你们先单于说的……"

呼都而尸道皋若鞮大声说："本单于的要求，已经跟你们说了。此时，是此时，不是彼时……"

那些使者们见他坚持己见，没任何办法。一次谈判不成，那就在匈奴住下来，过几天再谈吧！呼都而尸道皋若鞮单于见他们要进行持久谈判，企图改变他的想法，便决心坚持自己的态度。双方谈判半年，毫无进展，使者们无奈，只好灰溜溜地回长安了。

这些使者还没回长安，更始帝刘玄就失败了，赤眉军攻入长安，拥立刘盆子为帝。刘盆子在长安没待多久，另一个汉室后裔刘秀重新建立汉朝，率军打败刘盆子。刘秀的汉朝定都洛阳，史称东汉。接下来，刘秀全力为重新统一和恢复汉朝实力而努力。

呼都而尸道皋若鞮单于时刻关注着中原局势的变化，意识到匈奴休养好几年，也该活动活动筋骨了。中原的刘秀重建汉朝，正在努力复兴汉朝，这是在跟匈奴复兴进行竞赛。如果汉朝先复兴，匈奴复兴将会面临额外的麻烦。于是，呼都而尸道皋若鞮单于趁刘秀国内初定，根基未稳，指挥匈奴军率先从西域方向发起进攻。

匈奴军首攻方向选定西域，是呼都而尸道皋若鞮单于和匈奴贵族长期策划的结果。在西域，匈奴是有基础的。当初，王莽逼迫西域诸国国王改王为侯，激起他们普遍的怨恨和反感。

早在公元13年，在匈奴策动下，靠近匈奴的焉耆王率先起兵反叛，攻杀西域都护但钦，继而又在姑墨、尉犁、危须等国支持下，打败继任都护李崇。西域从此断绝与中原的联系。

西域诸国自相攻击，这是匈奴乘虚而入的良机。果然，匈奴军以"王者归来"姿势进入西域，西域诸国纷纷臣服。呼都而尸道皋若鞮单于非常高兴，大手一挥，让西域诸国在重归匈奴后把拖欠数十年未付的保护费一次性补齐。西域诸国过惯到长安朝见请赏领钱的优裕生活，面对匈奴横征暴敛，内心一千万个不满，但面对匈奴威力，大多数国家也只能自认倒霉。

一些实力较强的西域国家萌生反抗之心。莎车国实力较强。莎车王延曾在西汉末年作为侍子生活在长安，一向亲近中原。公元18年，延死去，继任的莎车王康依旧坚持亲近中原政策。匈奴卷土重来时，莎车王康联合诸国抵御匈奴。呼都而尸道皋若鞮单于非常生气，但无奈莎车离匈奴实在太远，去那里又要经过茫茫大戈壁，匈奴实在无力派兵去攻打，而派使者去威慑，又起不到什么作用。

面临匈奴的威胁，莎车王康决定派人出使东汉，寻求支持。当时，刘秀正全力重新统一天下，没精力去管西域的事。公元29年，刘秀册封莎车王康为汉莎车建功怀德王、西域大都尉，令西域55国都属莎车管辖。虽然这种册封仅仅属于精神鼓励，但莎车王康非常满意，拿到他代表汉朝节制西域诸国的凭证，抵御匈奴时，就可以借此去命令其他国家。

呼都而尸道皋若鞮单于面对这些，一时也无可奈何，只好寻机离间莎车与东汉的关系。

公元33年，莎车王康死了，康的弟弟贤成为新莎车王。莎车王贤野心膨胀，率军攻破拘弥、西夜国，杀死两国国王，立前莎车王康的两个儿子分别为拘弥王和西夜王。公元38年，莎车王贤与鄯善王安一起派使者到洛阳朝贡。此时，葱岭以东西域诸国都属莎车王贤管辖。东汉正式册封莎车王贤为西域大都护。虽然他此前是西域大都尉，但在西域诸国心目中，西域最高统治者是西域大都护。公元41年，刘秀反悔了，将莎车王贤到手的西域大都护印毁掉。

莎车王贤憎恨汉朝，派人去跟匈奴单于联系。呼都而尸道皋若鞮单于终于等到了这个机会，立即表示无条件支持莎车王贤。莎车王贤便有恃无恐，屡次率军攻打龟兹等国，弄得那些和莎车接壤的国家整日提心吊胆。

在匈奴和莎车双重压迫下，公元45年冬，不堪压迫的车师前王、鄯善、焉耆等18国都遣子入侍洛阳，献上珍宝。在拜见刘秀时，他们一个个稽首再拜，泪流满面，希望东汉在西域重置都护，保护他们的领土和人民不受侵犯。刘秀认为，东汉消灭各地割据势力不久，国力疲惫，北边匈奴也未屈服，暂时无法出兵平息西域之乱。

莎车王贤见刘秀对他无能为力，愈加狂妄，准备兼并西域诸国，成为名副其实的西域之王。呼都而尸道皋若鞮单于不愿意莎车过分坐大，也趁机派人去威逼或劝诱西域诸国。西域诸国见东汉靠不住，为自保，纷纷归顺匈奴。呼都而尸道皋若鞮单于不计前嫌，一一接纳他们，并表示为他们提供保护。

一时间，西域诸国的赋税源源不断输入匈奴。呼都而尸道皋若鞮单于的腰包迅速鼓起来，复兴匈奴的信心也大起来。他开始规划复兴匈奴的蓝图，在西域诸国归附后，又派人威逼利诱，迫使乌桓和鲜卑再次成为匈奴附属。

乌桓在西汉时已经脱离匈奴控制。王莽曾试图利用乌桓与匈奴宿怨驱使他们攻击匈奴。当年，王莽兵分12路出击匈奴，其中一路就是乌桓人。乌桓人非常害怕无休止的征战，但王莽拒绝批准他们回去。他们便悄悄溜走，沿路还不忘抢掠一番。王莽一气之下，杀了很多乌桓人家属。匈奴出手拉拢时，乌桓人顺势投入匈奴怀抱。拉拢乌桓后，匈奴又顺势逼迫势力日益壮大起来的鲜卑臣服。

西部西域被纳入匈奴统治范围，东部乌桓和鲜卑再次纳入匈奴统治范围，呼都而尸道皋若鞮单于离复兴匈奴目标越来越近了。他经常驱使乌桓和鲜卑人南下抢掠。乌桓人久居塞边，部落距离汉朝边境非常近，加上仇恨中原人，在抢掠过程中非常卖力，手段狠毒，所到之处，将百姓尽数杀戮，代郡以东的很多地方变成无人区。

西域离中原遥远，一心恢复汉朝实力的刘秀可以装缩头乌龟，但乌桓人侵扰，直接关系到中原安危，刘秀就不能不做出反应了。

公元37年，汉朝皇帝刘秀令王霸等人率6千因充军或服劳役而被赦免的囚徒，修筑从代郡到平城300多里飞狐道，沿途"堆石布土，筑起亭障"，以防止匈奴人、乌桓人侵扰。到公元45年，伏波将军马援率3千骑兵攻打乌桓。乌桓人提前得知消息，诱敌深入，汉军一到，他们就跑。在马援率军撤离时，乌桓人突然尾随袭击汉军。汉军大溃，一路奔逃。等到逃回塞内，马援发现军队损失1千多人马。

呼都而尸道皋若鞮单于不仅利用乌桓人重创东汉，还"以汉制汉"，派人拉拢卢芳、张晔、彭宠、李兴等军阀割据势力，出钱出人帮助他们攻击汉军，蚕食东汉领土。

面对匈奴侵扰，刘秀采取先安内再攘外策略，对匈奴的狂妄尽量忍让，对卢芳、张晔等人实行军事打击和分化瓦解相结合政策。等逐步削平群雄统一天下后，刘秀也不急于与匈奴决战，而是整顿内政，稳定秩序，恢复生产。他心里很清楚，要想打赢对匈奴的战争，必须以强大实力做后盾。

呼都而尸道皋若鞮单于频频向汉朝发难，刘秀一再退让，让他的野心越来越大，想恢复冒顿单于时代的辉煌。不过，这时匈奴规模只有冒顿单于时代的一半，而匈奴复兴不是因为匈奴势力已经崛起，而是因为老对手汉朝陷入内乱，无力迎战匈奴的挑战。中原在政治、经济、文化、语言、生活方式、风俗习惯等方面形成牢固的统一心理。匈奴历经两百多年发展，却未能形成共同的民族意识。匈奴国内南部和北部民众的生活方式和思维方式差别越来越大。

呼都而尸道皋若鞮单于试图利用汉朝动乱重建之机复兴匈奴，取得一定成就，但最终历史还是没给他机会，相反因他的一个决定，导致匈奴复兴迅速走向终结。

4. 单于之争，匈奴没来得及复兴就分裂了

公元46年，在位28年之久的呼都而尸道皋若鞮单于死了。临死前，他想将单于位传给儿子，因而对弟弟举起了屠刀。此举违背"兄终弟及"传位原则，在匈奴内部引起轩然大波。按照传统，呼都而尸道皋若鞮单于死后，伊屠知牙师应继任单于。伊屠知牙师是左贤王，亲汉。呼都而尸道皋若鞮单于找借口杀掉伊屠知牙师，随即任命儿子乌达当左贤王。

法定继承体系被破坏，诸王争位局面迅速出现。伊屠知牙师被杀，呼韩邪单于的子孙们各自打起了算盘，不服气的人非常多。乌珠留单于儿子右薁鞬日逐王比更是一肚子怨言。

在呼韩邪单于北迁单于庭后，漠南形成一个以8部大人为中心的政治集团，后来由伊屠知牙师统率。伊屠知牙师当上左贤王后，漠南8部大人及乌桓由比统辖。如果按照继承顺序，伊屠知牙师当上单于，比就会当左贤王，伊屠知牙师死后，比就会继任单于。

伊屠知牙师被杀，乌达当上左贤王，这意味着比与单于之位无缘。比口出怨言，说伊屠知牙师死得冤枉，乌达当左贤王既不合传统也不合

法。祸从口出，比放出怨言后，担心呼都而尸道皋若鞮单于杀他，从此不去单于庭参加各部大人聚会。他不去朝见，呼都而尸道皋若鞮单于自然对他加深猜忌，怀疑他图谋不轨。

比的领地临近乌桓和东汉，拥有四五万军队，在匈奴内部地位举足轻重。呼都而尸道皋若鞮单于不敢轻易诛杀他，派心腹去监视他的一举一动。

没多久，呼都而尸道皋若鞮单于死了，乌达当上单于。乌达单于没威望没能力没寿命，解决不了匈奴内部矛盾，在继位当年就莫名其妙地死了。比当时看到了一丝希望，认为轮也轮到自己当单于吧！违背传统和规矩当上单于的人，命不长，各部贵族们总该吸取这个教训吧！不过，他又一次失望了。随后，呼都而尸道皋若鞮单于弟弟蒲奴被立为单于。

比见单于之位始终没他的份儿，愤恨至极，决定采取行动，自立为单于。

恰逢匈奴遭遇罕见灾难，面对艰难的国内环境和日益崛起的东汉，蒲奴单于害怕东汉趁着匈奴国内不稳时发起军事进攻，派人前往渔阳郡，让渔阳郡守向东汉皇帝代为传递匈奴和亲的请求。东汉皇帝刘秀接到报告，派李茂负责筹办此事。

匈奴的危机并未从根本上消除。被迫依附匈奴的乌桓人见匈奴国势衰颓，就不再依附，还出兵攻打匈奴。蒲奴单于率兵迎战，居然抵挡不住乌桓人的攻势，被迫率部众向北迁徙，放弃对漠南草原的实际控制权。

此举给了统率漠南诸部的比很大压力。因为这意味着蒲奴单于放弃保护漠南诸部，漠南诸部遭到攻击后，他不会管，不会提供安全保护。于是，在公元47年，比秘密派汉族人郭衡带匈奴地图会见汉朝西河太守，表达归附东汉的意愿。

监视比的两位骨都侯看破他的阴谋，便私下商议要在五月龙城大会时将此事报告给蒲奴单于。这消息又恰好被比的弟弟渐将王无意间得知。

渐将王随即飞驰而去，将这一消息告诉比。匈奴内部的又一场危机即将爆发。

比得知消息，意识到已无路可退，召集漠南8部共四五万人马，准备先杀掉两个骨都侯，再率军直捣单于庭，夺取原属于他的单于位。两个骨都侯回到漠南草原时，见事不妙，转身就跑，逃回漠北，向蒲奴单于添油加醋报告所看到的一切。蒲奴单于大怒，派1万骑兵前往漠南草原，企图武力消灭比。这1万骑兵到达漠南草原后，见比的支持者有四五万，认为根本打不过，就好汉不吃眼前亏，就此撤了。

一场即将爆发的恶战暂时消失。不过，比意识到，蒲奴单于不会不了了之，应该事先做好准备。他知道，与蒲奴单于彻底决裂，面临的道路，或者被蒲奴单于镇压后死去，或者迅速消灭掉蒲奴单于，或者归附汉朝，寻求保护，再寻机消灭蒲奴单于。想来想去，比选择了第三条道路。

对部众是否愿意归顺汉朝，比并不担心。自公元18年以来，比就率8部众驻牧在漠南草原，沿东汉的北地、朔方、五原、云中、定襄、雁门、代郡、上谷等郡游牧。

由于地处汉匈交界处，漠南8部部众汉化很深，加上不少汉族人为躲避战乱进入8部与匈奴人杂居，为匈奴人带去先进的汉文化和经济意识。在日常生活中，漠南8部民众与汉族人频繁进行手工业品、农产品和畜产品互换贸易。他们对汉族人有某种亲近感。与仇汉的蒲奴单于闹翻后，他们归附汉朝寻求保护是最佳选择。

公元48年春，匈奴漠南8部首领会聚一堂，商议未来出路问题。当年呼韩邪单于附汉为匈奴复兴打下基础，他们决定重走呼韩邪单于的老路，册立比为"呼韩邪单于"，借助先祖的称号与汉朝交涉。比派人到五原塞下，上书东汉皇帝刘秀，请求归附，声称愿意永远替东汉防守边塞，抵抗北部的侵扰。

汉朝皇帝刘秀正苦于匈奴连年侵扰边疆，找不到低成本的应对方式。"呼韩邪单于"带来的消息，让刘秀有"柳暗花明又一村"的感觉。匈奴分裂为南北匈奴，且相互敌对，这对东汉来说，是意外之喜。南匈奴自愿为汉朝保卫边塞，北匈奴若侵扰边疆，汉朝就可以联合南匈奴去打击北匈奴。

刘秀将此事拿到朝堂上商议。很多人怀疑比归附东汉的诚意，甚至有人主张趁匈奴内乱之机，出兵把匈奴给灭了，为国家永除后患。刘秀很清醒，意识到东汉国力并未彻底恢复，出兵无把握获胜，且武力灭掉匈奴后，东汉也不一定是最大受益者，就决定扶持南匈奴，抗击北匈奴，同意南匈奴的通好请求。

与此同时，刘秀又派人趁机拉拢乌桓人，让乌桓人不成为汉朝的祸害，而成为牵制匈奴的有生力量。

同年冬，比自立为"呼韩邪单于"，即醯落尸逐鞮单于（为方便区分，接下来南匈奴单于称为南单于，北匈奴单于称为北单于）。从此，匈奴正式分为南北匈奴，彼此敌对。

南匈奴归附汉朝后，汉朝北境再无侵扰之患；而乌桓与鲜卑见南匈奴附汉，也派人到洛阳朝贡。南单于比的腰板也硬了，决定攻打北匈奴，树立威信，让全匈奴人都知道，他才是真正合法的匈奴单于。

公元49年春，南单于比派左贤王率兵攻击北单于蒲奴弟弟奠鞬左贤王。南北匈奴的左贤王代表各自国家进行一场大决战。大战的结果是，南匈奴左贤王大获全胜，北匈奴左贤王奠鞬被俘。南匈奴左贤王乘胜挥师猛追，俘虏北单于1万多部众、7千匹马、上万头牛羊。

北单于蒲奴非常震惊，这才意识到危险了。为避免被消灭掉，为避开南匈奴兵锋，他率部向北退却了近千里。眼见北单于蒲奴接连大败，北匈奴奠鞬骨都侯与右骨都侯率3万多部众归降南单于比。一时间，南匈奴声势大振。比归附东汉的好处得到彰显。

公元49年初夏，南单于比派人到洛阳向东汉称臣，请求东汉派人去监护，复修"呼韩邪单于故约"。刘秀召集大臣商议后，最终做出了决定。

公元 50 年春，刘秀派中郎将段彬等人出使南匈奴，在距五原塞西部 80 里处建立南单于庭，设置护匈奴中郎将负责率兵护卫南单于。所谓护卫，其实就是监视兼保卫南匈奴。

在汉朝使者向南单于比递交诏书时，发生了一件耐人寻味的小事。汉朝使者对南单于比说："单于应该跪倒伏拜受诏。"南单于比脸上有为难神情，环顾四周大臣良久，才伏地称臣接旨。韵骨都侯等南匈奴大臣见此，泪流满面。他们祖先冒顿单于是何等英豪，而他们如今再度向汉朝称臣，要跪拜迎接汉朝皇帝的诏书，这对他们自尊心是何等摧残和折磨。跪拜事件在南匈奴内部引起轩然大波。一些匈奴人对南单于比非常失望。几个月后，被俘获的北匈奴左贤王与 5 位南匈奴骨都侯合谋，率领 3 万部众跑回北匈奴。

这些人抵达距离北单于庭 300 余里处，又改变了主意。他们虽然对南单于比失望，但觉得北单于蒲奴也不是一代雄主。五位骨都侯计议后，决定另立门户，共立北匈奴左贤王为单于。一个月之后，这些匈奴人发生内讧，5 位骨都侯都在内讧中死去，北匈奴左贤王自杀。各位骨都侯的儿子各自拥兵自守，相互不信任。

到冬季时，这些匈奴人遇到了生存危机。5 位骨都侯的儿子在一起商议，决定南归南匈奴。毕竟，自尊心和生存相比，生存才是最基本的。他们率仅剩的 3 千部众南下时，北单于蒲奴得知消息，派兵追杀。南单于比也得到消息，派兵前来接应。结果，这 3 千部众几乎全部被北匈奴人杀死。南匈奴前来接应的军队，也遭到北匈奴军攻击，惨败而逃。

南单于比不得不寻求东汉的保护。东汉皇帝刘秀又趁机将南单于庭迁徙到西河郡美稷，命令段彬等人驻居西河郡，设置官府，由西河长史率 2 千骑兵和 500 步兵协助护卫南单于。

由于不再担心匈奴到边境郡县烧杀抢掠，刘秀将以前迁徙的边民回迁故地，同时宣布南匈奴部众可在北地、朔方、五原、云中、定襄、雁门、代郡、上谷等8郡内外放牧居住，但南匈奴部众要协助诸郡县戍守，侦察北匈奴动静，担负起护卫北部边境任务。

南匈奴部众与汉民在边郡杂居，导致彼此接触、互相通婚的情况出现。从此，南匈奴人加速与汉族融合的历程。杂居让南匈奴人逐渐学会农耕技术。他们逐步摒弃单一的游牧生活，转向半游牧半农耕生活，从而进一步加速汉化过程。

在公元50年秋，南单于比把儿子送到洛阳做人质时，刘秀依照东汉诸侯王相关制度，授予南单于比黄金玺绶与汉诸侯王冠带、衣裳，还有大量物资，从河东郡转输2万5千多斛粮食、3万6千多头牛羊，救济饥荒和疫病中的南匈奴部众。

从此，南单于每年都会向东汉皇帝上贡礼物并汇报情况。监护南匈奴的中郎将也同时派人陪同南单于的质子入朝。东汉朝廷也将前一年的质子送还南单于。每逢新年到来祭拜完汉室祖庙后，东汉皇帝都会派出使者到南单于那里给予一定封赏。每年如此，形成惯例。

公元56年，南单于比去世，刘秀派中郎将段彬率军前往吊丧。段彬在比灵前祭拜后，派兵保护，以确保南匈奴不会因为南单于比之死而瓦解，或者回归北匈奴。随后，南匈奴左贤王莫继任南单于。

南单于比对南匈奴单于的继承制度格外重视。为避免南匈奴再度因争夺单于位而四分五裂，同时也为了表示他才是延续祖父呼韩邪单于遗训的正宗传人，他制定单于继承顺序：比传莫，莫又传给汗。汗是同母三兄弟中最小一个。汗不再传给其他异母兄弟，而是传给比的儿子适，适又传位给莫的儿子苏。苏又传适的弟弟长，长又传给汗的儿子宣，宣传位给长的弟弟屯屠何，屯屠何又传位给宣的弟弟安国，安国又传位给适的儿子师子，师子又传位给长的儿子檀。

这种循环式继承顺序巧妙地将传弟与传子交叉结合在一起，传弟之中有传子，传子之中又见传弟，意在避免传位制度不明确而导致骨肉相残和母阏氏干政。南匈奴稳定下来后，这套制度实施了98年之久。

南匈奴遇到生存困境找东汉，北匈奴处境艰难就只能自己想办法克服了。北匈奴地处漠北，经济陷入窘境后，北面的丁零，东面的乌桓、鲜卑，以及南面的南匈奴不时侵扰。为生存和发展，北匈奴逐渐向西转移，加强对西域诸国控制，以保障北匈奴经济来源。

大环境恶劣，西域诸国太小太弱，对北匈奴走出困境没太多帮助。北匈奴护于丘率众千余人投降东汉。北单于气愤，派7千骑兵进入五原塞，侵扰云中，准备抢掠一些财物。

到原阳时，他们遭到汉军与南匈奴军的围攻。北单于蒲奴十分惶恐，怕东汉对他落井下石，主动向东汉示好，大量放还先前所掳掠的汉族人。

北单于蒲奴将主要目标放在消灭南匈奴上。不过，他每次发兵攻打南匈奴时，都小心翼翼，以免给汉军提供干涉借口。北匈奴骑兵每当经过汉军的边塞亭障时，总要声明是为攻击南单于比，绝不敢侵犯汉民。每次遇到这种情况，汉军也只是监视他们过境而去，围观南北匈奴内讧而已。

为摆脱困境，北单于蒲奴在公元51年派人到武威郡，请求与东汉和亲。群臣廷议时，争论不休。太子刘庄说："北单于见到南单于新归附，害怕被我们与南匈奴联合攻击，才摆出一副请求和亲的姿态。如今，我们没出兵协助南匈奴，反而与北匈奴和亲，定会使南单于失望而产生二心。一旦北匈奴看到我们与南匈奴关系破裂，他们就不会再提归顺的事了。"皇帝刘秀认为太子的话有道理，命令武威太守拒绝北匈奴的请求。

北单于蒲奴见和亲使者被挡回，不但不恼怒，反而接二连三地派出和亲使团。公元52年，北单于蒲奴不仅派了一名王做使者，还提出要前往东汉朝见皇帝。此举既是为表达他与东汉和亲的诚意，同时又提醒东汉：整个西域现在都已被北匈奴控制，如果反复拒绝他们的善意，西域诸国很可能会变成北匈奴的入侵伙伴。

汉朝皇帝刘秀不得不掂量北匈奴的分量，召集大臣商议对策。班彪分析说："北匈奴一向欺软怕硬，又有外强中干的毛病。我认为其礼物越重越殷勤，反而说明其国力越虚弱，遣使来访越频繁，表明他们对我们的恐惧越大。北匈奴请求和亲，不过是为向西域诸国立威，以显示汉朝承认他控制西域，切断西域诸国亲汉力量归汉念头。如果真如他们自夸的那么强盛，那北匈奴早就入寇劫掠了。不过，话虽如此，我们还是应该静观时局变化再做决断！"

匈奴分裂和内讧，东汉成为最大受益者。如今，南匈奴已归顺东汉，北匈奴侵占东汉西部领地，害怕遭东汉与南匈奴联合打击，才向东汉请求和亲。刘秀冷静思考后，便与北匈奴和稀泥，拖延时间，静观时局变化。刘秀给北单于蒲奴回了一封长信，讲述呼韩邪单于和郅支单于的故事，意在警告他不要妄为。

北单于蒲奴接到回信后，有几分气愤，但看在东汉回赠礼物的份儿上，决定继续派人去洛阳和亲，目的是离间南匈奴与东汉关系，最好能让东汉同意互市贸易，解决北匈奴的经济和日常生活用品的供给问题。公元55年，北单于蒲奴又一次派使者到洛阳，请求和亲。刘秀看透了北单于蒲奴的用意，没答应北匈奴使者的任何要求，照例赏赐一点东西，就打发使者回去。

即使如此，北单于蒲奴也不亏。不过，北单于蒲奴因汉朝皇帝刘秀一而再再而三地和稀泥，渐渐失去了耐心，转而加强武力侵扰南匈奴和东汉。此时，东汉已经立国30多年，出现"光武中兴"局面，且南匈奴、乌桓、鲜卑、羌族都归附东汉了。北单于蒲奴此举意味着北匈奴的灾难要来临了。

5. 丧失西域，匈奴复兴梦想彻底破灭

南单于比率部依附东汉，不仅仅是为自保，还指望东汉能出兵帮他

统一匈奴。南单于比屡屡上书建议和东汉联兵攻打北匈奴。北匈奴之所以不断请求与东汉和亲，也是为离间南匈奴与东汉的关系，除掉南匈奴外援，然后击败南匈奴，将南北匈奴统一起来。

北单于蒲奴接连派人向东汉和亲，都遭到拒绝。他对东汉的不满情绪与日俱增，非常忌恨东汉袒护南匈奴。在不断攻击南匈奴时，北匈奴军也骚扰东汉的边境，到后来甚至蛮横到逼迫东汉答应开放互市。

东汉试图维持南北匈奴对峙局面。北匈奴侵扰边境时，东汉始终保持克制态度，因为一旦东汉出兵攻打北匈奴，南匈奴将趁机把势力扩展到漠北，使南北匈奴重新统一，那一幕是东汉不愿看到的。南匈奴实力相对弱一些，不得不依附东汉，即使东汉不同意联合攻打北匈奴，它也无可奈何；而北匈奴除派兵到边境进行小规模骚扰外，也不能将南匈奴和东汉怎么样。就这样，三方在矛盾和联合中维持了20多年。

南匈奴须卜骨都侯等贵族发现东汉与北匈奴相互往来，心里不满，便想挑起事端。他们秘密联络北匈奴，商量好接应事宜。前往北匈奴的越骑司马郑众在出塞时察觉到情况有异，立即写信报告给朝廷。于是，汉军提前在五原和西河两郡布置重兵防备。

公元65年秋季，北匈奴派出2千骑兵，进入朔方郡，准备渡过黄河去接应那些准备叛逃的南匈奴贵族。突然，他们发现汉军严阵以待，早已经做好拦击准备，不得不悻悻地撤走。

这次计划落空后，北单于蒲奴决定派兵侵扰东汉边境的郡县，报复一下东汉。北匈奴军大举进攻河西诸郡，河西诸郡在白天也不得不紧闭城门防御。北匈奴军见汉军一再忍让，不应战，就变本加厉地抢掠。

公元72年，北匈奴居然征发西域诸国军队，一起入侵河西诸郡。这时，东汉皇帝是刘庄。他忍无可忍，下令汉军向北匈奴发起进攻。他此举并不是一时心血来潮。东汉多年戒备北匈奴等敌对势力入侵，非常注重边防建设，汉军训练有素，防御体系完备，还有南匈奴、乌桓和鲜卑等少数民族骑兵协助，已经具备大规模进攻北匈奴条件。

此前，刘秀放弃经营西域，在某种程度上也纵容了北匈奴复苏。通过控制西域诸国，北匈奴源源不断地得到人力、物力补充，实力比刚分裂时有较大增长。西域曾在西汉时依附中原，不但没遭到西汉敲诈勒索，反而经常得到赏赐。随着东汉强盛，西域诸国归汉的想法更加强烈。一旦汉军大规模出击北匈奴，西域诸国将会顺势倒向东汉。

刘庄一番分析后，决定把出击目标指向西域诸国。西域诸国是北匈奴维持生存的生命线。东汉只要控制了西域诸国，就斩断了北匈奴的经济来源，削弱北匈奴，让其无力对东汉构成威胁。

公元73年二月，汉军及南匈奴等联军分为4路出击北匈奴：窦固和耿忠率酒泉、敦煌、张掖三郡汉军及卢水羌兵1万2千骑兵从酒泉塞出发；祭彤和吴棠率河东北的汉军、西河羌兵及南匈奴1万1千骑兵，从高阙塞出发；来苗与文穆率领太原、雁门、代郡、上谷、渔阳、右北平、定襄等郡兵及乌桓、鲜卑共计1万1千骑兵，从平城塞出发；耿秉、秦彭率武威、陇西、天水士兵及羌兵1万骑兵，从居延塞出发。

北单于平时虽然骄横狂妄，不可一世，但他得知汉军联合南匈奴、乌桓、鲜卑、羌人大规模进攻北匈奴时，也充分认识到形势严峻，继而不遗余力地发挥他们打不赢就跑的优良传统，命令各部分散逃命。

联军轰轰烈烈地出征，却找不到目标，几路大军不得不空手而回。只有窦固率军碰上猝不及防的北匈奴呼衍王，一举将他击溃，斩首千余级，占据伊吾卢城，留下部分士兵屯守，然后率军班师回朝。

不过，北单于虽然奉行逃跑策略，也不是消极躲避，而是寻机进攻联军的薄弱之处。北匈奴军躲过联军追击，趁东汉后方空虚之机，派军进入汉朝云中郡和渔阳郡，疯狂杀戮。云中太守廉范手头没多少兵。在天黑后，他命令士兵们满营点起火把。北匈奴军误认为汉军援兵已到，不敢轻易发起进攻。第二天早上，北匈奴军开始撤退，但没想到廉范趁势率汉军反攻。北匈奴军被打了个措手不及，自相践踏，死了数千人。北单于原以为计策高明，没想到吃了大亏，懊恼不已。

没多久，北单于收到一个更令他不安的消息。原来，联军在进攻匈奴本土时，派出一个超级外交人才班超率36人到西域鄯善国，杀死匈奴使者，逼迫鄯善国归顺东汉了。

北匈奴在西域已经经营多年。此时派到鄯善的使者团有100多人，被班超36人轻易杀掉。西域诸国受此事影响，会不会脱离北匈奴管控而投降东汉呢？北单于想想都感觉后怕。

在北单于还没想到应对方法时，西域又传来几个不好的消息。北匈奴驻在西域小霸于阗国的镇抚使被杀。于阗王砍下北匈奴镇抚使脑袋，将它回赠给班超，作为投降东汉的投名状。天山南部诸国闻风归附东汉。北匈奴所立龟兹王传来消息，班超等人劫持疏勒王兜题，重新册立亲汉的疏勒王，并将兜题赶回龟兹。疏勒成为东汉属国。

北单于没想到东汉会连环出击，决定组织反击。在他还没来得及下命令时，东汉军在西域天山地区开始行动了。东汉军先在蒲类海击败北匈奴呼衍王属下的白山部，随后又将目标对准依附北匈奴的车师国。

在北匈奴支持下，车师国吞并了郁立、单桓、孤胡、乌贪訾离等邻国，是北匈奴进入西域的前沿。它根本不是东汉军对手。车师后王实力稍微强大，但遭到东汉军袭击，迅速被打败。车师后王投降东汉，车师成为东汉属国。

东汉趁机重新设置西域都护。陈睦及耿恭率军在车师后部金蒲城驻扎，关宠率军在车师前部的柳中城驻扎，用以镇抚西域，捍御北匈奴。耿恭到任后，立即派人向乌孙示威。乌孙随即也归附东汉。

西域是北匈奴生命线。见东汉迅速控制西域，北单于怒火中烧，决定从西域入手反击。公元75年二月，北单于派左谷蠡王率2万精锐骑兵进攻车师后部。匈奴骑兵杀死车师后王安得，随即麾军猛攻耿恭坚守的金蒲城。

在安得被攻击时，耿恭曾派300士兵前去援救。左谷蠡王料想到耿恭会派兵增援车师后王安得，派一支骑兵在半路上伏击。那支300人的援兵全军覆灭。左谷蠡王率部来到金蒲城下。正好天降暴雨，汉军又在城墙上架上强弩射箭，箭雨如洪水般涌向北匈奴人。左谷蠡王只好命令北匈奴军暂时撤退。

耿恭趁机率军撤往疏勒城据守。北单于得知消息，又命令左谷蠡王率军去围攻疏勒城。北匈奴军切断汉军水源，然后围城，等待汉军投降。汉军在城内挖出水井，继续顽强抵抗。北匈奴军攻城不下，只好撤走。

不过，北单于对战局比较满意。北匈奴军联合焉耆军、龟兹军，攻下了东汉西域都护府，杀死了都护陈睦和2千多汉军。柳中城也被北匈奴军围困。更令他开心的是，此时东汉皇帝刘庄死了，根本无力顾及西域。北单于命令北匈奴军在西域继续进攻。

不久，北匈奴军攻陷柳中城。东汉在西域的据点只剩下耿恭坚守的疏勒城。见东汉援军迟迟不到，车师王认为东汉已无力救援，转而投降北匈奴，与北匈奴军共同围困疏勒城。不过，疏勒城被围困很久了，依旧攻不下来。北单于亲自赶往疏勒城下，指挥北匈奴军作战。

北单于见耿恭已经穷途末路，却仍然拒守不降，心里暗自佩服，准备招降他，给他高官做。北单于派使者来到疏勒城下，与耿恭谈判。耿恭将北匈奴使者骗上疏勒城后，当着城外北匈奴军的面，一刀将其杀掉，随后与部下一起继续坚守疏勒城。

这时，北单于得知消息，汉朝新皇帝刘炟派的援兵向车师发起了进攻。东汉援军一路打下柳中城，攻下交河城，斩首3800人，俘虏了3千多人。这些汉军行军神速，旌旗招展，看起来规模巨大。北单于不知道汉军人数具体有多少，但根据情报人员描述的声势，估计汉军人数不少。他率军从疏勒城下撤走，返回北匈奴。他更担心的是，东汉军趁他不在单于庭而发起大规模进攻。

回到单于庭，北单于发现东汉军并未进攻北匈奴本土，又将精力放在西域上。他得知情报，东汉援军赶到疏勒城时，疏勒城里只剩下26人活着，东汉军正在往回撤。北单于震惊之余觉得羞愧，下令北匈奴军追击，但汉军依然成功撤回到玉门关内。当时疏勒城活着的 26 人，到玉门关时，只剩下 13 人。

没多久，北单于得知令他振奋的消息。东汉新皇帝刘炟不愿再次出兵西域，下诏罢除西域都护与戊己校尉。这意味着西域出现了权力真空。北匈奴不费吹灰之力就可以重新回到西域。北单于立即派人到西域，威胁诸国重新归附匈奴。

匈奴使者传回消息，汉朝使者班超并未撤走，在组织西域诸国抵抗北匈奴军进入，在惩罚亲北匈奴的国家，在打击不服东汉的国家，树立威信。

北单于决定重新考虑对西域战略，但此时与南匈奴又发生了冲突，且自然灾害不断，没有更多精力去考虑西域的事。到公元 91 年，北匈奴在金微山惨败之后，整个国家向西搬迁，整体退出西域。

趁此机会，班超平定西域，逐渐让西域诸国归附东汉。东汉恢复西域都护府，任命班超为都护，设都护府在龟兹它干城。北匈奴依靠西域诸国复兴匈奴的梦想彻底破灭。

6. 惨遭群殴，北匈奴作为一个政权消失了

在与东汉争夺西域的同时，北匈奴与南匈奴、东汉、乌桓、鲜卑之间的战争也没有间断过。北匈奴虽然取得一些胜利，但实力在长期战争中大大消耗，始终处在侥幸生存的边缘。

公元 76 年，北匈奴皋林温禺犊王率部众回到涿邪山一带游牧。南单于长知道此消息，派轻骑兵，联合汉朝边防军及乌桓军前去攻击。一场恶战后，北匈奴被斩 100 多人，其他三四千人见状放下武器投降。

南单于长还来不及庆贺这场小小的胜利，就又愁眉不展了。什么原因呢？南匈奴遭遇特大蝗灾。南单于长及时将此事上报给东汉朝廷。东汉皇帝刘炟及时下诏赈济南匈奴灾民，才帮助南匈奴渡过难关。南匈奴

再次收获归附汉朝的红利。

南匈奴遇到灾害，有东汉进行救济，此事传到北匈奴，对同样处于困境的北匈奴产生不小的影响。部分北匈奴人见此，羡慕嫉妒恨。许多部落都准备南下投降东汉，不想再跟着北单于过那种天天战争，受灾没人救济的苦日子。

公元83年，北匈奴三木楼訾部落在首领稽留斯等人率领下，到五原塞投降东汉。这次叛变规模仅次于南单于比率部分裂匈奴，对北匈奴打击相当大。

北单于非常恐慌，在公元84年匆忙派人前往洛阳，再度请求东汉开通互市，友好相处。汉朝皇帝刘炟口头答应开通互市，派人趁机去拉拢北匈奴贵族。结果，公元85年正月，北匈奴贵族车利、涿兵等人纷纷南逃归降东汉。随后，逃离北匈奴归顺东汉的人多达73批。汉朝皇帝刘炟并不追究那些人的过往，都一一接纳，给予安置和救济。北匈奴的凝聚力空前下降。

北单于面对这一局面措手无策，南单于却趁火打劫。公元85年，刚继位的南单于宣，为树立自己的声威，派兵杀了北匈奴温禺犊王。北匈奴陷入内外交困的境地。北匈奴部众对北单于忠诚度下降，见南匈奴人受到东汉厚待，纷纷逃离北匈奴，南下归附东汉或南匈奴，甚至出现数千人成群结队地逃离北匈奴。

公元87年，臣属匈奴的鲜卑部落大规模侵入北匈奴东部。鲜卑人大破北匈奴，杀死了北单于优留。一时间，北单于庭大乱，屈兰、储卑、胡都须等58部20万人、8千骑兵群体逃到云中、五原、朔方、北地等郡，请求归附东汉。他们只有一个目的，请求东汉收留他们，让他们能活下去。

祸不单行的是，蝗灾又一次袭击北匈奴。北匈奴民众饥饿不堪，贵族却为由谁继任北单于激烈斗争，再度分裂。原来，北单于优留被杀后，贵族们在慌乱中立他的弟弟为北单于。不久，骨都侯又立优留异母哥哥右贤王为北单于。北匈奴民众见国家再度陷入兄弟争立局面，对未来看不到希望，纷纷四散而去。

公元88年，汉朝皇帝刘炟去世，南单于屯屠何上书临朝听政的窦太后，请求趁北匈奴连年天灾、内部大乱之际，出兵消灭北匈奴。很显然，南单于屯屠何想趁北匈奴陷入危机时刻，借助东汉的力量统一匈奴。

窦太后召集群臣讨论。耿秉认为机不可失。不过，绝大多数大臣认为，北匈奴没入侵东汉，没必要劳民伤财万里远征，更何况汉朝刚遇国家大丧，不适合出兵打战。更重要的是，此战可能促成匈奴再度统一，统一的匈奴必将再次成为汉朝的威胁。

窦太后最终还是同意出兵。窦太后也想建立赫赫武功，让历史深深地记住她，同时她的哥哥窦宪因犯杀人罪被判刑，请求带兵出塞攻打匈奴，用军功赎罪，需要一个机会。窦太后不顾众人反对，任命窦宪为车骑将军，令他率军进攻北匈奴。

此时，北匈奴处在国力最弱时期。窦宪为了将功折罪，也是倾其所能，将他的才干尽情发挥。此前，汉军与北匈奴军作战，通常因找不到北匈奴军主力不得不空手而归，这次，窦宪率军出塞，找不到北匈奴主力誓不罢休。北单于继续采取躲避战略，率军在草原上跟东汉军周旋，但最终在稽落山被发现了。窦宪派副校尉阎盘、司马耿夔等人及南匈奴左谷蠡王师子各率1万精锐骑兵，从不同方向合围北单于所部。北单于所部大败，北单于率少量残部逃跑，北匈奴部众四处溃散，不少人被东汉军俘获。

窦宪率军紧紧追赶，接连打败北匈奴诸部，一直追到私渠比鞮海。北单于又一次侥幸逃走。窦宪在班师回朝时，派军司马吴汜、梁讽等人率军继续寻找北单于下落。不久，逃到西海的失魂落魄的北单于被吴汜和梁讽找到了。

梁讽劝北单于效法呼韩邪单于，归附东汉，以保国安民。走投无路的北单于听后转忧为喜，率着残部与吴汜等人一起去洛阳。到达私渠海时，听说汉军已经入塞，北单于又犹豫起来。他派右温禺鞮王奉贡入侍，自己留在草原上观望。

不久，右温禺鞮王被送回来了。原因是，汉朝认为，北单于不亲自前来，缺乏诚意。北单于见此，没有其他办法，又派车偕储王等贵族到居延塞，请求朝见。这一次，北匈奴归降东汉的事被南单于搅黄了。

见北匈奴要归附东汉，南单于心慌了。他积极鼓动东汉执掌大权的窦太后趁机消灭北匈奴。窦太后不知道出于什么原因，竟然同意了南单于的提议。

公元90年春，窦宪派班固与梁讽去迎接北单于归附。与此同时，南单于在获得窦太后同意后，派左谷蠡王师子等人率8千骑兵，从鸡鹿塞出发，攻击北匈奴，中郎将耿谭也派军支援南匈奴的军事行动。

两军趁着夜色包围北单于营地。北单于大惊，仓促率精兵千余人应战。在混战中，北单于受伤坠马。他忍着伤痛再次爬上战马，率数十轻骑兵趁混乱突围而去。北单于的玉玺、阏氏及儿女都被俘获。北匈奴有8千多人被杀，千余人被俘获。南匈奴大发横财，前来投靠的北匈奴部众源源不断，一时间拥有237300人，50170精兵。

出塞迎接北单于的班固直到私渠海也没发现北单于的踪影。窦宪得到报告后，一下子改变主意，认为北匈奴微弱，东汉已经没有再对它进行政治争取的必要，可以趁势将它彻底消灭。北匈奴灭顶之灾来临了。

窦宪很快弄清北单于的准确位置。北单于此前连遭大败后，势力非常弱小，躲到离长城边塞5千里以外的金微山里。窦宪一声令下，汉军长途奔袭5千余里，将北单于的营帐包围起来。

汉军突然出现在眼前时，北单于傻眼了，他身边的军队傻眼了，还没有来得及迎战，就被汉军800精锐骑兵打得溃不成军。北单于迅速开跑，竟然又一次跑掉。他率数人逃亡到乌孙国。后来，有部分死党追随北单于到乌孙。乌孙王不敢收留他们。他们又到了康居。这部分人数量不详，后来向西发展。据说，在欧洲出现的匈奴人是他们的后裔。

金微山一战，北单于的军队被彻底摧毁后，匈奴残部各逃生路。北单于逃走后，右谷蠡王于除鞬自立为北单于。北单于于除鞬率右温禺犊王、骨都侯等8部2万余人盘踞在蒲类海，派人请求归附东汉。窦宪似乎意识到彻底消灭北匈奴对东汉并没什么好处，又一次改变主意，奏请册封于除鞬为北单于。时任东汉皇帝的刘肇同意了。

公元92年，耿夔出使北匈奴，为于除鞬册封。就在这时，窦宪被皇帝刘肇处死。北单于于除鞬见东汉内部主张册封他的窦宪死了，非常害怕，就在公元93年擅自逃回漠北。刘肇派王辅与任尚前去追赶。两人追上后，利诱了半天，北单于于除鞬答应回归东汉。在回归途中，王辅与任尚将北单于于除鞬及其部众全部杀光。

北匈奴作为一个政权消失了。漠北草原被新兴的鲜卑人逐步占据。漠北有部分匈奴人归顺了鲜卑，其部族名不再称匈奴，直接改称鲜卑。鲜卑宇文部即北匈奴宇文部落后裔。只不过，宇文部一直都没有再称自己为匈奴人。少量北匈奴人继续留居漠北，自称匈奴人，但始终没有复兴。公元5世纪时，柔然崛起，将他们强势兼并。

7. 单于贬值，匈奴复兴逐步走向绝望

无论是南匈奴，还是北匈奴，都自称是匈奴正统，都以复兴匈奴为己任。

公元93年，南单于屯屠何死去，左贤王安国继任南单于。在这一年，北匈奴的最后残余力量被彻底铲除。南匈奴与东汉的关系进入敏感期。

在前南单于宣及屯屠何时代，左谷蠡王师子受重用，东汉皇帝也对他另眼相看。按常理说，师子比安国更适合继任南单于。不过，根据前南单于比定下的传位顺序，安国成为南单于。

很多时候，人心的向背并不取决于地位的高低。南匈奴出现"国中尽敬师子，而不服安国"的局面。南单于安国耿耿于怀，对师子恨之入骨。有这种想法后，南单于安国越想越害怕，越想越觉得有必要尽快除掉师子。他暗中笼络那些被师子率军袭击过的刚投降过来的北匈奴人，秘密策划，想寻机杀掉师子。

师子没有什么野心，只是因为能力出众，那些有崇拜英雄传统的部众才纷纷归附他，很快，有人将南单于安国想杀他的消息告知师子。师子认为南单于安国非常过分，便不再出席南单于庭贵族聚会。

南匈奴内部出现君臣相互猜忌，东汉都护中郎将皇甫棱也得知相关消息。北匈奴灭亡，南匈奴势力日益坐大，这对东汉来说，很可能演变成安全威胁。皇甫棱想制造点乱子，挑起南匈奴内乱，消耗南匈奴的实力，就选择暗中支持师子。

不久，南单于安国率原北匈奴投降过来的部众武力攻击师子。这一恶性事件爆发，都护中郎将皇甫棱以东汉派驻官员身份前去责备南单于安国破坏团结和平。南单于安国的舅舅担心事情闹大祸及自身，就杀了安国，率南匈奴贵族向皇甫棱请罪。这件事后，师子被立为南单于。

那些与南单于安国联合图谋杀死师子的原北匈奴投降过来的人骚动起来，与师子所部发生激战。经此一战，南匈奴的元气大伤。叛军逃回漠北后，拥立逢侯为北单于。逢侯将漠北匈奴人分为左右两部，逢侯亲自统率右部，在涿邪山下驻牧；左部另设统帅，在朔方西北驻牧，两部相距数百里。就这样，又一个北匈奴出现了。

公元96年冬季，北匈奴左部出现内讧。有1万4千多北匈奴人来到朔方塞外，请求归附东汉。东汉将这些人分散开来，安置在北边诸郡。这时，南单于师子也没闲着。他在南匈奴内部四处缉捕前南单于安国的余党，逼得右温禺犊王乌居战率数千人反叛，躲到塞外山谷中当土匪，成为汉朝边郡军民的一大祸害。后来，汉军击败乌居战所部土匪，将其部众及其他归降的共2万人，安置在安定和北地。南匈奴才稳定下来。

北单于逢侯的日子也不好过。漠北草原已被鲜卑部落占据，北单于逢侯率部众回漠北后，被鲜卑人当作侵略者痛击。北单于所部多次被鲜卑人击败。他的部众纷纷逃散，窜逃入塞的人络绎不绝。

公元98年，南单于师子去世，檀继任南单于。南单于檀多次率军攻打北单于逢侯，多次获胜。北单于逢侯四处挨打，窘迫不堪，无计可施，先后在公元104年和公元105年派人前往洛阳，请求与东汉和亲，修"呼韩邪单于故约"。公元104年，时任汉朝皇帝刘肇对北单于派的使者厚加赏赐，却不答复和亲请求。

公元105年，时任皇帝刘隆还在襁褓中，无法答复和亲请求，而垂帘听政的邓太后根本没有精力搭理这件事。

眼见和亲不成，在漠北又被鲜卑人反复打击，难以立足，北单于逢侯只好把目光投向西域。此时，西域并不太平。公元106年，西域诸国反叛汉朝，频频围攻西域都护任尚、段禧等人。时任汉朝皇帝刘隆死了，十二三岁的刘祜继位，邓太后继续垂帘听政。邓太后没有什么远大政治理想，对西域也不感兴趣，经人怂恿，放弃了经营西域。就这样，北单于逢侯在西域意外捡了个便宜，一举收服西域诸国，强迫西域诸国上交税赋。

东汉放弃西域的做法不仅成全了北单于逢侯的野心，也让南单于看到东汉执政者的软弱。公元109年夏季，南单于檀朝见东汉皇帝刘祜。回单于庭后，随他入朝的韩琮就挑唆南单于檀反叛东汉。南单于檀便勾结乌桓人，一同起兵反叛东汉。第二年春，辽东太守耿夔率2千汉军，在鲜卑人配合下，出击南匈奴。南匈奴军大败，东汉军一路追杀，杀死千余人，俘获大量马匹及人口。幸运的是，战后，鲜卑人不愿意再继续攻打南匈奴，率军出塞逃走。耿夔无力独自继续进攻，只好作罢。南匈奴暂时逃过一劫。

一个月后，各路汉军共1万6千人围攻虎泽。南单于檀非常害怕，赶紧派左奥鞬日逐王去乞求投降。时任度辽将军梁慬接受南单于檀投降。南单于檀先令人把自己捆起来，光头赤足走到梁慬面前，屈膝下拜，以额触地，表示极度忏悔。梁慬将南单于檀训斥一番，然后代表东汉宣布赦免他。南匈奴交还先前掠去的百姓，以及被羌人掠去后转卖到南匈奴的汉族人，并向洛阳派人质。东汉军撤走。南匈奴叛乱暂时告一段落。

后来，鲜卑人崛起，连续侵扰边境。时任度辽将军耿夔与南匈奴温禺犊王呼尤徽率军连年出塞，攻打鲜卑人。鲜卑人猖獗一时，侵扰不断。耿夔被迫加大征发兵役力度。匈奴人并不喜欢做炮灰，对于耿夔频频征发兵役怨声载道。那些投降不久的北匈奴人萌生了叛乱想法。

南单于拔即位，新投降的北匈奴人阿族率部反叛，胁迫温禺犊王呼尤徽一同出塞，向北逃走。温禺犊王呼尤徽不从。阿族带着男女老幼及大批辎重逃走。中郎将马翼率汉军与胡骑联兵追击，大破阿族。一番战斗后，叛乱者或被杀死，或投河自杀，全部被消灭。

朔方以西的障塞年久失修。鲜卑人多次入塞进攻南匈奴。南匈奴的渐将王等贵族纷纷被鲜卑人斩杀。南单于拔上书时任东汉皇帝刘保，请求修复障塞。刘保下令在沿边诸郡增兵，协助南匈奴防御鲜卑人进攻，修复障塞，帮助南匈奴自保。

鲜卑人对东汉边境骚扰十分频繁，与南匈奴、乌桓之间不断相互攻击。公元117年，盘踞在漠北的北单于逢侯部被鲜卑人击败，一部分部众并入鲜卑。逢侯无所依靠，流浪数月后，逃到朔方塞外，请求归附东汉。东汉将他安置在颍川郡。逢侯是最后一位世系明确的北单于。

北单于逢侯归汉后，还有一位北匈奴呼衍王率部控制着西域，驻牧在蒲类海。作为北单于逢侯的残余势力，在北单于逢侯投降东汉后，东汉有足够理由去接管他手下的军队。而西域作为东汉曾经的势力范围，汉军更有充分的理由去收复失地。

公元120年，西域长史索班曾经进驻伊吾，招抚西域诸国。车师前王及鄯善王知道后，率部投降。数月之后，北匈奴呼衍王又率领车师后王军，联兵来攻杀西域长史索班，打跑车师前王。鄯善王被逼得急不可耐，赶紧向东汉敦煌太守曹宗求救。曹宗上书请求朝廷出兵收复西域，赶走匈奴，但遭到邓太后否决。北匈奴呼衍王得以纵横西域，不久又与车师联军侵入河西，猖狂至极。

东汉可以坐视西域不管，但对北匈奴入侵河西却不能容忍。因为一旦河西有失，关中地区将直接暴露在北匈奴人攻击之下。不彻底消灭北匈奴的残余势力是不行了。

公元123年，班勇被任命为西域长史，领兵500人进驻到柳中城。班超曾经横行西域诸国。班勇和父亲班超一样，从小就有立功异域理想。他先到楼兰招抚鄯善王，继而迫降龟兹、姑墨、温宿三国。他趁西域诸国憎恨北匈奴横征暴敛的情绪高涨之机，征发各国联军万余人，进攻车师前部，赶走北匈奴的伊蠡王，收复车师前部。公元124年，西域长史班勇又率领联军击破车师后部，斩杀车师后王和北匈奴的持节使者。

公元126年，班勇率西域诸国联军进攻北匈奴呼衍王。北匈奴呼衍王战败后，逃到枯梧河，他的部众2万余人归附东汉。此战之中，班勇还捕获北单于堂哥。第二年，最后一个反抗东汉的西域国家焉耆被张朗率3千汉军攻破，焉耆王元孟投降。西域全境再度被平定。

为不让北匈奴利用伊吾卢作为入侵车师跳板，公元131年，汉朝在此恢复屯田，设置伊吾卢司马管辖。公元134年，汉车师后部司马率加特奴手下1500人，在闾吾陆谷出击北匈奴。汉军大获全胜。

公元135年，北匈奴呼衍王率兵入侵车师后部，进行报复。敦煌太守征发西域诸国兵马，及玉门关侯、伊吾卢司马等部，合计6300骑兵前往援助。双方在勒山大战，东汉军败退。这年秋天，北匈奴呼衍王率领2千人攻破车师后部。

公元137年秋，敦煌太守率军攻打北匈奴呼衍王，在蒲类海击溃北匈奴军。这一战，北匈奴军损失惨重，嚣张一时的呼衍王被杀。但北匈奴不甘心退出西域。14年后，即公元151年，又一位北匈奴呼衍王率3千骑兵入侵西域，闯进伊吾卢境内。伊吾卢司马毛恺率领汉军500人在蒲类海东边与北匈奴呼衍王所率的军队血战，寡不敌众——这支汉军全军覆灭。北匈奴呼衍王乘胜攻下伊吾卢城。

敦煌太守司马达率领敦煌、酒泉、张掖属国胡骑和汉军共4千余人前往伊吾卢城救援。司马达率军出塞抵达蒲类海时，北匈奴呼衍王见势不妙，率部仓皇逃走，不知所踪。这是北匈奴最后一次出现在西域土地上。北匈奴彻底退出西域，东汉在西域统治得到巩固。

北匈奴彻底消灭了，南匈奴反叛东汉的事件又不断出现。公元140年夏季，南匈奴左部句龙王吾斯反叛东汉。时任皇帝刘保大怒，派人斥责南单于休利。南单于休利也是一肚子苦水。他并未参与叛乱，见汉朝使者前来责备，赶紧向汉朝使者谢罪，并带病随东汉军出征平叛。南单于休利确实无力控制部属，也无力招降句龙王吾斯一伙儿。新任护匈奴中郎将陈龟见南单于休利如此软弱无能，给他下达招降的期限。南单于休利无奈，只好和左贤王一起自杀。事后，南匈奴内部更加混乱。

大将军梁商建议皇帝刘保开出归顺悬赏，明码标价，诱使叛乱者投降。南匈奴右贤王部抑鞮等人率1万3千人陆续来降。虽然在东汉悬赏招降下，南匈奴那些被胁迫造反的部众纷纷投降，但主谋者仍然很疯狂。这年秋天，吾斯等人立车纽为单于，继续反东汉。

公元143年，汉朝皇帝刘保在洛阳册立兜楼储为南单于。南单于兜楼储完全由东汉推上台再护送回单于庭，标志着南匈奴已经完全处于臣属地位。南单于兜楼储和中郎将马寔招募刺客刺杀了吾斯。不过，此举并未彻底解决叛乱问题。吾斯余党仍在继续作乱。

东汉实施"以夷制夷"政策，请来羌族人平叛，羌族人反了，征发乌桓人协助平叛，乌桓人也反了，最后又引来鲜卑人帮助平叛，但南匈奴的叛乱始终没有镇压下去。

公元188年四月，前中山太守张纯背叛朝廷。时任东汉皇帝刘宏命令南匈奴军协助平叛。南匈奴人担心南单于发兵不止，不愿做炮灰的右部虾落与休各胡、白马铜等十余万人起兵反叛。

叛军杀了南单于羌渠，推举须卜骨都侯为南单于。前南单于羌渠的儿子于扶罗无奈，亲自到洛阳找汉朝皇帝刘宏鸣冤，却赶上刘宏死了。继位的皇帝刘辩是个13岁的孩子，无法为于扶罗主持正义。当时汉朝黄巾起义爆发，东汉没有时间去管那事。

南单于须卜骨都侯在位一年死去，南匈奴人没有立新单于，以年老的氏族首长主持日常事务。于扶罗无法回到草原，自称南单于，在中原混战中寻找立足之地，一会儿参与农民起义，一会儿投靠袁绍，一会儿投靠袁术。一番辗转奔波后，南单于于扶罗依旧找不到东山再起的机会。公元195年，南单于于扶罗在郁闷中死去。

南单于于扶罗死后，呼厨泉继任南单于。呼厨泉自称南单于，却因哥哥于扶罗被族人反对，无法归国即位，数次被鲜卑人抄掠，日子过得很狼狈。

公元196年，时任皇帝刘协逃离长安，到洛阳。南匈奴右贤王去卑率部参与侍卫汉朝皇帝刘协，抗拒阻击李傕、郭汜所率的西凉叛军。直到皇帝刘协车驾回到洛阳，后迁往许昌，南匈奴右贤王去卑才归国而去。

公元202年，南单于呼厨泉归顺曹操。曹操趁机授予南单于呼厨泉官职，将他留在邺城。后来，曹操又将南单于呼厨泉的部众3万余户分为5部。5部都立南匈奴贵族为帅，派汉族人为司马，负责进行监督。

这样一来，南单于被彻底架空，只剩一个单于的名号而已，而南匈奴诸王侯也无法统领部属，失去兴风作浪的能力。

不仅如此，并州刺史梁习还用强力手段对并州一带南匈奴人加以控制，大力鼓励南匈奴人弃牧从农，与汉族人同化。作为匈奴象征的单于和部落组织已彻底丧失领导能力，在大漠南北复兴匈奴的梦想彻底破灭。

公元220年，曹操儿子曹丕逼迫皇帝刘协"禅让"，登上皇帝宝座，东汉宣告结束。曹丕授予南单于呼厨泉魏玺绶、青盖车和宝剑等，但他的身份与大臣已经没什么区别。南匈奴这个仅在字面意义上存在的藩属国烟消云散。南匈奴民众自此成为曹魏百姓。

第八章 趁乱自立，
匈奴子孙最后一次疯狂

东汉及其后中原政权，谨防南匈奴坐大，对匈奴人实行分而治之。在匈奴人复兴梦想接近绝望时，西晋爆发八王之乱，南匈奴一支的后裔刘渊趁机打起"兴汉反晋"旗帜复兴匈奴。一时间，匈奴汉席卷中原。刘渊死后，其子孙及匈奴羌渠部后裔石勒、石虎等人一波又一波杀戮，导致匈奴复兴昙花一现。南匈奴另一支后裔匈奴铁弗部和匈奴别部沮渠氏也抓住时代机遇崛起，但面对强大的北魏，最终也只是昙花一现，消失在历史中。此后，在长城内外，匈奴的背影永远消失了，只留下一些遗址诉说曾经的故事。

1. 高举汉旗，匈奴人趁八王之乱建国

南匈奴一直想复兴匈奴，遭遇数次分裂，对东汉反叛归附无常。这削弱了南匈奴实力，破坏了东汉对它的信任，导致它根本无法实现复兴的梦想。

东汉走向崩溃后，南匈奴复兴的机会看似来临。但是，汉末丞相曹操加强了对南匈奴人管控，直接将南匈奴一分为五，且让各部匈奴首领改姓刘，以防止南匈奴人实力坐大后叛乱。正因为此举，在中原诸侯

混战、三国鼎立期间，南匈奴人也只能乖乖做顺民，根本无法趁机复兴匈奴。

曹魏灭亡后，取而代之的西晋统一天下。西晋对少数民族管控放松了很多，包括匈奴在内少数民族，大规模向中原内部迁居。西晋八王之乱爆发后，各诸侯王混战长达16年。在此期间，西晋无力限制境内的少数民族，一些宗王还借助少数民族力量参与内战。

长期战乱把包括汉族在内的各族百姓折磨得死去活来。各少数民族的贵族们也意识到摆脱中原王朝控制的时机来临。南匈奴人率先发现机遇。他们被长期压抑的匈奴复兴梦想被再次激活了。

东海王司马越率先雇佣鲜卑人参战，且效果非常不错，多次打败成都王司马颖，将他追得到处逃命。司马颖想到南匈奴臣服东汉多年，对中原王朝有一定感情，便想争取南匈奴人加入他的一方，一起打败东海王司马越及鲜卑人。

坐镇邺城的成都王司马颖向时任匈奴一部的首领刘渊发出邀请，让他率匈奴人协助自己作战。刘渊趁机率领匈奴部众进入邺城，协助司马颖防御。见成都王司马颖雇佣南匈奴人参战，他的对手纷纷效仿。东瀛公司马腾趁机将乌桓人引入中原助战。幽州刺史王浚将辽西鲜卑人引入中原，率他们攻击邺城。就这样，少数民族部落纷纷以雇佣军形式进入中原，参与八王之乱混战。

少数民族军队参与作战动机极其简单，那就是抢掠财物和人口。为了激励少数民族军队的战斗激情，西晋参战诸王给予他们极高回报。他们允许少数民族军队一路打仗一路抢掠对手实力范围内的百姓，所抢到财物和人口都归自己所有。遇到攻城战时，少数民族雇佣军会被允许破城后自由抢掠3天。在八王之乱中，少数民族雇佣军表现得非常野蛮残酷，作战也非常积极。

南匈奴人也是参战少数民族雇佣军中的一部分，但他们跟其他少数民族人不一样，他们有自己的宏伟梦想——寻找机会复兴匈奴。南匈奴人统一匈奴、复兴匈奴的梦想一直都存在。由于中原王朝的限制和阻挠，他们只能世世代代沦为中原附属。西晋陷入内乱，其他少数民族雇佣军看到的是抢掠机会，南匈奴人看到的却是实现复兴匈奴梦想的机会来了。匈奴首领刘渊抓住机会，自立为皇帝，开启了复兴匈奴之路。

刘渊是匈奴人后裔。他的父亲是左贤王左部统帅刘豹。刘豹父亲是南单于于罗扶。于罗扶的父亲是南单于羌渠。从这世系看，刘渊是地道的南匈奴单于传人。实际上，除民族籍贯及相貌外，刘渊的生活方式及价值观念跟汉族人已经没有多大区别。他自幼聪慧，爱好学习，精通武术，知识渊博，善于射箭，体力超人。《诗经》《左传》《孙吴兵法》等书，他都非常精通。

不仅如此，刘渊还曾作为质子在洛阳生活过相当长的时间。在此期间，他广泛结交达官贵人和各地名士，颇受中原上层人士赏识。由于拥有良好社会关系，公元279年，刘渊子承袭父职，当上匈奴左部统帅，同时兼任五部匈奴大都督，完全控制并州的南匈奴人，成为事实上的"单于"。

八王之乱，成都王司马颖坐镇邺城时，将刘渊任命为宁朗将军，同时监管五部匈奴。刘渊受到重用，经常参与军事谋划，对天下局势非常了解。留在并州的匈奴左贤王刘宣等人野心勃勃，认为应趁天下大乱自立，继而争夺天下，如果运气好，就可以入主中原，实现匈奴的伟大复兴；即使无法实现这一宏伟目标，也可以趁天下混乱之际，摆脱中原王朝控制，雄踞一方，以图自保。

匈奴贵族们秘密商议趁乱复兴匈奴计划，共同推举刘渊为大单于，并派呼延攸到邺城秘密将计划告诉刘渊。刘渊内心原本就有类似想法，得到相关消息，非常高兴，立即向成都王司马颖请求回并州。司马颖虽不知道他的动机，但没答应他的请求。刘渊没办法，秘密令人打成都王司马颖的旗号去召集匈奴五部人马，准备起兵。就这样，匈奴人悄悄组织起来了。

公元304年，幽州刺史王浚率军攻打邺城，王浚所部有鲜卑人参战。刘渊趁机以此为借口，向成都王司马颖请求回去率匈奴军来助战。这个借口令人无法拒绝。司马颖任命刘渊为北单于、参丞相军事，让他迅速回并州，去率领五部匈奴的人马来协助防守邺城。就这样，刘渊趁机回到并州左国城。并州的匈奴贵族立刘渊为大单于。从此，刘渊将主要精力放在复兴匈奴上。

成都王司马颖抵不住王浚所部攻势，不得不率部从邺城撤回洛阳。他急迫等待刘渊率匈奴人来助战，帮助他解围。但是，刘渊答应率匈奴援军赶来助战，却一直没赶来，而是趁机打出"恢复汉朝"旗号反晋。

南匈奴首领之所以姓刘，是因为南单于与东汉和亲，其子孙都是汉朝皇帝外甥。汉末丞相曹操将南匈奴一分为五时，强行要求南匈奴首领随母姓刘。刘渊仔细权衡，决定正式和晋朝摊牌，利用汉朝皇帝外甥身份，打着光复汉朝旗号，举兵反叛晋朝，复兴匈奴。

公元304年，刘渊自称汉王，国号为汉，年号元熙，追尊刘禅为孝怀皇帝，设置百官。汉朝在百姓心目中有较高声望。刘渊借助汉朝名号，建立政权，一时间，远近汉族人和匈奴人都归附于他。

刘渊建国直接威胁到并州刺史司马腾。司马腾立即派聂玄率晋军前去镇压，结果在大陵决战中惨败。司马腾非常害怕，率领并州2万多户百姓逃到山东。刘渊率匈奴汉军乘胜追击，一举攻占太原、泫氏、屯留、长子、中都等地。第二年，司马腾又派司马瑜、周良、石鲜等人率晋军前来镇压，又四战四败。刘渊派人率匈奴汉军四处攻城略地，很快占领河东、蒲阪、平阳、蒲子等大片领土。

复兴匈奴大业一时前景大好。附近的汉族人、少数民族人纷纷前来投靠他。其他少数民族将领，一些流民军事集团首领，还有一些反晋的世族门阀，见刘渊反晋建汉，势力迅速壮大，也纷纷率部前来投靠。例如，上郡四部鲜卑陆逐延、氐族酋长单征、东莱世族门阀王弥，以及羯族首领石勒等人，相继率部投靠。刘渊一一安抚，授予相应的官职。尤其是能征善战的羯族首领石勒在投靠刘渊后，率军在战场上几乎所向披靡，将西晋在北方的武装力量一扫而光，为刘渊匈奴汉政权的巩固和发展做出了巨大贡献。

面对天下归心的大好局势，在公元308年，刘渊称帝，改年号永凤，任命朝廷各级官员，完善政权建设。匈奴人几百年复兴匈奴的梦想似乎实现了。

不过，顺风顺水的形势并未持久。刘聪和王弥率匈奴汉军进攻洛阳时，连续获胜，却被胜利冲昏头脑，没有设防，最终被晋军乘夜偷袭，大败而回。几个月后，刘聪、王弥与刘曜、刘景等人率5万匈奴汉军精锐再次围攻洛阳，又被司马越率晋军击败。晋军趁机反攻，将战线推到蒲阪一线。

在关键时刻，匈奴汉皇帝刘渊没有拿出更好措施，也没有亲征鼓励将士士气，而是采用大肆封官，笼络将领办法，企图重整旗鼓再战。还没等做好相关准备，公元310年八月，刘渊就死了，他的儿子刘和继位，刘欢乐、刘洋等人受诏辅政。遗憾的是，刘和等人根本没有声望和才干将匈奴复兴大业继续下去。

2. 丧失人心，匈奴汉的凝聚力迅速消失

刘和继位，原本不好的形势更不容乐观。在刘渊众多儿子中，刘和的能力和威望都不突出。他的弟弟楚王刘聪、齐王刘裕、鲁王刘隆、北海王刘乂都是一方军事统帅，在地方掌握着一定数量的军队。不仅如此，永安王刘安国兼任右卫将军，安昌王刘盛、安邑王刘钦、西阳王刘都兼任武卫将军，分别统领禁兵。内外军权都掌握在宗室诸王手中。

面对这种局势，匈奴汉皇帝刘和居然不识大体，缺乏心胸，对父亲给他几个兄弟兵权十分不满。正好，呼延攸和西昌王刘锐被排除在辅政

大臣外，心里也非常不满。他们挑拨刘和，说："有四个宗王在外统军，还有四个宗王在朝廷统领禁军，皇上是被架空的傀儡啊！希望您早作打算。"

刘和本来就没有安全感，听了此话，更加害怕。呼延攸趁机建议刘和命令掌握禁军的永安王刘安国、安昌王刘盛、安邑王刘钦、西阳王刘都率军，去消灭在外统兵的楚王刘聪、齐王刘裕、鲁王刘隆、北海王刘义。

让朝廷内的禁军和地方军打起来，这是唯恐天下不乱的馊主意。刘渊起兵初期复兴匈奴的愿望还没实现，匈奴汉还尚未完全夺取天下，内部诸侯王就相互打起来，这分明就是作死的举动。匈奴汉皇帝刘和居然接受了呼延攸的建议。从那一刻起，复兴匈奴梦想就变成空想。匈奴汉也不可避免地走向灭亡。

做好相关准备后，匈奴汉皇帝刘和找来安邑王刘钦、安昌王刘盛、西阳王刘都、西昌王刘锐及呼延攸、马景等人秘密商议。说是商议，其实就是刘和将早已作好的决定告诉他们，命令他们率禁军，去消灭在外统兵的楚王刘聪、齐王刘裕、鲁王刘隆、北海王刘义。

安昌王刘盛听到那个命令，非常惊讶，劝皇帝刘和说："先帝（刘渊）还没有下葬，楚王、齐王、鲁王、北海王也没变节。一旦自相残杀，天下人会怎么看呢？统一大业还没成功，民族复兴梦想还没实现，请您不要听信小人挑拨离间的谗言，不要疑忌兄弟。兄弟尚且都不能相信，那您还有谁值得相信呢？"

安昌王刘盛刚说完，西昌王刘锐和呼延攸就相继指责他："今天商议，没有什么道理可讲的，不能讨价还价。你说的什么话？想造反吗？"

没等刘盛辩驳，呼延攸就下令把他杀了。匈奴汉皇帝刘和见此也不阻拦。负责统率禁军的堂堂安昌王兼武卫将军刘盛，就这样不明不白被杀。永安王刘安国、安邑王刘钦、西阳王刘都见此，都非常害怕，只得听从匈奴汉皇帝刘和的旨意，同意一起在东堂起兵攻打楚王、齐王、鲁王和北海王。

根据商议结果，西昌王刘锐负责率军攻打在单于台的楚王刘聪所部，呼延攸负责率军攻打齐王刘裕所部，侍中刘乘负责率军攻打鲁王刘隆所部，田密、刘璿负责率军攻打北海王刘乂所部。

匈奴汉皇帝刘和不得人心。田密、刘璿等派人悄悄去投奔楚王刘聪，告知相关消息。

刘聪年幼聪明好学，通晓经史和百家之学，熟读《孙吴兵法》，善写文章和射箭，还结交了大量名士，当时出任大司马、大单于，手中有10万精兵。他有威望，没能继承帝位，仅仅是因为他不是嫡子。

楚王刘聪提前得到密报，迅速做好迎战充分准备。西昌王刘锐得知楚王刘聪已经做好迎战准备，根本不敢跟他对战，迅速撤军，与呼延攸、刘乘所部会合，然后一起去攻打鲁王刘隆、齐王刘裕。楚王刘聪趁机率军进攻都城，从西明门攻进皇宫，杀掉皇帝刘和，随后又杀掉西昌王刘锐、呼延攸、刘乘等人。

群臣请楚王刘聪继位登基。刘聪对大家说："北海王是单皇后生的儿子，是父皇的嫡子，应该让他继位。"当时，北海王刘乂尚未成年，又亲眼看到皇帝刘和的下场，坚决请求让楚王刘聪继位。楚王刘聪答应等刘乂长大后将皇位让给他，宣布登基称帝，册立刘乂为皇太弟，晋封单皇后为皇太后。而刘聪大儿子刘粲被任命为河内王、抚军大将军，都督中外诸军事。

皇帝刘聪封刘乂为皇太弟，跟单太后有关。单太后死后，呼延皇后得势，便积极为她的儿子刘粲谋求太子之位，对刘聪说："父死子继，自古至今都是这个规矩。你继承先父皇位，皇太弟又是继承谁的呢？你百年后，刘粲兄弟就要灭种断根了。"刘聪听了这话，没说什么。

没多久，皇帝刘聪在刘姓女子中选妃。皇太弟刘乂认为，这是乱伦，不应该这样做，与皇帝刘聪发生了严重分歧。皇帝刘聪渐渐不喜欢皇太弟刘乂，而偏向河内王刘粲了。

刘聪能征善战，是刘渊几个儿子中的军事能人。继位后，他立即率匈奴汉军进攻洛阳，夺取西晋天下。在历经八王之乱后，洛阳已极度空虚，守备薄弱，给养困难。执掌西晋朝政的太傅司马越四处征招兵马勤王。不过，没人响应他。眼看洛阳守不住，司马越不想在恶战之中拼掉血本，便丢下皇帝司马炽在洛阳不管，以讨伐石勒所部匈奴汉军为借口，亲率20万晋军主力南下。此举直接导致西晋走向灭亡。

公元311年春，太傅司马越病死。著名世族门阀王衍接管军国大事，指挥所部晋军。令人惊讶的是，王衍不是考虑如何组织抵抗匈奴汉军，而是试图率晋军东逃，去保卫他的家乡琅琊。他率晋军没跑多远，就被石勒率轻骑兵追上。公元311年四月，石勒在苦县宁平城消灭20万晋军，俘虏王衍等西晋百官。晋军主力已被摧毁，西晋文武百官丧失殆尽。

公元311年六月，王弥、刘曜和石勒等人率匈奴汉军攻占洛阳。皇帝司马炽率晋军抵抗不力，弃城逃跑。在逃往长安途中，司马炽等人被刘曜率匈奴汉军追上。太子司马诠被杀，皇帝司马炽被押往平阳。

司马炽虽然成为阶下囚，但帝王的矜持还是有的。匈奴汉皇帝刘聪见此，心里感觉很不爽。渐渐地，刘聪对司马炽越来越不友善。公元313年二月初一，在朝会上，匈奴汉皇帝刘聪命令被俘虏的西晋皇帝司马炽给群臣斟酒，以此公开羞辱他。一些西晋旧臣见状，号啕大哭。刘聪看到这一幕，内心非常反感，不久就毒杀司马炽。

公元317年八月，刘曜率匈奴汉军围攻长安。长安城内军民奋勇坚守三月后，粮草俱尽。眼见大势已去，时任西晋皇帝司马邺不想连累无辜百姓，亲自出城求降。刘曜下令将司马邺押到平阳。匈奴汉皇帝刘聪又对另一个被俘西晋皇帝司马邺百般羞辱，后来干脆杀了他。

匈奴汉皇帝刘聪接连杀死司马炽和司马邺两个被俘的西晋皇帝，对巩固统治没任何好处，却让手下的汉族人非常寒心，让他们非常不看好刘聪。

刘聪虽然很小就接受汉族的先进文化，但行事方式完全是传统匈奴人那一套。他继位后，下令恢复匈奴传统的继婚制，把父亲的妻妾全部收归己有，日夜淫乐，常常几个月不上朝处理政事。这样的举动，连那些汉化匈奴人都觉得过分，至于汉族人更是将他视为禽兽。

刘聪不仅一心一意地营建宫殿和搜罗美女，重用亲信和近臣，还不遗余力地挥洒着残暴嗜杀本性，杀死与皇太弟刘乂走得很近的那些大臣，并将刘乂及属下管理的氐族、羌族酋长十多人全部杀死。如此一来，归附匈奴汉的氐族人、羌族人只好造反。

见匈奴汉皇帝刘聪倒行逆施，臣属于匈奴汉的羯族首领石勒拥兵自重。公元312年，石勒率军占领襄国，实力膨胀，开始处于半独立状态。匈奴汉将领王弥表面上拉拢石勒，与他友好相处，背地里却图谋突袭石勒所部。这个阴谋被石勒识破。石勒将计就计，设伏兵杀死王弥，兼并王弥属下的军队。石勒实力进一步壮大。

在石勒兼并王弥所部后，匈奴汉皇帝刘聪派使者去骂石勒，却又无可奈何，只好顺势承认石勒对王弥所部的统管权力。刘聪这种软弱而愚蠢的举动，促使那些对他不满的人决定离开他，前去投奔石勒。

公元316年，石勒率2万骑兵驻扎在并州时，公开召集汉族流民加入军队。不满匈奴汉皇帝刘聪统治的汉族人、氐族人、羌族人、羯族人，甚至匈奴人，都纷纷离他而去，加入石勒属下。此外，还有有3万多匈奴骑兵逃到江南，投奔东晋。匈奴汉到刘聪手中已经离心离德，离复兴匈奴的梦想越来越遥远。

公元318年，沉浸在享乐中的匈奴汉皇帝刘聪一病不起。临终前，他召刘曜和石勒一起受诏辅政，但刘曜和石勒都没理会他。无奈之下，他只好任命刘景、刘骥、刘凯、朱纪、呼延晏、范隆守、靳准等人共同辅政，辅佐太子刘粲继位。

刘粲继位后，能扭转局势，继续努力去实现复兴匈奴梦想吗？

3. 血腥杀戮，匈奴人复兴梦再次被断送

公元 318 年，匈奴汉皇帝刘聪去世后，太子刘粲继位。刘粲比刘聪更荒淫无耻，也更冷酷残暴。他将刘聪的妻妾全部收归己有，沉迷于后宫，终日跟 5 位不到 20 岁的皇太后饮酒作乐，不问国家大事。

刘粲年少时才能出众，文武双全。楚王刘聪杀死皇帝刘和，登基为皇帝，刘粲被封为河内王。同年秋季，刘粲与刘曜及王弥率 4 万匈奴汉军围攻洛阳。汲郡公石勒率 2 万骑兵与刘粲会合后，一起在渑池打败裴邈率领的晋军，长驱直入，到达洛川。随后，刘粲从辕地出兵，在梁州、陈州、汝州、颍州等攻掠，立下显著功勋。

公元 311 年夏季，西晋南阳王司马模派赵染率晋军戍守蒲阪。赵染请求出任冯翊太守，被司马模拒绝，一怒之下率部向匈奴汉投降。匈奴汉皇帝刘聪非常高兴地接受了赵染等人，任命赵染为平西将军。一个月后，刘聪派赵染与安西将军刘雅一起率 2 万骑兵到长安攻打司马模，刘粲和刘曜率匈奴汉军主力作为后续援兵。

在潼关，赵染率匈奴汉军打败司马模派出的晋军，长驱直入，到达下邽。西晋凉州守将北宫纯在长安率部向匈奴汉投降。匈奴汉军围攻长安，司马模派淳于定率晋军出战，被打败。司马模的仓库已消耗一空，士兵们逃散，向匈奴汉投降。赵染把司马模送到刘粲那里，刘粲下令将司马模杀死。

不久，司马模部属索綝、贾疋等人图谋复兴晋朝，一起推举贾疋为平西将军，率 5 万晋军反攻长安。西晋雍州刺史麴特、新平太守竺恢都不向匈奴汉投降，得知贾疋起兵的消息，与扶风太守梁综一起率 10 万军队与贾疋所部晋军会合。晋军声势又兴旺起来。

当时，刘粲在新丰，得知相关消息，急忙派刘雅、赵染率匈奴汉军去进攻新平。索綝率晋军去救援新平，与匈奴汉军发生了大小百余战。

刘雅等人率匈奴汉军败退。不久，刘曜又率匈奴汉军与贾疋所率晋军在黄丘大战。匈奴汉军惨败而归。贾疋乘胜率晋军袭击匈奴汉的梁州刺史彭荡仲，把他杀了。麴特等人率晋军在新丰打败刘粲所部匈奴汉军。刘粲战败，回到都城平阳。贾疋等人的军威气势大振。

公元312年七月，晋朝并州刺史刘琨杀死护军令狐盛。令狐盛儿子令狐泥投奔匈奴汉，告知刘琨所部晋军虚实情况。匈奴汉皇帝刘聪大喜过望，派刘粲与刘曜率匈奴汉军攻打并州，同时让令狐泥担任向导。刘琨得知消息，在常山及中山一带聚集晋军，派部将郝诜、张乔率晋军阻击刘粲所率匈奴汉军，并派人向鲜卑代国公拓跋猗卢请求救援。郝诜、张乔都兵败而死。刘粲、刘曜率匈奴汉军乘虚袭击晋阳。太原太守高乔、并州别驾郝聿献出晋阳，向匈奴汉军投降。刘琨率晋军援救晋阳，没来得及，只好带领左右随从几十人骑马逃奔常山。刘粲、刘曜率匈奴汉军进入晋阳。

第二年夏季，刘琨率晋军与拓跋猗卢率鲜卑军在陉北会合，商议一起攻打匈奴汉。一个月后，刘琨率晋军攻占蓝谷，拓跋猗卢派他儿子拓跋普根率鲜卑军驻扎在北屈。刘琨命令韩据率晋军从西河往南，攻打西平。刘聪派刘粲等人率匈奴汉军阻击刘琨所部晋军，刘易等人率匈奴汉军阻击拓跋普根所部鲜卑军，兰阳等人率匈奴汉军协助守卫西平。刘琨等人得知此消息，撤军了。刘聪命令各军队驻扎在原地，防止晋军再次发起进攻。

公元314年，刘粲出任相国、大单于，总领文武百官。自从担任相国后，他变得骄纵奢侈，独断专行，疏远忠诚贤德的人，亲近奸邪谄媚的人，任性刻薄不施恩惠，拒绝劝谏掩饰过失。他担任相国不久，百姓昼夜劳作，饥饿贫困，铤而走险，死亡相继。他不体恤百姓，遭到全国上下憎恶。

第二年春，太傅崔玮、太保许遐劝说皇太弟刘乂发兵夺权，刘乂不同意。荀裕告发崔玮、许遐劝说刘乂谋反，皇帝刘聪把崔玮、许遐拘捕关入监狱，以其他罪名将他们杀了。皇帝刘聪派卜抽率军监视守卫东宫，软禁皇太弟刘乂，不许他参加朝会。皇太弟刘乂忧愤恐惧不知所措，上表请求贬为庶人，把儿子们的封爵全部废黜，褒扬赞美河内王刘粲，请求立刘粲为皇位继承人。卜抽压住没有上报。

公元317年五月，河内王刘粲让党羽王平诱骗皇太弟刘乂说，刚奉皇帝的密诏，京师将有变乱发生，皇太弟应当内穿甲衣以备不测。刘乂信以为真，令东宫臣属都在外衣内穿上甲衣。刘粲派人驰告靳准、王沈。靳准禀报皇帝刘聪说皇太弟刘乂准备作乱，他的部属已经内着甲衣。皇帝刘聪令河内王刘粲率军包围东宫。刘粲让靳准、王沈拘捕听命于东宫的氐族、羌族酋长十多人，严刑拷问。酋长们不堪忍受拷打，撒谎说自己和皇太弟刘乂共同谋反。刘粲下令诛杀东宫属官，又诛杀平素与刘乂亲近而被靳准、王沈等憎恶怨恨的大臣数十人，以及1万5千多士兵。

随后，皇帝刘聪下令废黜刘乂皇太弟身份，改封为北海王。不久，刘粲派靳准谋杀北海王刘乂。几个月后，皇帝刘聪下令立刘粲为皇太子，兼任相国职务、大单于，一如往昔总摄朝政。

公元318年七月十九，皇帝刘聪死去，第二天，太子刘粲即位，尊皇后靳氏为皇太后；立妃子靳氏为皇后，立儿子刘元公为太子，大赦天下，改年号汉昌。当时，靳太后等人年龄都不到20岁，且长得很漂亮。刘粲在宫内日夜与她们淫乱。

大司空、司隶校尉靳准怀有异志，私下对皇帝刘粲说："好像听说诸位公卿准备像商代伊尹、汉代霍光那样代摄朝政，杀掉太保呼延晏和我，让济南王、大司马刘骥总理朝政，您应当早做准备。"刘粲不听。

靳准怕他的话最终不被采纳，对皇太后靳氏和皇后靳氏说："公卿们想要废掉当今皇帝，拥立刘骥为皇帝。到时，恐怕我们靳氏家族就要绝种了。你们要先下手为强，劝说皇帝诛杀他们。"

一阵枕边风后，皇帝刘粲下令处死上洛王刘景、昌国公刘顗、济南王刘骥、齐王刘劢等重臣。太傅朱纪和太尉范隆得知消息，侥幸逃脱，一起奔向长安。

皇帝刘粲沉湎酒色，经常在后宫游乐，军国大事全都由靳准决断。靳准假传皇帝诏令，让堂弟靳明和靳康掌握禁军。

靳准发动叛乱，率军登上光极殿，数落皇帝刘粲罪名后，将他杀掉。不仅如此，靳准还下令在东市将刘氏皇族男女老幼全部杀死，又下令挖了刘渊和刘聪的陵墓，斩断刘聪的尸体，焚毁刘氏宗庙。随后不久，靳准自称汉天王，下令设置百官。

镇守长安的中山王刘曜得知靳准叛乱，亲率匈奴汉军赶往平阳。在途中，他遇到太保呼延晏和太傅朱纪。在呼延晏和朱纪的拥护下，刘曜宣布继帝位，改元光初，改国号为赵，史称前赵。

当时，石勒率匈奴汉军驻守在河北，前赵皇帝刘曜封石勒为大将军，同石勒所部呈掎角之势，一起进攻平阳。汉天王靳准看对方势力大，派卜泰前去讲和。前赵皇帝刘曜提出求和条件，汉天王靳准犹豫不决。公元319年，汉天王靳准被靳明所杀。靳明送传国玺给前赵皇帝刘曜，投降了。

石勒得知相关消息大怒，派匈奴汉军急攻平阳。靳明向前赵皇帝刘曜求救。刘曜派人迎回靳明，不久杀掉了靳明全族男女。靳氏被消灭，刘曜却并未改善同石勒的关系。同年，石勒自立为王，国号也为赵，史称后赵。从此，前赵匈奴人与后赵羯族人相互对立，相互攻杀。

石勒是匈奴别部羌渠部后裔，羌渠部是由匈奴贵族的奴隶组成的，也被称为羯族人。石勒祖父耶奕于和父亲周曷朱都曾是部落小头目。石勒长大后，健壮而有胆量，雄武而又爱好骑射。周曷朱性格凶狠粗暴，胡人多不亲近他。他常常让石勒代替自己监督治理部众。各部胡人都喜爱信任石勒。众父老及看相的人都认为石勒相貌奇异，志向和气度非凡，前途不可估量，规劝乡里人友好地对待他。

公元302年，并州发生饥荒，社会动荡不安，石勒与一同做佃客的胡人逃亡走散，便从雁门回来投奔宁驱。北泽都尉刘监想捆他去卖掉，宁驱将他藏起来，才幸免于难。石勒偷偷地又去投奔纳降都尉李川，途中遇见郭敬，流着泪叩头诉说饥饿和寒冷。郭敬也禁不住流泪，将所带货物卖掉，给石勒买东西吃，并将一些衣服送给他。

当时，正碰上并州史司马腾抓胡人到山东出卖，以充军饷。石勒也在被劫掠的胡人当中，还多次被殴打、侮辱。不久，石勒被卖给师欢做奴隶。由于表现突出，师欢认为石勒相貌奇特，特意免除了他奴隶身份。

刘渊起兵后，石勒率身边的人投奔刘渊，替他攻城略地，建立巨大功勋，占领大片土地，成为实力派。靳准叛乱后，石勒率军讨伐。一路上，羌族、羯族部落纷纷归降石勒。同时，前去镇压的中山王刘曜得知石勒率军先赶到平阳，便停留在蒲阪，想让石勒率军与靳准所部厮杀，自己坐收渔利。

靳准抵挡不住石勒所部攻势。眼看平阳城就要被攻破，靳准的兄弟们为保住性命，将靳准杀了，推举靳明为盟主，派人将传国玺送给刘曜，请求刘曜保护。

石勒率军围攻平阳城，平阳城内守军向刘曜投降，刘曜竟然答应了。石勒得到消息后大怒，率军加紧攻城。更令人意外的是，前赵皇帝刘曜派刘畅率军前来救助平阳城守军。靳明等人率1万5千多人突围，向刘曜靠拢。为报仇雪恨，前赵皇帝刘曜下令将靳明及靳氏男女一概诛杀。石勒进平阳城后，也将尚未来得及逃亡的靳姓人全部杀死，将平阳城彻底摧毁。至此，石勒非常仇恨前赵皇帝刘曜，准备自起炉灶。

公元319年，石勒派王修去给前赵皇帝刘曜献捷报。刘曜授予石勒太宰、领大将军，晋爵赵王，后又派人追杀了王修。王修随从逃脱，将事情报告给石勒。石勒大怒，与刘曜翻脸，在当年十一月自称大将军、大单于、冀州牧、赵王。

石勒先集中精力扫清自己的后方，巩固自己政权。公元322年，他趁着东晋名将祖逖去世的机会而南侵东晋。晋军抵挡不住，南退到寿春。

石勒趁机派后赵军将豫州、徐州、兖州、青州纳入统治范围。第二年，后赵司州刺史石生率部袭击前赵河南太守尹平。前后赵一番厮杀，后赵军夺取司州，获得大量归降部众，势力范围扩大。为争夺势力范围，双方展开了持续的较量。

公元325年，石生率后赵军进攻前赵河南太守尹平。双方在新安展开激战，尹平战败被杀，石生率后赵军抢掠了前赵5千多人。第二年，前赵皇帝刘曜命令司州刺史李矩、颍川太守郭默，一起进攻石生所部后赵军。前赵军迅速攻克石梁（今洛阳市东）、孟津。石虎率5万后赵步骑兵从成皋赶到洛西，与刘岳所部前赵军大战。到六月时，石虎率后赵军收复石梁，活捉刘岳，不久又攻陷并州。前赵军失败后，郭默逃往建康，投降东晋。李矩率2千人投降后赵。司州、豫州、徐州、兖州等州都被后赵占领。

公元328年，石虎率后赵军进攻蒲阪时，前赵皇帝刘曜亲率精兵救援，打败石虎，乘势率军进攻洛阳。他下令士兵用水灌洛阳城，同时派诸将率前赵军攻打汲郡和河内郡。后赵举国震惊。赵王石勒决定与前赵皇帝刘曜决一死战。他不顾大臣劝阻，亲自率后赵军救援洛阳，命桃豹、石聪、石堪等率后赵军到荥阳会合，一起进攻洛阳金镛城。

石勒所部与后赵诸军在成皋会合后，发现前赵皇帝刘曜竟然没沿着黄河部署守军，就轻兵潜行，对其进行偷袭。等石勒率后赵军渡过黄河，前赵皇帝刘曜才开始准备沿着黄河布防。得知石勒亲率后赵军前来进攻，刘曜非常害怕，下令围攻洛阳的前赵军撤退到洛水西边列阵，准备与后赵军决战。得知刘曜在洛水西边列阵准备决战，赵王石勒十分高兴，与石虎及石堪、石聪商议对策。他们兵分三路，从三个方向夹击刘曜所部前赵军。这一战，后赵军打败前赵军，生擒前赵皇帝刘曜，并将他押送到襄国。

前赵太子刘熙得知皇帝刘曜被擒，大吃一惊，主动放弃长安，率亲前赵军向西逃到上邽。一时间，关中大乱，前赵各城守将都放弃防守，率军前去跟随太子刘熙。后赵军趁机攻进关中，包围长安城。没多久，前赵将领打开长安城门，向后赵军投降。赵王石勒非常高兴，派石虎坐镇长安，负责指挥后赵军继续消灭前赵残余力量。

当年八月，刘胤率前赵军反攻长安，被石虎率军击败。前赵王公大臣都被石虎俘虏。同年，石勒下令杀死前赵皇帝刘曜，前赵灭亡。除前凉、段部鲜卑辽西国及慕容鲜卑辽东国外，后赵几乎占领整个中原。

前赵灭亡后，匈奴刘氏大部分族人被杀，劫后余生纷纷外迁各地，避祸逃生。有的东迁辽东，有的南迁河南及中原各地，融入汉族之中，有的西迁到陇地，也有的北逃到大漠，更有的远迁中亚、西亚和欧洲，但大多数仍居住在中原。例如，散居在并州和雍州之间的刘姓、乔姓和呼延姓都是匈奴大姓。到隋唐时，匈奴刘氏还发展为东郡、河南、雕阴等地望姓大族。只不过，这支匈奴人后裔复兴匈奴的梦想再也无机会实现。

公元330年二月，匈奴别部后裔石勒称大赵天王，行皇帝事，设立百官，分封一众宗室。九月，石勒正式称皇帝。第二年，石勒到邺城，营建邺城新宫，作为新都城。一个非正宗匈奴人建立的王朝出现了。此时，虽然他们离复兴匈奴目标越来越遥远，但以前匈奴人崇尚杀戮的恶习，在他们身上不仅继承下来，而且发挥到极致。这导致中原发生了一场大杀戮，为后来鲜卑人登上历史舞台创造了条件。

当时，后赵太子石弘爱好文章，亲敬儒士，并不强悍。时任太尉、尚书令石虎战功显赫，掌有重兵和实权。徐光和程遐都认为，一旦皇帝石勒去世，太子石弘不能驾驭石虎，多次劝石勒强化太子的权力，削弱石虎的权力。石勒命令太子石弘参与批核上书奏事，但没下决心除去石虎。

公元332年，石勒病了，石虎在他身边侍候，禁止其他王公大臣见皇帝，并假传诏令在外统率军队的秦王石宏及彭城王石堪迅速回襄国，将他们监控起来。做好这一切，石虎就坐等皇帝石勒死去。

公元 332 年七月，石勒死了，石虎劫持太子石弘，抓捕程遐、徐光等人，令儿子石邃率军入宫宿卫。文武官员吓得纷纷逃散。太子石弘非常恐惧，主动示弱，请石虎继任皇帝。石虎不愿意，逼迫太子石弘继位。石虎出任丞相、魏王、大单于，加九锡，划分魏郡等 13 郡为封国，总领朝廷政事。石虎的各个儿子都封王，担任要职。石勒原先任命的文武官员都被委任为闲散官职，而石虎的僚佐亲属则全部充任朝廷要职。

同年十月，镇守长安的宗王石生和镇守洛阳的宗王石朗一起起兵，宣布讨伐石虎。石虎亲自带 7 万后赵精兵攻下洛阳城，石朗被杀。随后，他率后赵军向长安进发。石生派郭权率领 2 万鲜卑兵为前锋拒敌，亲率大军随后。石虎的先锋大将石挺大败阵亡。石虎便私下与鲜卑人勾结，劝导他们反戈攻击石生所部。石生不知道石挺已死，心中畏惧，单骑逃奔到长安。石生放弃长安，躲到鸡头山。不久，部下杀死石生，投降石虎。石生明明有利，却因消息不畅通，莫名其妙地被杀死。

随后，石虎率部返回襄国，实行大赦。皇帝石弘命令石虎建造魏台，完全仿效曹操辅佐汉朝旧例。公元 334 年九月底，皇帝石弘携带印玺到魏宫，请求将皇位禅让给石虎。石虎不答应，还以皇帝石弘愚昧昏暗为由，将他废黜为海阳王，之后又幽禁并杀死石弘、太后程氏、秦王石宏、南阳王石恢，自称居摄天王。石虎一连代理 4 年天王，直到公元 338 年初才依照商周制度，称大赵天王，册立儿子石邃为太子，实行大赦。

称大赵天王后，石虎极为奢暴。他不顾百姓负担，到处征杀。百姓不堪兵役和力役负担。他还从各地大量征集美女，从民间强行掠夺 13 岁到 20 岁的女子 3 万多人。为了容纳美女，大赵天王石虎在邺城、长安、洛阳兴建宫殿，动用 40 多万人。苛捐杂税迫使缺衣少食的农民卖儿卖女，卖完后仍然凑不够，只好全家自缢而死。

大赵天王石虎宠爱儿子石宣和石韬，太子石邃不满，想弑父夺位。石虎得知消息，幽禁石邃，杀死石邃及其党羽 200 多人。石宣被立为太子，石韬掌握军政大权。公元 348 年，太子石宣派人虐杀石韬，密谋弑父夺位。大赵天王石虎得知内幕，虐杀了太子石宣，将他的妻妾儿女全部杀死，将东宫卫士 10 万多人全部迁徙到凉州。此举引发暴乱，各族百姓纷纷参加。

大赵天王石虎镇压这次叛乱后，册立年仅 10 岁的儿子石世为太子。公元 349 年正月，石虎自称皇帝，实行大赦，改元太宁。同年四月，后赵皇帝石虎的病情恶化，死了，太子石世继位。后赵随即发生内讧。彭城王石遵派汉人冉闵率军攻打邺城，夺取皇位。沛王石冲亲率 5 万精兵向邺城进攻。无奈之下，石遵又派冉闵率 10 万精兵迎战。后赵两支精锐军在平棘血拼。石冲所部大败，被冉闵杀死。

事后，后赵皇帝石遵违背承诺，没有册立功高的冉闵为皇太弟，还逐渐夺取他的兵权，甚至想杀他。公元 349 年十一月，后赵皇帝石遵邀请宗王石鉴等人进宫，一起商量杀冉闵的事。石鉴有野心，想当皇帝，出宫后第一件事就是派人将商议内容通报给冉闵。冉闵与部下一番密谋后，派人在琨华殿杀死皇帝石遵。

石遵死后，石鉴继位为皇帝，随即派人深夜刺杀冉闵，但没成功。皇帝石鉴担心冉闵叛乱，假装不知此事，连夜斩杀他所派的人。石遵又怂恿其他宗王去杀冉闵。冉闵事先得到消息，抢先杀死石成、石启、石晖等宗王。孙伏都想挟持皇帝石鉴，消灭冉闵等人。冉闵以此为借口，率军数千将士追到宫里。皇帝石鉴害怕冉闵会杀他，主动召见冉闵，说："孙伏都谋反，你应当率军讨伐他。"

冉闵等人借镇压孙伏都谋反机会，在宫里大肆屠杀反对他的人，从凤阳门至琨华殿，横尸遍地，血流成河。此后，冉闵牢牢控制住皇帝石鉴。公元 350 年正月，宗王石琨及张举、王朗等率 7 万人攻打邺城。冉闵率千余骑兵将其击败。一个月后，冉闵废黜皇帝石鉴并杀死他，还杀石虎子孙 38 人，把石氏家族彻底诛灭。

冉闵登基称帝，大赦天下，改年号永兴，国号大魏，史称冉魏。宗王石祇听说皇帝石鉴已死，在襄国称帝。后赵不满冉闵的官僚纷纷响应。

冉闵率大魏军攻打石祗所部后赵军，相继三次大战，三次大胜。

后赵皇帝石祗非常恐惧，派人到慕容儁、姚弋仲那里请求援军。结果，遭到夹击的冉闵惨败，只身逃回邺城。石祗派刘显率 7 万后赵军打邺城。冉闵率全部大魏军拼死抵抗，大败刘显所部后赵军，并追到阳平。刘显杀皇帝石祗及其太宰赵鹿等十多人，派人求和。几个月后，刘显又率后赵军攻打邺城。冉闵率大魏军与刘显所部后赵军作战。在与刘显恶斗期间，冉闵属下数州主动归顺东晋，还有部分州被前燕趁机夺取。等冉闵战胜刘显时，大魏实力已经被耗尽。

冉闵率大魏军对抗前燕军时，十战都击败慕容恪所部前燕军，但最终寡不敌众，被慕容恪所部擒杀。大魏政权灭亡。从刘渊到石勒到石虎到冉闵，匈奴人打着复兴汉朝口号去实现复兴匈奴的梦想，政权从正宗匈奴人到别部匈奴人，最终落到汉族人手中。这种结局恐怕是刘渊父子在起兵时怎么也想不到的。

4. 借助外力，匈奴别部在夹缝中壮大

当年，南单于呼厨泉被曹操强留在邺城时，南匈奴右贤王去卑被派回去代替南单于监管南匈奴。后来，去卑的子孙也改姓刘，并领导这部分匈奴人发展成匈奴铁弗部。这一支匈奴人与刘渊同族同源，但并不住在一个地方。刘渊打着复兴汉朝旗帜复兴匈奴时，匈奴铁弗部首领刘乌路孤率部前去投靠。因宗室缘故，刘乌路孤被封为楼烦公，出任安北将军、监鲜卑诸军事、丁零中郎将，被安排在肆卢川一带放牧。

西晋联合拓跋鲜卑人镇压匈奴汉时，在匈奴汉统一指挥下，刘乌路孤率匈奴铁弗部积极参加战争。当时，匈奴铁弗部主要对手是鲜卑拓跋部。几经恶战，匈奴铁弗部惨败。鲜卑拓跋部首领拓跋猗卢率军将惨败的匈奴铁弗部人赶到塞外。就这样，在各民族逐鹿中原时，匈奴铁弗部却早早被从长城内赶到了长城外。

匈奴原本就是塞外游牧民族。匈奴铁弗部被赶到塞外后，远离中原兼并和厮杀，反而避免了像刘渊子孙那样在争权夺利中被屠杀，赢得了恢复和发展空间。因此，当刘渊子孙及石勒子孙离复兴匈奴梦想越来越遥远时，匈奴铁弗部复兴匈奴成为又一种历史可能。

刘乌路孤死后，刘豹子担任首领。刘豹子想方设法召集流失的部落成员和因中原混战而流亡塞外的匈奴人。几年后，匈奴铁弗部再次成为塞外各部落中最强大的力量。中原后赵武帝石虎也属于匈奴别部后裔，得知匈奴铁弗部在塞外势力强大，派人正式封刘豹子为平北将军、左贤王、丁零单于。

刘氏家族被靳准屠杀大部分，石氏家族为争权夺利相互杀戮，冉闵建立大魏后，又下"杀胡令"，在中原的匈奴人经历了一场又一场灾祸。匈奴铁弗部在塞外不仅远离了祸害，还收留了一些从中原逃走的匈奴人。中原战乱不断，匈奴铁弗部在塞外却壮大起来。

公元356年，匈奴铁弗部首领刘豹子死，刘悉勿祈继任首领。刘悉勿祈率领匈奴铁弗部专心在塞外发展，不过多参与中原事务。三年后的公元359年，刘悉勿祈死去。刘悉勿祈弟弟刘卫辰杀死侄子，自立为匈奴铁弗部首领。刘卫辰一改刘悉勿祈原来的政策，积极参与中原事务，并与中原实力最强政权结盟。匈奴铁弗部踏上快速发展道路，也结下了一个生死仇敌，甚至决定了后来的结局。

中原经历过匈奴刘氏、石氏及汉族冉氏一系列屠杀后，民族矛盾空前激化。氐族人趁机在中原西部建立前秦。前秦进入第三代国君苻坚时期后，苻坚极度崇尚汉文化，大力推广民族和解、民族宽容政策。他励精图治，开凿泾水渠，重用王猛、邓羌、权翼、杨安、朱肜等名臣良将，领导前秦迅速成为中原实力最强国家。

见中原西部前秦迅速崛起，统一中原趋势明显。公元359年春夏之交，刚刚当上匈奴铁弗部首领的刘卫辰派使者向前秦表示归顺，请求在中原划给他们农田耕种。他们春天来中原种田，秋天收获后返回塞外。

一个游牧民族，突然向中原王朝请求农田耕种，已经全面走向汉化，决定实现民族和解的前秦天王苻坚，认为这是积极信号。他同意匈奴铁弗部的请求，在靠北部划出一块土地，允许匈奴铁弗部的人耕种。就这样，匈奴铁弗部再次进入中原，不可避免地卷入了逐鹿中原的战争。

一个月后，前秦云中护军贾雍派徐赟率骑兵袭击匈奴铁弗部，抢走很多百姓和牲畜。刘卫辰不敢擅自反击，将此事上报前秦天王苻坚。苻坚召见贾雍，愤怒责备他，罢免他的官职，让他以百姓身份兼领职务，派人将他所掠获的财物全部送还给匈奴铁弗部，令他亲自去抚慰匈奴铁弗部民众。刘卫辰见前秦待他们匈奴人不错，遂率部进入关内定居。

公元360年六月，代王拓跋什翼犍的妃子慕容氏死了。七月，刘卫辰以匈奴铁弗部首领身份，亲自到代国参加葬礼。趁此机会，他向代王拓跋什翼犍请求通婚和亲。代王拓跋什翼犍把女儿嫁给了刘卫辰。匈奴人和拓跋鲜卑人暂时实现和平。

不过，匈奴人的性格导致刘卫辰并不安生。公元361年正月，刘卫辰率匈奴铁弗部掳掠前秦边境居民50多人，然后将他们作为奴婢，进献给前秦天王苻坚。抢掠前秦百姓，送给前秦天王做礼物。前秦天王苻坚得知消息，非常生气，责备刘卫辰，命令他把掳掠的百姓放回去。刘卫辰非常生气，背叛前秦，依附拓跋鲜卑人建立的代国。

刘卫辰能背叛前秦，也一样也能背叛代国。公元365年正月，不甘寄人篱下的刘卫辰又率匈奴铁弗部背叛代国。代王拓跋什翼犍并不像前秦天王苻坚那样宽容待人，非常生气，立即率拓跋鲜卑人东渡黄河，将刘卫辰及匈奴铁弗部赶跑。刘卫辰走投无路，又率匈奴铁弗部归降前秦。

半年后，刘卫辰再次率匈奴铁弗部背叛前秦。前秦天王苻坚派邓羌率前秦军讨伐匈奴铁弗部。八月，在木根山，邓羌率前秦军击败匈奴铁弗部，俘虏刘卫辰。前秦天王苻坚为人宽宏大量，喜欢优待投降将领，在刘卫辰表示愿意臣服后，不计较他过去的背叛行为，封他为夏阳公，让他继续统领匈奴铁弗部部众。

公元367年十一月，代王拓跋什翼犍率军攻打匈奴铁弗部，教训背叛他们的刘卫辰。当时，黄河还没封冻，拓跋什翼犍命令士兵们用苇草绳阻拦流水。没多久，黄河就冻合起来，但冻得不够坚固。他又令人把苇草铺散在冰面上。冰草相连，像浮桥一样。就这样，拓跋鲜卑人踏着冰草渡过黄河。刘卫辰没想到拓跋鲜卑人来得如此快，不敢迎战，带着宗族亲信仓皇向西逃跑。拓跋什翼犍率拓跋鲜卑人俘获匈奴铁弗部70%的人口。刘卫辰率残部逃到前秦。前秦天王苻坚派人送他回到朔方，并派兵帮助他镇守朔方。

公元374年，拓跋什翼犍又率拓跋鲜卑人攻打匈奴铁弗部。匈奴铁弗部抵挡不住，又向南逃走。

两年后，拓跋鲜卑人再次进攻匈奴铁弗部。这一次，刘卫辰提前得到消息，立即派人到前秦求救。前秦天王苻坚任命幽州刺史、行唐公苻洛率幽州、冀州10万前秦军进攻代国，命令并州刺史俱难与邓羌、赵迁、李柔、朱彤、张蚝、郭庆等人一起率20万步骑兵，分别从东边的和龙、西边的上郡出发，与苻洛所率前秦军会合，同命令刘卫辰做向导带路，一起围攻代国。

在战争爆发前夕，代国发生内讧，王子拓跋寔君杀死代王拓跋什翼犍，代国陷入一片混乱。在刘卫辰引导下，前秦军趁机攻入代国，成功将代国兼并。

代国灭亡后，前秦天王苻坚采纳代国长史燕凤的建议，把代国百姓分为两个部分，黄河以东归属代王拓跋什翼犍的外甥匈奴独孤部首领刘库仁统管，黄河以西归属代王拓跋什翼犍女婿匈奴铁弗部刘卫辰统管。刘库仁和刘卫辰分别接受前秦天王苻坚授予的官职爵位，各自统领分得的代国故地以及百姓。

匈奴铁弗部首领刘卫辰认为自己功劳大，代国故地应归他一人所有。他愤怒地杀了前秦五原太守后反叛。前秦天王苻坚命令刘库仁率匈奴独孤部攻打匈奴铁弗部。结果，匈奴独孤部轻易打败了匈奴铁弗部，一直追击他们到阴山西北1千多里的地方，俘获了刘卫辰的妻子儿女。

过了许久，刘卫辰派人向前秦天王苻坚认错请罪。苻坚一如既往宽恕他，封他为西单于，驻扎在代来城，督率统领河西各部族。刘卫辰势力较小，又不愿意入朝为官，前秦天王苻坚发动淝水之战时，没征发匈奴铁弗部军队参与。

这一次，匈奴铁弗部又因远离权力中心而避免一场血腥大战，保存了实力。刘卫辰总算为匈奴铁弗部做了一次正确决策。不过，后来历史证明那是他的侥幸导致的。

5. 死磕鲜卑，匈奴铁弗部逃不出被吞并命运

公元383年十一月，前秦天王苻坚率80多万各族士兵，在淝水与东晋8万北府兵决战。拥有绝对优势的前秦意外败给东晋，国家因此衰败，北方各少数民族纷纷脱离前秦统治，被前秦灭亡的国家纷纷复国。东晋也趁此机会北伐，把边境线推进到黄河南部。

淝水战败，前秦崩溃，中原又陷入四分五裂之中。匈奴铁弗部失去宽容的庇护者前秦，周边很快出现后燕、代国（后改国号为魏，即北魏）、西燕等，生存形势发生了巨大变化。

拓跋寔君的遗腹子拓跋珪趁混乱恢复代国。公元376年，前秦灭亡代国时，拓跋珪只有6岁，即将被迁到前秦首都长安。代国旧臣燕凤以拓跋珪年幼为借口，力劝前秦天王苻坚让他留在拓跋部中，称待他长大后成为首领，会念及苻坚给代国的恩惠。宽厚仁慈的苻坚同意拓跋珪留在拓跋部。

当时，代国故地由刘库仁及刘卫辰分别统管。拓跋珪母亲贺氏带拓跋珪、拓跋仪及拓跋觚从贺兰部迁到独孤部住，与被前秦俘获的匈奴独孤部首领长孙嵩等人一起接受刘库仁统管。刘库仁也是匈奴独孤部人。

拓跋珪等人到独孤部后，刘库仁仍然尽忠侍奉他们，并未因代国灭亡，自己当了前秦的官而变节。刘库仁又招抚接纳离散的拓跋部人，并优待他们。

苻坚在淝水之战中战败，其后中原大乱，北方重陷分裂。刘库仁在帮助前秦军对抗后燕时，被慕容文率后燕军夜袭杀害。他的弟弟刘头眷接替他的职位。

公元385年，刘库仁的儿子刘显杀掉刘头眷，自立为匈奴独孤部首领。不仅如此，刘显还想杀寄居在匈奴独孤部的拓跋部幼主拓跋珪。刘显弟弟刘亢埿的妻子是拓跋珪姑姑。她将刘显的意图告诉拓跋珪母亲贺氏。刘显谋士梁六眷是拓跋什翼犍的外甥，也派穆崇、奚牧等人将此事密报拓跋珪。得到确切消息后，拓跋珪与贺氏等人商议应对措施。

贺氏找借口约刘显一起喝酒，趁机将他灌醉。趁此机会，拓跋珪与长孙犍、拓跋他等人连夜逃到贺氏娘家贺兰部。不久，匈奴独孤部爆发内乱。拓跋珪母亲贺氏寻机到贺兰部与拓跋珪等人会合。贺氏弟弟贺染干忌惮外甥拓跋珪得人心，多次试图杀害他，但都因尉古真告密及贺氏出面阻拦而失败。

拓跋珪堂曾祖父拓跋纥罗及拓跋建劝贺兰部首领贺讷推拓跋珪为主。公元386年二月二十日，在牛川（今内蒙古锡拉木林河），贺兰部出面召集诸部首领一起开大会。大家全力支持拓跋珪即代王位，定年号登基。拓跋鲜卑人的代国从此复国。

随后，拓跋珪任用贤能，励精图治，努力促成代国复兴。不久，他迁都到盛乐，并开始推广农业，让百姓休养生息。同年四月，拓跋珪改称魏王，代国改称魏国，史称北魏。

一个月后，拓跋珪率大臣游幸到陵石时，护佛侯首领侯辰、乙弗首领代题叛逃。诸将纷纷请求率军前往追杀。拓跋珪安抚大家说："侯辰、代题等人世代担任首领职位，虽然他们有小小令人不满的地方，我们暂时还是宜宽容他们的。当今，我们国家刚刚建立，内外还没完全一条心，愚蠢的人做出背叛亲人的事，不值得我们去追击他们。"

当时，北魏四周强敌环绕：北边有贺兰部、南边有独孤部、东边有库莫奚、西边在河套一带有匈奴铁弗部、阴山以北有柔然部和高车部、太行山以东有慕容垂建立的后燕，太行山以西有慕容永建立的西燕。

不仅如此，在部内，拓跋珪叔叔拓跋窟咄也想当魏王。拓跋窟咄为争位，与匈奴独孤部首领刘显勾结，企图取代拓跋珪当上魏王，赢得了一部分人支持。例如，于桓等人意图杀害魏王拓跋珪，率部响应拓跋窟咄；莫题等人也与拓跋窟咄暗中勾结。魏王拓跋珪决定先下手为强，杀死于桓等五人，赦免莫题等七姓。随后，他交好贺兰部，借阴山作屏障防守，还派人去向后燕求援。

公元386年十月，拓跋窟咄率军逼近魏王拓跋珪所部，贺染干也率军入侵北魏北部，与拓跋窟咄所部形成夹击之势。北魏兵惊恐混乱，北部大人叔孙普洛在关键时刻又投奔了匈奴铁弗部。后燕援军统帅慕容麟得知此消息，迅速派安同等人率军准备支援北魏军。北魏军得知后燕援军就在不远处，将士们心里才稍微安定了一些。拓跋窟咄率军驻扎在高柳，魏王拓跋珪亲率北魏军与慕容麟率后燕援军一起攻打高柳。拓跋窟咄大败，逃走去依附匈奴铁弗部。匈奴铁弗部首领刘卫辰没有利用好这次机遇，直接将拓跋窟咄杀了。事后，拓跋珪收编拓跋窟咄属下所有将士。慕容麟也率后燕军返回中山。

当时，匈奴铁弗部占据朔方一带，兵强马壮，拥有3万8千骑兵。后秦皇帝姚苌任命刘卫辰为大将军、大单于、河西王、幽州牧；西燕皇帝慕容永也任命刘卫辰为大将军、朔州牧。他们都想通过封官的方式来笼络匈奴铁弗部。北魏面临内乱，虽然跟匈奴铁弗部有世仇，但主要精力放在平定内部上，暂时将它晾在一边。

公元387年六月，在马邑南，魏王拓跋珪亲率北魏军攻打匈奴独孤部刘显，一直追到弥泽，将他打得大败。刘显率独孤部残余力量向南投奔西燕。一个月后，匈奴铁弗部首领刘卫辰向后燕进献马匹，但被刘显率部中途抢走。后燕皇帝慕容垂大怒，派兵打败刘显，兼并了刘显残余的部众。

公元390年七月，匈奴铁弗部首领刘卫辰又派儿子刘力俟提率军进攻鲜卑贺兰部。贺兰部首领贺讷向北魏投降求援。魏王拓跋珪亲自率军去援救贺讷，打败刘力俟提所部后，将贺讷等人迁到北魏东界。

公元391年七月，鲜卑多兰部落首领没弈干反叛西秦，向东与匈奴铁弗部首领刘卫辰结盟。三个月后，匈奴铁弗首领刘卫辰派刘力俟提率八九万人进攻北魏南部。魏王拓跋珪带兵五六千人迎战。在铁岐山以南，魏王拓跋珪将刘力俟提所部打得大败。刘力俟提一个人侥幸逃走。北魏军乘胜追击，从五原金津向南渡过黄河，径直攻入匈奴铁弗部境内。匈奴铁弗部部众异常惊骇，乱作一团。

魏王拓跋珪率北魏军直抵匈奴铁弗部首领刘卫辰所居的悦跋城。刘卫辰率匈奴铁弗部反击北魏军，遭到痛击，部众四处逃散。拓跋珪分派将领率轻骑兵追击，或者将他们俘虏，或者将他们歼灭。刘力俟提在木根山被北魏将领伊谓俘虏，而刘卫辰本人被部下杀死。

到公元391年十二月，除刘卫辰小儿子刘勃勃逃到鲜卑叱干部以外，他宗族同党中5千多人，全部被拓跋珪杀死。匈奴铁弗部灭亡。逃走的刘勃勃是匈奴铁弗部首领的唯一传人。匈奴复兴最后一线希望便寄托在他身上。他是否能完成历史赋予的任务呢？

6. 借势崛起，刘勃勃再创匈奴辉煌

在匈奴铁弗部灭亡之际，刘勃勃侥幸逃到鲜卑叱干部。鲜卑叱干部首领叱干他斗伏不想因此惹事，认为得罪北魏不划算，准备把刘勃勃送给北魏。叱干他斗伏的侄子叱干阿利镇守在大洛川，听说叱干他斗伏准备送走刘勃勃，飞速赶去劝谏，说："鸟雀在走投无路时投入人的怀抱，人尚且会帮助它免于祸难，何况刘勃勃如今国破家亡，前来归顺我们呢？

退一万步讲，即使我们容不下他，也应让他投奔别处。现在，我们抓起来把他送给魏国，是落井下石。"

当时，北魏对鲜卑叱干部来说，实在太强大了。叱干他斗伏害怕被北魏责怪，更担心因此引爆战争。加上北魏和叱干部同属于鲜卑人，又无生死仇恨，他便没听从叱干阿利的建议，坚持要将刘勃勃交给北魏。叱干阿利见阻挡不住，暗中派人在途中埋伏，对押送刘勃勃的人发动袭击，趁乱将把刘勃勃抢走，然后把他送到后秦高平公没奕于那里。没奕于不惧怕北魏军力，不仅收留了刘勃勃，还把女儿嫁给他。

在没奕于庇护下，没几年，刘勃勃就长大成人。刘勃勃身材高大，腰部粗壮，善辩聪慧，风度仪表华美，按当时的审美标准，是不折不扣的美男子。有一次，后秦皇帝姚兴偶然见到刘勃勃，非常喜欢他，跟他交谈后，任命他为骁骑将军，加任奉车都尉。从此，刘勃勃经常参与后秦军国大事。姚兴对刘勃勃的亲宠和厚遇超过其他功臣和老臣。

这一现象引起后秦皇室贵胄严重不满。姚邕对皇帝哥哥姚兴说："刘勃勃天性不仁，难以亲近。您对他的宠遇太过分了。我搞不清楚，您为什么会这样。"姚兴回复姚邕说："你不懂得啊！刘勃勃有匡时救世才能。我要借用他的才能，带他一起平定天下。这有什么不可以吗？"

姚兴准备任命刘勃勃为安远将军，封阳川侯，让他帮助没奕于镇守高平，把三城、朔方的胡人及匈奴铁弗部残余的 3 万部众交给他，命令他去侦察北魏人的动向，为进攻北魏做准备。

姚邕极力反对这样做。姚兴非常生气地说："你怎么知道刘勃勃的性情脾气呢？"

姚邕回答说："刘勃勃奉事主上傲慢，治理军队残忍，不讲亲情，贪婪暴虐，对去留非常随意，看得非常轻。如果您亲宠他超过分寸，那么他最终会成为祸害。"姚兴见姚邕说得言辞恳切，就采纳了他的建议。

不过，到公元 406 年，姚兴还是任命刘勃勃为持节、安北将军，封五原公，派他去镇守朔方，还把三交五部鲜卑人及 2 万多其他胡人交给他。

当时，河西鲜卑首领杜岭向后秦皇帝姚兴进献 8 千匹马。这些马渡过黄河到达大城时，刘勃勃竟然派人把马扣留下来。随后，他召集 3 万多人，假装去高平川游猎，其实是图谋摆脱后秦管控。

果然，就在这一年，刘勃勃恩将仇报，率匈奴人袭杀他的岳父没奕于，兼并没奕于属下的军队。这一战后，刘勃勃统率的军队有数万人。

公元 407 年，刘勃勃正式反叛后秦，自称天王、大单于，赦免境内罪犯，建元龙升，设置百官。刘勃勃认为，匈奴人是夏启的后代，取国号大夏。他任用刘右地、刘力俟提、叱干阿利、刘阿利罗、刘若门、刘叱以鞬、刘乙斗等人担任要职，建立了一个部门职能相对完善的朝廷。从此，刘勃勃开始实现匈奴复兴的梦想。

同年，刘勃勃率大夏军进攻鲜卑薛干等三部，取得巨大胜利，招降了 1 万多人。首战获得巨大胜利后，刘勃勃又亲率大夏军攻下后秦三城以北各处边防驻军，杀死后秦杨丕、姚石生等将领。攻占这些地盘后，大夏军下一步该如何，内部产生了分歧。将领们劝刘勃勃坚守攻下的城池，一步步经营发展。刘勃勃不听。各将领又劝他说："您想要统治天下，往南攻取长安城，应该先巩固根本，使人心有所依托，这样以后才可以成就大业。高平险阻坚固，山川肥沃，我们可以将那里作为国都。"

刘勃勃在回答将领们时，说出了自己的治国理想。他说："你们没明白一个道理啊！我大业草创，手中掌握的军队不多。姚兴也是当世枭雄，我们暂时还没实力夺取关中的。当前，各方镇都服从姚兴的命令，如果我们专心固守一城，他们就一定会合力对付我们。我们军队不是他们的对手，很快就会灭亡。如果我们风云般急速前去攻击他们，出其不意，他们救援前军，我们就攻打后军，救援后军，我们就攻打前军，迫使他们疲于奔命。这样，我们从容自若，不出十年，就会全部占有岭北、河东。等姚兴死后，我们再逐步攻取长安。姚兴儿子姚泓平庸懦弱，我已经有俘获他的计谋策略。古时的轩辕也曾经有20多年居无定所，难道单单就我一人吗？"

不难看出，刘勃勃建国思想是极其传统的匈奴式，即高度重视军队的机动性，注重抢掠，而忽视安居乐业，全力进行生产，以发展壮大。诸将大多是匈奴人，见大夏天王如此说，都高呼高明。事实上，这一指导思想导致大夏迅速壮大，迅速消亡。

刘勃勃率大夏军频频侵犯掠夺后秦岭北地区。岭北各个城门白天不敢打开。面对大夏军强势进攻，后秦皇帝姚兴非常后悔地说："我没听姚邕的话，才导致如此地步的啊！"

刘勃勃势力强大后，不仅对后秦威胁巨大，对周边其他少数民族政权也造成重大的威胁。他刚称天王时，曾派人向秃发鲜卑人建立的南凉请求娶国王秃发傉檀的女儿为妻。南凉王秃发傉檀根本看不起刘勃勃，拒绝了他的求亲。刘勃勃很生气，亲自率2万骑兵攻打南凉。大夏军从杨非打到支阳，抢掠300多里，杀伤1万多人，俘获了2万7千人和数十万牛马羊。

南凉王秃发傉檀率军追击大夏军。焦朗献计说："刘勃勃天性豪雄，治理军队严厉整肃，我们不能轻视他。现在，他率军抢掠到了资财，将士们都盼望急切地将资财带回家去。他们每个人都会为自己的利益而拼死作战。我们追击这样的军队，难取得胜利。我认为，我们不如从温围向北渡河，抢占万斛堆，然后凭借河流建造营寨，扼制住咽喉要地。挡住他们的退路，消耗他们的锐气。这是百战百胜之法。"

贺连反对焦朗的意见，主张迅速追击。他愤怒地对焦朗说："刘勃勃率领的不过是一群乌合之众。他们反叛秦国作乱，构成了祸患，侥幸才取得战绩的。如今，他抢掠我国的牛羊，多得堵塞道路，掠夺我国的财宝，多得像山一样。他们已经精疲力尽了，还人人怀着贪求的心，带着那么多牛羊和财宝。我趁机去追杀，他们哪里还有士气来迎战呢？根据我的分析，我们只要猛击他们，他们一定会彻底崩溃。我们率军避开他们，是向他们显示怯弱，是放弃消灭他们的好机会。我们军队气势正盛，应该迅速追击。"

南凉王秃发傉檀认为贺连说得有道理，他决定率军迅速追击。焦朗等人还想进一步劝谏，秃发傉檀说："我已经下定决心追击了，敢劝谏我的人，杀！"

大夏天王刘勃勃得知南凉王率军追击，非常高兴，派人在阳武下狭口处凿开冰凌，埋车轮，堵塞道路。秃发傉檀派南凉善射士兵射击大夏军。刘勃勃左臂中箭，但他带伤坚持指挥战斗。刘勃勃率大夏军把南凉军打得大败。大夏军一鼓作气，追赶南凉军80多里。南凉军死伤数以万计。刘勃勃令人把尸首堆成封土高台，取名为"髑髅台"，然后率军返回岭北。

大夏天王刘勃勃取得这次重大胜利后，又率军和后秦将领张佛生在青石原大战。他率大夏军一鼓作气打败张佛生所部后秦军，俘获和杀死5700人。后秦皇帝姚兴又派齐难率2万人来迎战。刘勃勃不敌，率大夏军退到河曲。齐难认为离刘勃勃已经很远，没什么太大危险，就放纵士兵四处抢掠。刘勃勃秘密派兵伏击齐难所率后秦军，俘获了7千多人，缴获大量战马兵器。齐难率后秦军后退。刘勃勃又率大夏军追击到木城。他们攻克木城，擒获齐难及1万3千士兵，1万匹战马。

这一战后，岭北有数万胡人、汉族人都向大夏投降。大夏天王刘勃勃下令设守宰来安抚和管理他们。随后，他又率2万骑兵进入高冈，到达五井，抢掠了7千多户杂胡人，编入大夏军里，然后进驻依力川。

后秦皇帝姚兴亲自率军前去攻打大夏军，到达三城。大夏天王刘勃勃趁着后秦皇帝姚兴的各路军还未会合的机会，率骑兵主动攻打他们。姚兴非常害怕，派姚文宗率后秦军迎战。刘勃勃率大夏军假装后退，同时设下埋伏，等候攻击后秦军。姚兴派姚榆生等人率后秦军追击，遭到大夏军伏兵袭击，全军覆没。

后秦将领王奚在敕奇堡聚集 3 千多户羌人，准备进攻大夏军。刘勃勃抢先率大夏军进攻王奚所部。王奚骁勇有力，在短兵相接时，杀死杀伤了很多大夏军将士。刘勃勃便令人筑堤坝，截断水流，让王奚所部没水喝。

敕奇堡里的羌人忍受不了饥渴，把王奚抓起来，向大夏军投降。大夏天王刘勃勃对王奚说："我看你是个忠臣。我想和你一起率军平定天下。"王奚听出这是刘勃勃在诱降他，直接拒绝："如能蒙受您的大恩，那就让我早死吧！这就是恩德。"刘勃勃想进一步劝降他，他依旧没有答应。王奚不想为刘勃勃效力，便和数十个亲信一起自杀了。

刘勃勃没能招降王奚，感觉非常遗憾，又率大夏军到黄石固，攻打金洛生所部后秦军，同时派兵到我罗城攻打弥姐豪地所部。大夏军势头正旺，一口气取得两场战争胜利。大夏天王刘勃勃任命刘右地代领幽州牧，负责镇守大城。

刘勃勃又派金纂率 1 万骑兵攻打平凉。后秦皇帝姚兴亲自率军赶去救援平凉。金纂被姚兴打败，战死。随后，刘勃勃派刘罗提率 1 万步骑兵到定阳，攻打姚广都所部后秦军。刘罗提率军攻克定阳后，坑杀 4 千多人，把妇女作为军中奖赏。刘勃勃又亲自率军到清水城，攻打姚寿都所部后秦军。姚寿都抵抗不住，只身逃到上邽。刘勃勃下令把清水城的 1600 户全部迁徙到大城。

后秦将领姚详主动放弃三城，率后秦军向南逃往大苏。大夏天王刘勃勃派将平东鹿奕率大夏军在中途截击。将平东鹿奕抓获姚详，全都俘虏姚详所部军队。刘勃勃责骂并杀死姚详。

这一年，刘勃勃率 3 万骑兵攻打安定，和杨佛嵩率领的后秦军在青石北原交战，并一举打败杨佛嵩所部，逼降 4 万 5 千后秦将士，缴获 2 万匹战马。他率军到东乡时，当地后秦将领党智隆闻风投降。刘勃勃任命党智隆为光禄勋，下令把东乡 3 千多户迁到贰城。

后秦镇北参军王买德主动率部来投奔大夏。大夏天王刘勃勃对王买德说："我是大禹后裔，世代居住在北方。祖宗有光辉业绩，常常与汉朝、魏朝为敌；中间有段时间不强大，受制于人。我没什么才气，不能继承发扬先辈的功业，曾经一度国破家亡，流离失所。现在，我们将要应运兴起，恢复大禹伟业。你怎么看呢？"很显然，刘勃勃借助大禹，说出了他复兴匈奴的愿望。

王买德听出了他的意思，趁机对他进行称赞褒扬，并提出建议："自从晋朝皇室失去纲纪，政权南移后，中原是群雄对峙，人人都怀有问鼎中原的雄心，何况您累世积德，在北方世代继承前王事业，神明威武超过汉朝皇帝（指汉武帝刘彻），谋略超过魏朝太祖（指魏武帝曹操）呢！能不在上天开启之际建成大业吗？如今，后秦国政虽然衰败，但它的藩镇还稳固，希望您能积蓄力量，等待机会，准备充分后再行动。"

大夏天王刘勃勃被王买德比作汉武帝和魏武帝，心情非常好，任命他出任军师中郎将。

公元413年，大夏天王刘勃勃在境内实行大赦，改年号为凤翔。他任用叱干阿利兼领将作大匠，征岭北10万胡人和汉族人，在朔方水北、黑水南修筑都城，叫统万城。刘勃勃说："我想要统一天下，统治万邦，就用统万作城名。"此举展现出刘勃勃的雄心壮志。

叱干阿利生性特别工巧，为人却残忍粗暴。他以尘土修筑城墙，如果锥子能插入一寸，就杀修筑的工匠，将其一并筑入墙中。刘勃勃把叱干阿利此举看作忠诚，放心把修建都城的任务交给他。

叱干阿利又监督工匠们制造五兵器械。五兵器械做成后，他令人进行变态式检验，导致很多工匠莫名其妙地丢命。弓箭射不进铠甲的，杀死做弓的匠人；如果射进去，就杀死制造铠甲的匠人。他又令人制造百炼钢刀，上面做一个龙雀大环，号称"大夏龙雀"；用铜铸成大鼓，大鼓那些飞廉、翁仲、铜驼、龙兽等，都用黄金做装饰。在制造五兵器械过程中，叱干阿利一共杀了数千名工匠。此事导致底层民众，尤其是匠户们怨声载道。

不过，大夏天王刘勃勃完全没意识到叱干阿利的举动已经导致民心丧失，使他复兴匈奴的梦想最基本根基被腐化掉了。

7. 迷信统万，北魏强势碾碎匈奴梦想

大夏天王刘勃勃与群臣商议攻打西秦的事。王买德劝他："圣贤君主率军打仗时，用德来训导人，西秦是友好国家，刚遭大丧，现在攻打他，普通百姓也羞耻做这种事，更不用说皇帝。"刘勃勃采纳了他的建议，不再率军攻打西秦。

刘勃勃觉得姓刘无法体现他的声威，特别下诏书宣布他姓刘是随母姓，然后说自己是天子，说美好显赫和上天连在一起，便自造一个姓——赫连。他姓赫连，表示希望能和上天意愿相同，长久地享有无尽吉庆。从此，大夏匈汉皇室改姓"赫连"，大夏天王刘勃勃改称赫连勃勃。

随后，赫连勃勃立妻子梁氏为王后，册立赫连璝为太子，封赫连延为阳平公，赫连昌为太原公，赫连伦为酒泉公，赫连定为平原公，赫连满为河南公，赫连安为中山公。

赫连勃勃又率大夏军到杏城，攻打姚逵所部后秦军。20天后，大夏军攻克杏城，俘获姚逵、姚大用、姚安和、姚利仆、尹敌等后秦将领，将2万俘虏士兵全部活埋。

赫连勃勃得知姚嵩率后秦军和氐王杨盛对战，相持不下，便率4万骑兵袭击上邽。大夏军还没到达上邽时，姚嵩已经被氐王杨盛杀死。赫连勃勃率大夏军攻打上邽，激战20天后，攻克上邽。他下令杀死后秦秦州刺史姚平都及5千后秦兵，将城池全部摧毁后撤走。

赫连勃勃又率夏军进攻阴密，杀死姚良子及1万多后秦兵，任命儿子赫连昌为使持节、前将军、雍州刺史，率军镇守阴密。后秦将领姚恢丢下安定，逃回长安，安定人胡俨、华韬率5万户人趁机占领安定，然后向大夏投降。大夏天王赫连勃勃任命胡俨为侍中，华韬为尚书，留下

羊苟儿负责镇守安定，派给他5千鲜卑兵。赫连勃勃亲率大夏军进攻雍城。雍城前秦守将姚谌只身逃到长安。赫连勃勃率大夏军一路追击，进驻到郿城。后秦皇帝姚泓派姚绍率军抵抗。赫连勃勃率大夏军作战失利，退到安定。胡俨等人趁机袭杀大夏守将羊苟儿，率全城人投降后秦。

赫连勃勃率大夏军回到杏城，与群臣指点江山。他说："晋将刘裕率军攻打秦国，水陆并进。刘裕有超出常人的谋略。姚泓没能力保全自己。我用天时人事来考察，断定刘裕一定会打败姚泓。姚氏兄弟内部都不和，怎么可能抵抗别人进攻呢？刘裕攻下长安后，最聪明的做法就是迅速撤回去，留下子弟和部将守在关中。等刘裕东撤后，我率军攻取长安，将会像捡起地上的草那样容易，无须兵马劳苦。"

确定这个战略后，他便厉兵秣马，休养士卒。不久，赫连勃勃率军进据安定。后秦在岭北镇戍的郡县全都投降大夏。大夏全部占有岭北地区。

公元417年，刘裕灭亡后秦，率军进入长安后，派使者送信给赫连勃勃，表示和好，相约结拜为兄弟。赫连勃勃命令中书侍郎皇甫徽写回信后，暗中熟记回信的内容，把刘裕的使者叫到跟前，口授舍人写信回复刘裕。刘裕读了赫连勃勃的回信，很惊奇，认为他文采超人。使者又说赫连勃勃长得容仪奇伟，英武绝人。刘裕赞叹说："这一点，我比不上他啊！"

赫连勃勃没多久就回到统万城。果然，刘裕留下儿子刘义真负责镇守长安，自己返回东晋。赫连勃勃得知此消息，非常高兴，对王买德说："我准备率军攻打长安，你说说，怎样才能智取？"王买德说："刘裕灭秦，是以乱平乱，没用德政来救济百姓。关中地势优越，却派能力不强的年轻人来镇守，不是长久之计。刘裕匆忙返回必有原因，可能是想急速篡夺皇位，来不及对中原投入太多的精力。我们以顺攻逆，大义通达天地。这样，百姓盼望您举义旗来，度日如年。青泥和上洛是晋军要冲。您可以派流动兵力截断敌人来往通路。然后，您派兵堵塞潼关和崤陕，断绝他们的水陆通道。您传檄到长安城内，向百姓宣扬恩德，关中父老都会欢迎的。刘义真独坐空城，没地方逃窜，十天之内一定会到您面前投降。"

赫连勃勃认为此计谋可行，命令赫连瑱率 2 万骑兵南攻长安，同时命令赫连昌在潼关驻扎，命令王买德往南，负责截断青泥的道路，赫连勃勃亲率大夏军出发，作为后援。赫连瑱率大夏军到达渭阳时，一路上接连不断的，都是前来投降的人。刘义真派出沈田子率晋军迎战，作战不利，被迫退到刘回堡。

这时，晋军发生内讧，沈田子对刘义真的司马王镇恶不满，趁着王镇恶出城时杀死他。刘义真一气之下，杀死沈田子，把城外晋军全都召入城中，关闭城门坚守。面临战争，晋军还没交战，就损失两员大将，让人看不到晋军取胜的希望。于是，关中郡县纷纷向大夏投降。

赫连瑱率大夏军夜袭长安，没攻下来。赫连勃勃率大夏军占据咸阳，下令将长安所有通道都封锁。刘裕得知消息，非常恐惧，立刻命令刘义真率部往东，去镇守洛阳，任命朱龄石为雍州刺史，率军镇守长安城。

刘义真率部往东撤走时，一路上大肆抢掠。到灞上时，长安百姓驱逐朱龄石，把大夏军迎进长安。赫连瑱率 3 万大夏军追击刘义真所部晋军。刘义真所部晋军大败，他独自骑马逃跑。王买德在青泥俘获东晋将领傅弘之、蒯恩、毛修之。晋军死伤无数。

在长安宴赐将士，大夏天王赫连勃勃举起酒杯，对王买德说："你前些日子说的话，一个来回便应验了，可以说是神机妙算啊！这杯酒所要敬的，不是你还有谁？"于是，他任命王买德为都官尚书，加冠军将军，封河阳侯。

公元 418 年，赫连昌率大夏军在潼关曹公故垒攻打朱龄石和王敬所率的晋军，将他们抓到长安。趁着这次胜利，群臣劝赫连勃勃称皇帝。赫连勃勃推辞说："我没治理乱世的才能，不能救助千万百姓。自从起兵以来，我已经奋战了12年，但是，天下还没统一，遗留的敌人还很嚣张，不知该怎样向百姓谢罪呢？我准备选拔有才干的人才，把王位让给他，然后我就回到朔方老家养老去，每天弹琴读书打发时光。皇帝这称号，难道是我这个寡德的人能承受的吗？"群臣坚决请求他称皇帝。赫连勃勃推辞了多次，才答应。

赫连勃勃下令在灞上筑起坛场，宣布登基，改年号昌武。他派叱奴侯提率2万步骑兵到蒲阪，进攻东晋并州刺史毛德祖所部。毛德祖所部晋军作战不利，逃到洛阳。赫连勃勃任命叱奴侯提为并州刺史，镇守在蒲阪。

赫连勃勃到长安后，群臣劝他定都长安。赫连勃勃解释他不定都长安，而坚持定都统万城的原因。群臣听罢，只好作罢。赫连勃勃下令在长安设南台，任命赫连璝兼领大将军、雍州牧、录南台尚书事。事实上，放弃定都长安，让大夏丧失了进一步发展壮大的机会。

过了一段时间，赫连勃勃回到统万城。因为统万城的宫殿大规模建成，他便在境内实行赦免，改年号为真兴，在都城南部刻石歌颂自己的功德，将统万城南门取名为朝宋门，东门取名为招魏门，西门取名为服凉门，北门取名为平朔门。

赫连勃勃生性凶暴，嗜好杀人，没有常规。他常常站在城头上，把弓箭放在身旁，但凡觉得对方是嫌恶憎恨的人，就将对方杀死。大臣们有面对面看他的，他就戳瞎对方的眼睛；有敢发笑的，他就割掉对方的嘴唇。他还把进谏的人说成诽谤，先割下其舌头，然后杀死。统万城的胡人、汉族人都躁动不安，民不聊生。

赫连勃勃不仅自己爱杀人，还鼓励别人杀人。他非常欣赏嗜杀的人。公元424年，太子赫连璝率军攻杀对他太子之位造成威胁的赫连伦。不久，赫连昌又杀死赫连璝。赫连勃勃目睹儿子们相互杀戮，居然不分青红皂白地任命赫连昌为太子。不为别的，只因为他善于杀戮，因而在血腥夺储之战中胜出。一年后，赫连勃勃死去，赫连昌继位。

赫连勃勃嗜杀，儿子们自相残杀，耗损大夏的元气。这个匈奴人建立的政权很快陷入生死存亡危机之中。北魏逐一征服周边其他政权，同时一直将匈奴人的一举一动看在眼里，只待时机来临，给这个残暴的政权致命一击。

公元426年，北魏大举发兵攻打大夏国。经过内讧的大夏军战斗力在北魏军面前不堪一击。北魏军很快打到统万城下。公元427年，北魏皇帝拓跋焘用计诱惑赫连昌出城决战，自己却不幸跌落马下。赫连昌趁机突围跑到上邽。不过，这次侥幸逃走，并未挽救大夏国灭亡的命运。第二年，拓跋焘又亲自率军攻击上邽。赫连昌率大夏军出战失败，在撤退时，从马上掉下来，被北魏士兵俘虏。

赫连昌成为北魏阶下囚后，北魏皇帝拓跋焘对他还是不错的，封他为秦王。赫连昌并不甘心做秦王，还继续做着复兴匈奴的美梦。公元434年，他率部叛逃，准备重建大夏国。拓跋焘大怒，派军追击。一番恶战后，赫连昌被追兵杀死。至此，这一支匈奴后裔的复兴梦想破灭。

8. 河西北凉，最后一个匈奴的辉煌

除这两支南匈奴直系后裔努力实现复兴匈奴的梦想外，匈奴别部、匈奴旁系后裔沮渠蒙逊，也同样做着复兴匈奴的美梦。

沮渠蒙逊祖先是匈奴左沮渠，沮渠是一个匈奴官名，这个左沮渠的子孙就以官名作为姓，形成沮渠这个姓。

公元397年，沮渠罗仇、沮渠麹粥随后凉皇帝吕光征讨河南。沮渠罗仇率后凉前军打了大败仗。沮渠麹粥劝沮渠罗仇说："我们与其军败将死，不如率军到西平起兵，攻下凉州自立为王。"沮渠罗仇认为这样做不忠义，拒绝了。不久，沮渠罗仇和沮渠麹粥被后凉皇帝吕光杀死。

当时，宗族姻亲有1万多人来参加沮渠罗仇和沮渠麹粥的葬礼。沮渠蒙逊哭着对大家诉说后凉皇帝昏庸，暴虐无道，表示要继承先祖安定

时局的志向，为两位伯父报仇雪恨。大家都认为沮渠罗仇和沮渠麹粥死得冤枉，因此高呼响应沮渠蒙逊。沮渠蒙逊杀死后凉中田护军马邃、临松令井祥，带领这1万多人盟誓造反。在10天时间，沮渠蒙逊就聚集了1万多人马。

沮渠蒙逊率军驻扎在金山（今甘肃山丹西南），和沮渠男成一起，共同推举段业为使持节、大都督、龙骧大将军、凉州牧、建康公。随后，段业任命沮渠蒙逊为张掖太守，沮渠男成为辅国将军，一起主持军国大事。

公元398年，凉州牧段业想派军攻打后凉重镇西郡（今甘肃永昌西）。对这个想法，大家都感到疑惑。沮渠蒙逊却领悟其意图，向大家解释说："西郡地处要害，我们必须占领它"。段业认为沮渠蒙逊说得对，就派他去。

沮渠蒙逊率军引来河水淹西郡城。西郡城墙倒塌后，沮渠蒙逊率军冲进去，俘获了西郡太守吕纯。随后，晋昌守将王德和敦煌守将孟敏向沮渠蒙逊投降。沮渠蒙逊一战占领三个郡，功劳显赫。凉州牧段业晋封沮渠蒙逊为临池侯。

当时，后凉将领吕弘逃离张掖，准备往东逃跑。段业想派人去追击，沮渠蒙逊劝他，说："已经逃跑的败将，我们就不要去追击了。穷寇勿追，这是兵书上常说的。我们不如放他逃走，以后寻机再消灭他。"

段业不同意沮渠蒙逊的意见，对他说："一旦放走敌人，我们以后恐怕追悔莫及。你不想去追，我率军去追！"随后，段业率军前去追击吕弘所部后凉军，结果被吕弘所部打败。沮渠蒙逊预料到段业将会战败，及时率军赶去相救，段业才免于一死。

同年，段业下令修筑西安城，派部将臧莫孩出任西安城太守。沮渠蒙逊说："臧莫孩有勇无谋，知进忘退，修筑西安城是给他修坟墓，不是修城池。"段业不听，还是派臧莫孩任职去了。没多久，臧莫孩被后凉将领吕纂率军打败，丢掉了西安城。

沮渠蒙逊担心段业容不下自己，经常隐藏智慧，避免接触他。公元399年，段业自称凉王，改元天玺，任命沮渠蒙逊为尚书左丞。这年四月，后凉皇帝吕光派吕绍、吕纂率后凉军攻打段业。凉王段业向南凉皇帝秃发乌孤求救。秃发乌孤派秃发利鹿孤及杨轨率南凉军救援。

吕绍看到凉王段业手下军队强盛，想从三门板沿着山势往东进攻。吕纂对他说："依靠山势，己方军队的弱势就容易显露给对方，这样做是自取失败，还不如结成阵向前冲击，对方一定会恐惧，不敢出战。"吕绍便率军向南发起进攻。

段业准备出兵时，沮渠蒙逊劝谏他说："杨轨凭恃强大骑兵，有趁机谋利的想法。吕绍、吕纂的军队处在死地。他们一定会为求生存而拼死作战。我们不打，就像泰山一样稳固；我们出战，就会有像鸡蛋叠加起来那样的危险。"段业认同沮渠蒙逊的分析，按兵不动，跟对方对峙起来。果然，吕绍所部也不敢主动出击，对峙一段时间只好率军撤回。

公元401年，段业忌惮沮渠蒙逊英武，想远离他，就调沮渠蒙逊出任临池太守。段业亲信马权才智出众，气度非凡，谋略超群，段业让他接替沮渠蒙逊出任张掖太守。此前，马权受凉王段业亲近和重用，经常欺侮沮渠蒙逊。沮渠蒙逊也忌惮和怨恨马权，就在段业面前诋毁马权："天下的事有什么值得担忧的？值得担忧的只有马权。"段业听了此话，起了疑心，便杀了马权。

沮渠蒙逊对沮渠男成说："段业这个人愚昧无知，根本不是救治乱世的人才。他容易听信谗言，喜欢谄媚，没有鉴别真假的能力。我畏惧的人只有索嗣、马权，如今他们都死了。我准备废除段业王位，奉您为王，怎么样？"沮渠男成认为这是背叛段业，这样做不吉祥，这件事便不了了之。

沮渠蒙逊已被段业忌惮，心里不安，就请求任命他为西安太守。凉王段业也因沮渠蒙逊心有大志，担心发生突然变故，就顺势答应了。

为寻找起兵借口，沮渠蒙逊邀请沮渠男成一起去祭奠兰门山，并故意派许咸去向段业报告说："沮渠男成准备谋反，答应在得到假期时起兵作乱。如果他请求去祭奠兰门山，我的话就应验了。"到约定时间，果然如此。凉王段业令人把沮渠男成抓起来，命令他自杀。沮渠男成告诉段业，说是沮渠蒙逊想要谋反，建议放出他已死的假消息，引诱沮渠蒙逊起兵作乱，然后一举将其消灭。段业不相信他的话，迅速杀了他。沮渠蒙逊趁机向大家哭诉段业听信谗言，杀害忠良，宣布起兵救百姓于水火之中。大家都悲愤哭泣，听信了沮渠蒙逊的话。很快，沮渠蒙逊手下就有了超过1万人的军队。臧莫孩率领部属归附沮渠蒙逊，羌胡也起兵响应沮渠蒙逊。

凉王段业向此前被他关押的田昂道歉，并放了他，让他和梁中庸等人率军镇压沮渠蒙逊造反。王丰孙劝阻凉王段业，说："田昂这个人外表谦恭内心狠毒，志向远大而用心险恶，不能信任。"段业认为，只有田昂率军才能打得过沮渠蒙逊。王丰孙的话不被梁王重视。田昂到侯坞后，率500骑兵归附了沮渠蒙逊。同年五月，沮渠蒙逊率军到张掖时，守将田昂堂弟田承爱打开城门，直接让沮渠蒙逊率军进城。

到此时，凉王段业身边的人全部溃散。段业向沮渠蒙逊请求，让他回到家乡与家人团聚，终身不再复出。沮渠蒙逊不同意，下令杀了段业。同年六月，沮渠蒙逊自任使持节、大都督、大将军、凉州牧、张掖公，宣布建立北凉，大赦境内，改年号为永安。

公元401年七月，北凉王沮渠蒙逊派李典去拜访后秦皇帝姚兴，表示和平友好。两个月后，因吕隆已经投降姚兴，酒泉、凉宁又反叛，归降西凉王李暠，北凉王沮渠蒙逊派沮渠挐、张潜到姑臧，去见原后秦宗王姚硕德，说他将率百姓向东迁移。姚硕德非常高兴，任命张潜为张掖太守，沮渠挐为建康太守。张潜劝沮渠蒙逊率部往东迁移。沮渠挐和臧莫孩私下劝沮渠蒙逊往东迁徙，将会远离故土，受制于人。沮渠蒙逊醒悟过来，便杀了张潜，并发布文告废除百姓的各种徭役，让他们专心从事农业生产，努力提高产量。

公元403年，后秦皇帝姚兴派梁斐、张构等人册封北凉王沮渠蒙逊为镇西大将军、沙州刺史、西海侯。同时，姚兴也册封南凉皇帝秃发傉檀为车骑将军、广武公。沮渠蒙逊很不高兴，问梁斐等人秃发傉檀封公而自己却封侯的原因。张构进行了解释，并吹捧了他一番。沮渠蒙逊听后，非常高兴，接受了册封。

公元407年，北凉王沮渠蒙逊率3万步兵、骑兵攻打南凉皇帝秃发傉檀。他们在西郡驻军时，天空出现五色云。他便率军抢掠了数千户人家。南凉皇帝秃发傉檀得知消息，气急了，率军去追击，并在穷泉追上。北凉王沮渠蒙逊率军反击南凉皇帝秃发傉檀，并一口气打败他们，乘胜追到姑臧。这一战，有1万多户胡人、汉族人投降北凉。

南凉秃发傉檀感到恐惧，请求讲和。北凉王沮渠蒙逊答应了后撤军队。南凉皇帝秃发傉檀往南逃到乐都。魏安人焦朗占据姑臧，自立为王。北凉王沮渠蒙逊率3万步骑兵攻打焦朗，俘获焦朗，又宽赦了他。

此战胜利后，北凉王沮渠蒙逊在谦光殿赏赐文武将士，颁赐金、马各有不等。敦煌人张穆通晓经史，才思文采极佳。沮渠蒙逊越级提拔他为中书侍郎，让他管理机密事务，同时任命沮渠挚为护羌校尉、秦州刺史，封为安平侯，负责镇守姑臧。

公元412年十月，北凉王沮渠蒙逊迁都姑臧。同年十一月，沮渠蒙逊宣布即河西王位，大赦境内，改年号玄始。他设置官僚，修缮宫殿，建起城门楼观，册立沮渠政德为太子。

第二年，南凉皇帝秃发傉檀率军来攻打，沮渠蒙逊率军迎战，在若厚坞击败了他。南凉湟河太守秃发文支镇守湟川，沮渠蒙逊派成宜侯率军降服了秃发文支。他任命秃发文支为镇东大将军、广武太守、振武侯，任命成宜侯为振威将军、湟川太守，任命殿中将军王建为湟河太守。趁此机会，沮渠蒙逊颁发文书告诉百姓，如今四面八方的英雄都响应他，统一天下的日期不会遥远，要不了多久就能享受和平安宁。

公元 415 年，北凉王沮渠蒙逊开始谋划消灭鲜卑人建立的西秦。他派人去湟河运粮食，亲自率军攻克西秦属地广武郡（治今甘肃永登）。因粮食运输接不上，他率军从广武去湟河，越过浩亹。西秦皇帝乞伏炽磐派乞伏魁尼寅率军抗击沮渠蒙逊所部北凉军。沮渠蒙逊率军打败并杀死了乞伏魁尼寅。乞伏炽磐大吃一惊，又派王衡、折斐、麴景等人率 1 万骑兵依据勒姐岭阻击北凉军。沮渠蒙逊亲自率军边战斗边前进，大败北凉军，俘获了折斐等 700 多人。北凉王沮渠蒙逊任命沮渠汉平为湟河太守，自己率军撤回。

随后，乞伏炽磐率 3 万西秦军袭击湟河。沮渠汉平率北凉军力战固守，派司马隗仁在晚上出击，杀了后秦军数百人。乞伏炽磐准备率军撤回，派老弱士兵先走。沮渠汉平部属焦昶、段景秘密送信给西秦皇帝乞伏炽磐，劝他率军继续攻打湟河。沮渠汉平抵挡不住，采纳焦昶、段景的建议，反绑双手，出城投降。

隗仁率 100 多名北凉勇士在南门城楼上抵抗三天后，因寡不敌众，被后秦军俘获。西秦皇帝乞伏炽磐愤怒，命令杀隗仁。段晖劝谏他说："隗仁遇到危难时，能奋不顾身，是忠臣。您宽宥他，可以激励群臣。"乞伏炽磐采纳了，没杀隗仁。后来，段晖又极力向乞伏炽磐请求。乞伏炽磐一心软，同意将隗仁放了。隗仁回姑臧后，沮渠蒙逊非常高兴，任命他为高昌太守。

公元 433 年，66 岁的沮渠蒙逊病重。北凉贵族和大臣们共同商议，认为世子沮渠菩提年纪太小，决定改立沮渠牧犍为世子。沮渠蒙逊死后，沮渠牧犍继位。

北魏皇帝拓跋焘派李顺迎娶沮渠蒙逊的女儿为妃子，正好赶上沮渠蒙逊死。沮渠牧犍声称遵照父亲临终遗意，派宋繇护送兴平公主到北魏和亲。拓跋焘封兴平公主为右昭仪。随后，拓跋焘又派李顺授任沮渠牧犍为使持节，侍中，都督凉州、沙州、河州三州及西域羌戎各地军事，车骑将军，开府仪同三司，领护西戎校尉，凉州刺史，封河西王，同时任命宋繇为北凉国右宰相。沮渠牧犍因无功劳而得到北魏封授和赏赐，于心不安，上表请求授予他安西或平西将军就足够了。拓跋焘措辞委婉地拒绝了。

第二年，北凉王沮渠牧犍派人出使南朝宋，呈上奏章，汇报他已继位。宋文帝刘义隆下诏，任命沮渠牧犍为都督凉秦等四州诸军事，兼任征西大将军、凉州刺史，封河西王。

北魏皇帝拓跋焘为笼络北凉王沮渠牧犍，在公元437年把妹妹武威公主嫁给他。沮渠牧犍派宋繇前去致谢，并进献500匹马、500斤黄金。到年底，沮渠牧犍又派沮渠旁周到北魏朝贡。拓跋焘派古弼、李顺赐给他相应等级侍臣衣服，征召沮渠牧犍儿子沮渠封坛到平城。沮渠牧犍便派沮渠封坛到平城朝见北魏皇帝。

北凉王沮渠牧犍与他嫂子李氏通奸。他们兄弟三个人都轮流和李氏相好。李氏与沮渠牧犍姐姐合谋毒害武威公主。拓跋焘派出解毒医生驰往救治，才把武威公主救活。拓跋焘下令交出李氏，沮渠牧犍不肯交，给李氏很多财物，让她迁居到酒泉。北魏皇帝拓跋焘派贺多罗出使凉州，观察北凉国内动静虚实。贺多罗回来说，沮渠牧犍虽然表面对北魏称臣纳贡，内心却叛离乖张。得知此消息，拓跋焘决定消灭北凉。

公元439年六月，拓跋焘亲率北魏军征讨北凉王沮渠牧犍。拓跋焘下令发布文告，历数沮渠牧犍的12罪状，勒令他无条件投降。两个月后，北魏军渡过黄河，沮渠牧犍才得知北魏军真的来进攻北凉了。他大吃一惊，随后采用姚定国进献的谋略，不肯出城迎接北魏皇帝，却派人向柔然请求救兵。北凉王沮渠牧犍又派沮渠董来率1万多精兵出城迎战北魏军。北凉军战败而退。

公元439年八月初四，拓跋焘率北魏军到达姑臧，派使者去见北凉王沮渠牧犍，令他出来迎接。沮渠牧犍得知柔然派军到北魏边境侵犯骚扰，侥幸希望北魏皇帝拓跋焘率军返回，便加固防守，坚决不出城迎接。沮渠祖越城出来投降，把城内的情况告知北魏皇帝。拓跋焘下令各路北魏军攻城。北凉王沮渠牧犍的一个侄子沮渠万年率部投降北魏。北魏军攻占城池后，北凉王沮渠牧犍率文武官员反缚自己，向北魏皇帝拓跋焘当面请罪投降。拓跋焘令人给他们松绑。拓跋焘下令将凉州3万户迁到平城。

北凉就此灭亡，匈奴人复兴梦想彻底破灭。在中华大地上，匈奴人在北魏时融入各民族中，再也没能以民族和政权形式出现。北魏统一北方，鲜卑人开始走上历史巅峰。

外篇　匈奴推动了欧洲秩序改变

匈奴帝国曾是世界史上最为强大的游牧帝国之一。匈奴除了对中原历史影响巨大外，对中亚历史、欧洲历史都有巨大的影响。这是因为匈奴人在被东汉击败后，其残部的后裔，沿着丝绸之路一路西迁，曾到达欧洲，并给罗马帝国造成巨大冲击，推动了欧洲历史的发展。而罗马帝国是现代欧洲各国之母。

1. 匈奴人后裔一路西迁

西迁匈奴人的历史很精彩。公元91年，北匈奴被东汉彻底击败，漠北和西域已经没有北匈奴人的生存空间。北单于率少数随从侥幸逃到乌孙，在乌孙停留了一段时间后，他们发现生存空间极其有限，遂继续西迁以拓展生存空间。北单于带着精壮匈奴人去了康居，将老弱病残留在乌孙境内。

南北朝时，漠北的游牧民族柔然不敌北魏，向西发展势力范围，多次侵扰乌孙。乌孙无力抵抗，只得向西迁徙。当年留在乌孙的北匈奴人趁机在乌孙故土建立悦般国。悦般开始与柔然交好，不久反目成仇，双方屡次交战。悦般抵挡不住强大的柔然，不得不迁徙离去。

北单于率匈奴人到康居后，与当年北匈奴郅支单于被杀后留在康居的少数匈奴后裔会合。过了一段时间，他们依然发现康居的生存空间不足以复兴匈奴，又继续西迁。多年以后，匈奴人的后裔沿着草原丝绸之路来到阿兰聊国。

阿兰聊也称阿兰，又叫奄蔡，位于康居北2千里处，在如今顿河以东、高加索山脉以北。这里是茫茫大草原，水草丰美，适合游牧。阿兰风俗也与康居类似。匈奴人很快适应了这里的环境。

阿兰人属于伊朗人种，居住在四轮或六轮大篷车里。阿兰人擅长养马，国力不算弱小，拥有10余万军队。不过，这对曾与强大汉朝长期较量的北匈奴人来说，征服他们并不是难事。公元374年，北匈奴人从顿河东向阿兰人发起进攻，阿兰人奋起抵抗，两军在顿河地区决战。阿兰军以战车为主，战车机动性、灵活性远不能和骑兵相比。北匈奴骑兵勇猛冲击，大败阿兰军，杀死阿兰王，征服阿兰国。除少部分阿兰人逃散到外地，大部分阿兰人接受了匈奴人统治。匈奴军中有阿兰武士，当然也有向西迁徙过程中下断征服的其他游牧部落人。

阿兰灭国后，匈奴首领巴拉米尔率匈奴军乘胜渡过第聂伯河，把攻击矛头指向东哥特。东哥特是由日耳曼人在黑海北岸建立的庞大国家。北匈奴军攻入东哥特时，以前被东哥特征服的很多部落乘机造反。东哥特陷入内外交困的压力中，屡战屡败，一年后彻底失败——东哥特王亥耳曼纳奇兵败自杀，王子威塞米尔被北匈奴人杀死。一部分东哥特人投降了匈奴，一部分向西逃跑，投奔了西哥特。

西哥特人听东哥特人描述匈奴人如何凶残，非常恐惧。他们开始还试图凭借德聂斯特河的天险负隅顽抗，但匈奴人留下少数人继续佯攻，大部队从上游乘夜偷渡德聂斯特河，从侧方攻击西哥特军。西哥特人整体失去了抵抗意志，满怀恐惧地逃离故土，渡过多瑙河，举国上下逃入罗马当难民。

虽然西哥特首领阿塔纳里克此前曾与罗马皇帝瓦林斯达成协议：不得渡过多瑙河。但是，现在西哥特人顾不上条约，在时任首领菲列迪根率领下，举国渡过多瑙河，祈求罗马允许他们借路，以便能到色雷斯山谷中重新安家。罗马皇帝瓦林斯担心遭到匈奴人攻击，决定趁西哥特人危难之际，强迫并利用他们当炮灰，抵御即将到来的匈奴人。

双方经过讨价还价后，瓦林斯与菲列迪根达成一项交易：西哥特人可以渡过多瑙河，但要交出武器，并在罗马边境省份生活，以备在罗马遭到入侵时当兵保卫罗马。但西哥特人进入罗马后，发现陷入了阴险的圈套，便与罗马人打了起来。

西哥特人四处劫掠。罗马皇帝瓦林斯亲自率军前往镇压。双方在阿德里雅堡展开决战。决战的结果是，西哥特重骑兵将罗马重步兵砍成碎块。1万多名罗马士兵战死沙场。罗马皇帝瓦林斯也战死了。

后来，西哥特首领菲列迪根死去。新任罗马皇帝狄奥多西与新任西哥特首领阿坦那利克达成妥协。双方签订协议：罗马给予西哥特人多瑙河南岸土地和半独立地位；西哥特人承诺为罗马而战。

在西哥特人与罗马人打仗时，匈奴人控制了从乌拉尔山到额尔巴阡山之间的辽阔草原。不过，他们并没满足，又通过额尔巴阡山山口进入匈牙利，征服周边日耳曼部落，并在那里建立国家。匈奴人后裔西迁至此结束。

2. 匈奴在罗马附近复兴

在东哥特人陆续渡过多瑙河之时，一小部分匈奴人也同时渡河，罗马被迫默许他们在境内生活。在潘诺尼亚和下摩西亚地区，匈奴人驻扎下来。他们需要时间消化掉投降并加入的阿兰人和东哥特人，在一段时间内表现得相对安分，未发起大规模战争。

当匈奴人占据南俄罗斯草原后，人口开始急剧增加。这一刻，他们也未贸然发动大规模战争，经常先以小股力量袭击各个邻国，试探各个邻国的军事实力和对战争的反应，等弄清楚对手实力后，再将战争升级。

匈奴人占领西哥特王国。西哥特人为了生存，不得不渡过多瑙河，进入罗马境内。西哥特人与罗马人矛盾激化，双方爆发战争。匈奴人坚定站在西哥特人一边，经常派出小股骑兵，帮助西哥特人对付罗马人。

在阿德里雅堡之战中，匈奴小股骑兵及时出现在战场上，直接帮助西哥特人与罗马人战斗。匈奴小股骑兵返回时，只带回少量战利品，但匈奴首领认为收获巨大，真实摸清楚罗马军的战斗力，发现庞大而富裕的罗马竟然是一只不堪一击的肥羊。罗马的一切财物，匈奴人需要时只管纵马去取就行。

罗马重步兵的战斗力不如西哥特重骑兵。为阻止匈奴人进攻，罗马居然寄希望于西哥特重骑兵能帮助它对付匈奴人的轻骑兵。如果西哥特重骑兵能阻挡匈奴轻骑兵，那么他们为什么还要放弃家园，渡过多瑙河，跑到罗马呢？

公元395年，匈奴人开始到色雷斯一带抢掠。他们通过抢掠对手财物来壮大自身实力，削弱对方的实力，同时摸清楚对手真实的战斗力。等时机成熟，他们就发动大规模入侵。而在公元395年，罗马帝国分为东罗马和西罗马。先向谁进攻，匈奴人不得不做出选择。

公元400年，匈奴首领乌丹向东罗马示好，同时接受西罗马邀请，率军进入西罗马境内。

当时，东西罗马皇帝分别是阿卡迪乌斯和霍诺留，朝政大权则分别被哥特人鲁菲纳和汪达尔人斯提里克把持。伊利尔利卡归属谁，东西罗马针锋相对，鲁菲纳和斯提里克互不相让。当匈奴人侵扰东罗马边境时，西罗马权臣斯提里克趁机率军进入东罗马。东罗马权臣鲁菲纳鼓动皇帝阿卡迪乌斯做出针锋相对的反应。见此，斯提里克将手下军队交给哥特将军干纳斯统率，自己返回西罗马。干纳斯率军来到东罗马首都君士坦丁堡时，鲁菲纳见是同胞率军而来，放松了警惕。在鲁菲纳与皇帝阿卡迪乌斯出城劳军时，干纳斯突然将他们杀了，并迅速控制了东罗马政权。

哥特人信仰基督教阿利安教派，东罗马人信仰天主教，视阿利安教派信徒为异端。哥特人干纳斯在东罗马不受欢迎，他与东罗马皇后也不和。从皇室到民间，都非常憎恨干纳斯和他所率领的哥特军。

随着仇恨升级，君士坦丁堡的人将干纳斯部下杀掉，干纳斯侥幸逃逸。他来到多瑙河下游，找到匈奴人，请匈奴人帮助他杀回君士坦丁堡。匈奴首领乌丹接待了干纳斯，砍下了他的头，派人将其送到君士坦丁堡，交给东罗马皇帝阿卡迪乌斯。

乌丹内心迫切想抢掠东罗马，但他还是尽力装出与东罗马友好的面孔，先稳住他，消除其戒备心。

乌丹向东罗马表达友好的同时，与西罗马结盟。东哥特王拉达盖斯率40万部众渡过多瑙河，一路向罗马城攻去。拉达盖斯宣称要焚烧罗马城，杀死元老院成员祭神。面临危机，西罗马权臣斯提里克派人去请匈奴人镇压西哥特人暴乱。根据约定，乌丹率匈奴军在佛罗伦萨附近击杀拉达盖斯。乌丹轻而易举打败拉达盖斯，率部回到潘诺尼亚，纵情抢掠了一番。

这一次举动，匈奴人同时获得东罗马和西罗马的好感。当然，匈奴根本目的不是讨好东西罗马，而是从它们身上获取利益。

在麻痹东罗马几年后，匈奴首领乌丹认为侵略东罗马的时机成熟了。公元408年，他亲自率匈奴军侵入东罗马。在满载而归时，匈奴军遭到东罗马军伏击，损失惨重。乌丹也差点被杀。这一战失败后，乌丹偃旗息鼓，再也没有入侵过东罗马。

几年后，俄塔当上匈奴首领。在入侵莱茵河流域的柏干提人时，俄塔战败被杀。他弟弟卢阿继任匈奴首领。卢阿连续率匈奴军入侵色雷斯和马其顿尼亚。东罗马忍受不了这种长期的战争骚扰。公元431年，东罗马皇帝狄奥多西二世正式答应每年向匈奴缴纳350磅黄金，允许匈奴人进入几个指定城镇进行互市贸易。

不过，尽管匈奴首领卢阿对外迫使东罗马屈服求和，对内却不得人心。一些不满卢阿的匈奴人纷纷逃往东罗马。一些臣服匈奴的部落因不满卢阿，也纷纷与东罗马签订合约，让东罗马缴纳保护费。如果发生战争，那些部落就帮助东罗马军打退任何来犯之敌。卢阿当然不能容忍这些。

公元432年，匈奴首领卢阿要求东罗马皇帝宣布与那些部落签订的合约无效。狄奥多西二世害怕卢阿发动战争，连忙派人前往交涉。不过，东罗马使者还没到达匈奴境内，卢阿就死了。此后，布雷达和阿提拉共同掌管匈奴。

公元435年，在马盖斯附近草原上，布雷达和阿提拉接见东罗马使者。他们宣布条约内容，直接让东罗马使者签字。条约完全按照匈奴人意志，主要内容是东罗马不准接纳匈奴人、废除一切与其他部落订立的条约、承认只有布雷达和阿提拉才有订立条约的权力、保护费增加一倍、对匈奴人开放市场等。东罗马使者根本不敢反驳，立刻全盘接受。

为了让东罗马自觉遵守条约，不敢阳奉阴违，阿提拉还特意邀请东罗马使者参观匈奴人进攻西徐亚与日耳曼部落的屠杀表演，进行暴力威慑。

布雷达和阿提拉逼迫东罗马签订条约后，开始武力征服那些不服的部落。当年，他们就征服了索拉斯基的匈奴部落。到公元444年，布雷达死了，阿提拉率匈奴又征服另一个由阿卡特斯特统率的部落。这时，阿提拉成为匈奴唯一的国王。

在阿提拉的治理下，匈奴的势力范围南到里海南岸靠近地中海一带，北至北海和波罗的海，东抵顿河，西达高卢、大西洋沿岸。从小亚细亚到多瑙河、莱茵河流域，匈奴人征服了人口远远多于他们的蛮族。匈奴人在欧洲复兴了，出现一个与冒顿单于时代媲美的强盛时期。

3. 西方人眼中的"上帝之鞭"

阿提拉成为匈奴唯一的国王，将匈奴带到又一个历史顶峰。

阿提拉好战，军事才干也突出。他的军事思想与《孙子兵法》中"上兵伐谋，其次伐交"思想异曲同工。能通过外交胁迫或军事压力达到目的，他就不会贸然发起进攻。他充分发挥匈奴人机动作战传统，在作战顺利时，就排山倒海压向对方，如果作战不利，他们就迅速撤出战场。

罗马曾经地跨欧洲、亚洲、非洲，曾经所向披靡，让所有对手俯首称臣。不过，在阿提拉面前，罗马人服服帖帖，胆战心惊，唯恐这个"上帝之鞭"抽打到身上。阿提拉甚至傲慢地对罗马人说："在罗马的广大疆土中，任何安全或难以攻克的堡垒和城市都不存在。假如我们喜欢的话，我们都可以将它从地面上抹平。"对此，罗马人除了点头，别无他法。

阿提拉率匈奴军频繁入侵和敲诈勒索东罗马后，又将战争目标转向波斯。当时，波斯正处于强盛时期。匈奴人与波斯人一番恶战后，无法取胜，不得不退兵而去，然后在东罗马身上弥补与波斯作战的损失。他率匈奴军一举攻克多瑙河附近的君士坦提亚堡，赶走或杀死在那里做生意的东罗马商人。

阿提拉派人告诉东罗马皇帝狄奥多西二世：马尔格斯的主教进入匈奴，亵渎了皇家墓地，偷窃了国王的财宝！东罗马必须逮捕盗窃犯主教及其同党，退赔赃物。

东罗马皇帝狄奥多西二世认为，匈奴人无故破坏合约，发动战争，还反咬一口，威胁勒索，便拒绝了他的要求。

阿提拉立即命匈奴人在附近大肆抢掠。马尔格斯主教亲自派人同阿提拉谈判，提出解决方案——市民开城门投降，主教本人跑路。匈奴人的目的是抢掠财物。马尔格斯主教愿意主动献城，既便于匈奴人抢劫，又能迅速突破东罗马边境防线。阿提拉同意了。

此后，匈奴人连续两次大规模入侵东罗马，赢得三次大会战，占领了70座城市。匈奴骑兵一直深入到达达尼尔海峡和希腊温泉关，威胁东罗马首都君士坦丁堡。为自保,狄奥多西二世动员君士坦丁堡所有劳力,在 60 天内修好首都城墙。不过,君士坦丁堡军民面对气势汹汹的匈奴人却无丝毫斗志,龟缩在城里不愿出战,眼睁睁地看城外军队被匈奴军一扫而光。

君士坦丁堡的城墙非常坚固。匈奴人不善于攻坚作战,包围君士坦丁堡很长时间,却始终找不到突破城墙的办法。匈奴与东罗马重开谈判。公元 448 年,双方签订和约,结束战争。根据条约,东罗马割让从多瑙河南岸到色雷斯大片国土给匈奴,并将居民全部撤走;东罗马支付 6 千磅黄金给匈奴,补偿战争花费;东罗马释放被俘的匈奴人,并按照每人 12 枚金币赎回被匈奴俘虏的东罗马人。

被匈奴人打得惨败的狄奥多西二世唯有全盘接受。和约签订后,狄奥多西二世为避免匈奴人反悔,不得不耐心劝导那些臣民顾全大局,搬离被割让地区。

为避免再次被入侵,狄奥多西二世又派使团前往匈奴与阿提拉谈判。东罗马使团中隐藏着刺客艾德孔。在谈判过程中,艾德孔企图刺杀阿提拉。事情泄密后,阿提拉被激怒了,决定严惩东罗马。

经过一番审理,查清真相的阿提拉派使者赶到君士坦丁堡,找东罗马皇帝讨说法。匈奴使者要求狄奥多西二世杀死罪魁祸首克莱萨菲亚斯。狄奥多西二世没有杀克莱萨菲亚斯,而是派出最高级别求饶使团,带着能凑出的全部礼物去求阿提拉饶恕。

阿提拉的自尊心得到极大满足后,看在对方送来的礼物格外厚重的分儿上,宣布赦免东罗马人,并再一次展示他的大度和慷慨:保证遵守和平条约,释放大量俘虏,放弃多瑙河南岸的大片领土。

东罗马和匈奴之间的矛盾就这样暂时解决了。公元 450 年,狄奥多西二世去世,他姐姐巴尔吉莉阿继位。巴尔吉莉阿杀死克莱萨菲亚斯,选元老院议员马尔西安做丈夫,共同统治东罗马。

马尔西安改变忍辱偷生的国策,反对继续向阿提拉奉献大笔财物求和。他认为，应将钱用于鼓励罗马军人，对阿提拉，应直接告诉他，没钱可给了，即使你来抢，依然还是没有。

马尔西安派阿波罗尼亚斯去见匈奴王阿提拉。阿提拉发现，新东罗马帝国皇帝要强硬得多。他审时度势，综合考虑当时时局，认为东罗马已被他洗劫到赤贫地步，与其继续与它较劲儿，逼它来个鱼死网破，还不如暂时饶了它，等它把自己养肥了再宰。于是，他告诉阿波罗尼亚斯：东罗马不用再向匈奴交保护费了。

暂时放过东罗马，阿提拉将抢劫目标锁定在西罗马。早在卢阿统治匈奴时代，西罗马就派埃提乌斯到匈奴做人质。埃提乌斯与几任匈奴王卢阿、布雷达、阿提拉的关系都非常好。后来，埃提乌斯通过匈奴人的支持，当上高卢军事长官，后来又当上西罗马最高军事长官。埃提乌斯没有忘记给匈奴人好处，匈奴人因此很少骚扰西罗马。

公元450年，西罗马皇帝瓦伦丁尼安三世昏聩无能，一切听从皇太后普拉西提娅的。而埃提乌斯跟皇太后普拉西提娅彼此看不顺眼，互相拆台。得知埃提乌斯过得不开心，匈奴王阿提拉决定进军西罗马。他给西罗马皇帝瓦伦丁尼安三世写信，要求娶瓦伦丁尼安三世妹妹霍诺利娅公主为妻子。

霍诺利娅公主在东西罗马家喻户晓。她16岁时与宫廷侍从淫乱而怀孕。普拉西提娅下令将她送到君士坦丁堡软禁了10年。霍诺利娅公主听说阿提拉天下无敌，便设法将一枚戒指送给阿提拉，表示她愿意嫁给他。阿提拉的身边并不缺女人，但认为霍诺利娅公主有利用价值。

匈奴王阿提拉向西罗马皇帝瓦伦丁尼安三世正式提亲，特别表示，嫁妆不一定要特别丰厚——只要西罗马一半土地和百姓就足够了。

瓦伦丁尼安三世再昏聩，也不会弱智到答应这种条件的地步。他回复阿提拉，表示此项"提婚不合法"。与此同时，在普拉西提娅授意下，瓦伦丁尼安三世把霍诺利娅公主流放到外地。

阿提拉被拒绝，并不气恼，决定以此为借口进攻西罗马。

公元451年，匈奴王阿提拉凑齐了号称50万人的联军，向西罗马进攻。这支联军中有阿兰人、撒克逊人、东哥特人、勃艮第人和赫鲁利人等蛮族。他们配合匈奴人作战，向匈奴人效忠。西罗马也意识到战争不可避免，也在忙着准备迎战。

为了麻痹西罗马，匈奴王阿提拉宣布此次出征是为了帮助西罗马讨伐西哥特人。西罗马明白其真实用意，便说服西哥特人来跟匈奴人死磕。西哥特王狄奥多里克跟埃提乌斯是老冤家，两人曾多次交战，要说服西哥特王狄奥多里克与埃提乌斯并肩作战，非常不容易。元老院议员阿维都斯一方面渲染西哥特人与匈奴人的宿怨；另一方面打着基督教的幌子，说西哥特人有责任保护每个基督教徒不受伤害。

狄奥多里克被说服，捐弃前嫌，与西罗马人结成战略同盟。西哥特人很快组建了一支联军，除西罗马人和西哥特人外，还包括法兰克人、莱提人、阿摩里卡人、布雷翁人、撒克逊人、勃艮第人、萨尔马提亚人、阿兰人和里普阿里人等。随后，西罗马联军抢在阿提拉之前赶到奥尔良，以阻击匈奴军前进。结果，匈奴联军虽然攻陷了重镇梅斯，却无法攻克奥尔良。

匈奴王阿提拉得知埃提乌斯在前线，意识到再这样陈兵于坚城之下，对匈奴人不利。经过慎重考虑后，他命令匈奴军回渡塞纳河，在适合骑兵作战的沙隆平原等待西罗马联军。见匈奴军退却，埃提乌斯和狄奥多里克率联军穷追不舍，联军前锋不停地对匈奴军后卫进行冲击。漆黑的夜晚和复杂的道路也成为战场。

接下来，在沙隆平原，双方进行了一场影响欧洲命运的大决战。战前，西哥特王子托里斯蒙德率军抢先占领战场制高点中央高地。匈奴人试图夺回中央高地，仰攻失利。匈奴王阿提拉下令巫师占卜未来。占卜结果显示，主要敌手将会死亡，匈奴人会战败。

阿提拉知道这时不能撤退，便篡改占卜结果以鼓舞士气。在阿提拉的鼓舞下，匈奴军及仆从国的军队士气大振，摆开阵势与西罗马联军决战。阿提拉率匈奴军居中，仆从国军队排列在两翼。其中，右翼由格皮达人国王阿尔达里克统领；左翼由统治着东哥特人的英勇三弟兄压阵，以便对付西哥特人。

西罗马联军也进行了布阵：曾与阿提拉勾结密谋反水的阿兰王桑基邦居中，埃提乌斯居左，狄奥多里克居右，托里斯蒙德仍在中央高地。

战争打响后，匈奴王阿提拉率先率中路军对西罗马联军中路发起攻击。阿兰王桑基邦想投降不成，想逃又不敢，只好硬着头皮率军迎战。毫无意外的是，西罗马联军中路军没过多久就被匈奴人打败。

随后，匈奴王阿提拉集中火力攻击西哥特军。指挥战斗的狄奥多里克冷不防被东哥特贵族安德基斯投出的标枪刺死。匈奴人认为，这正好印证了占卜结果。托里斯蒙德看到父亲战死，率部冲下来复仇。东哥特人陷入混乱。

阿提拉所率匈奴军推进太快，与左右两翼分离，形成孤军深入之势。西罗马联军趁机将匈奴军团团包围——形势发生逆转。匈奴王阿提拉见此，趁着夜幕降临，下令用战车围成圆圈防守。他下令将随身携带的财宝和马鞍堆在阵地中央，宣布：如果失败就纵火自焚。他想鼓励将士们死战，最大限度发挥战斗力，击退西罗马联军。

战斗持续到第二天清晨，双方的死伤都很惨重。托里斯蒙德与埃提乌斯会师后，找到父亲的遗体。随后，他们在战场上举行葬礼。葬礼结束后，西哥特将士们火线推举托里斯蒙德为新的西哥特王。

托里斯蒙德发出了第一道命令：干掉阿提拉！随后，狂热的西哥特人像海啸一般杀向匈奴军营地。匈奴王阿提拉毫不畏惧，命令匈奴军射箭阻击西哥特人。西哥特人一次次进攻都遭到失败。

西罗马联军将领们坐下来开会商讨对策。最终，他们决定围困匈奴王阿提拉：要么饿死他，要么逼迫他接受屈辱的投降条件。他们深信，匈奴王阿提拉会选择突围战死，而不会接受任何屈辱条件。

西哥特人下定决心要除掉阿提拉。西罗马的最高军事统帅埃提乌斯却担心阿提拉死后，西哥特人定然会成为新霸主，从而严重威胁西罗马生存。他认为，放走阿提拉，使他牵制西哥特人，就可以保全西罗马。埃提乌斯旁敲侧击，提醒托里斯蒙德留意他那些留在首都土鲁斯的兄弟们。托里斯蒙德听罢，担心兄弟们趁机兴兵作乱抢夺王位，就顾不得杀死阿提拉的事，率领军队掉头就走了。

匈奴王阿提拉见占优势的敌军忽然四散而去，担心有诈，在营地里困守数天后，才下令撤退。

在莱茵河流域休整一段时间后，匈奴王阿提拉又开始策划下一场战争。他把进攻的目标指向意大利。

公元 452 年，阿提拉率匈奴军从巴尔干翻越阿尔卑斯山，攻打西罗马。埃提乌斯刚与西哥特人翻脸。西哥特人袖手旁观，不出兵相助。加上他根本没有想到阿提拉能在如此短的时间里再次集结大军攻击他。这一战，西罗马军被匈奴军打得惨败。

匈奴军在意大利长驱直入。他们抵达亚得里亚海滨重镇阿基利亚，遭到西罗马军坚决而顽强的抵抗。匈奴人不擅长攻城，便利用黄金收买西罗马技工，驱赶那些人去破坏城墙。不过，三个月过去了，阿基利亚还是没攻下来。匈奴人烦躁不安，怨气一天比一天升温。阿提拉见此情景，考虑撤军。

正当阿提拉准备下令撤退时，发现一只老鹳带着幼鸟从一座塔楼上的鸟巢飞离。他断定这座塔楼已摇摇欲坠，就命令军队猛攻这座塔楼。果然，塔楼很快坍塌。匈奴军趁势蜂拥而入，攻下了阿基利亚城。

一番劫掠后，阿提拉下令将整座城市彻底夷为平地。随后，他率军攻下阿尔提纽、孔格迪亚和巴度等沿海城市，继而又连克维星萨、凡罗纳、巴甲姆等内地城市。所到之处，匈奴军都是先抢掠后烧毁，制造了一片片废墟。

米兰人和巴维亚人见势不妙，主动向匈奴人投降。在交出全部财物后，他们换得匈奴人饶恕全城百姓性命的许诺。阿提拉率匈奴军继续南下，目标直指罗马城。

埃提乌斯束手无策。在关键时刻，罗马大主教利奥一世挺身而出，去忽悠阿提拉撤军。罗马皇帝瓦伦丁尼安三世大喜过望，派求和使团去匈奴。利奥一世苦口婆心地劝说阿提拉放过罗马。

匈奴军已是强弩之末，且阿提拉得到东罗马援军即将到达的消息。意大利到处都是饥馑，瘟疫四处流行，匈奴军中也出现感染。他审时度势，认为在这种情况下，匈奴军再强行攻打罗马城，胜负难以预料，即使取得最终胜利，匈奴军也必将付出巨大代价。

一番思索之后，阿提拉借坡下驴，勒令西罗马交出大量财物，率军撤离。

4. 匈奴雪崩后消失在历史中

对东西罗马来说，匈奴王阿提拉是一道魔咒，是"上帝之鞭"。西罗马的霍诺利亚公主没有与他订亲，他却口口声声说她是他的"未婚妻"，这是他想找个入侵西罗马的理由。不过，当时欧洲，想把女儿嫁给匈奴王阿提拉的封建主，的确非常多。他们巴不得把女儿嫁给匈奴王阿提拉，争取得到他的保护。

公元453年，一位叫伊笛可的日耳曼姑娘嫁给了匈奴王阿提拉。阿提拉十分喜欢美丽大方、温柔可爱的伊笛可，为她举行了隆重的迎娶仪式。而这次喜结良缘却把阿提拉推向生命尽头。

新婚之夜，匈奴王阿提拉喝得烂醉如泥，突然暴死。他是怎么死的？有人说他是死于新娘谋杀，有人说他是死于醉酒，有人说他是被上帝收走了，等等。不过，受损失最大的是匈奴。

当时，匈奴的非匈奴人占大多数。其他部落能跟匈奴在一起，凭借的就是对阿提拉的崇拜。阿提拉死后，匈奴失去了主心骨。他生前的威望太高，死后却没有一个人能代替他打理好军政事务。尤其是阿提拉那些不同种族妻子所生的儿子，彼此不服，很快引发争权夺位的内讧。

公元455年，阿提拉亲信、格皮达王阿尔达里克带头造反。他联合格皮达人、东哥特人、斯威弗人、赫鲁利人和阿里人在诺都河畔一起进攻匈奴。阿提拉的大儿子埃拉克与3万匈奴军被杀。阿提拉王廷成为阿尔达里克的战利品，其余各蛮族部落也纷纷起来瓜分阿提拉的遗产。匈奴没被强大罗马打败，却在阿提拉死后，被它昔日盟友们瓜分。遭此浩劫的匈奴不再是令欧洲人胆寒的对手，大家争相往它身上插上一刀。

阿提拉的另一个儿子邓吉西齐带着一支残存的匈奴骑兵，四处流窜，企图恢复匈奴的宏基伟业。不过，历史不再给他这样的机会。随着昔日那些蛮族奴仆们日益崛起，越来越强大，邓吉西齐的地盘变得越来越小。

为重建匈奴，邓吉西齐率匈奴进攻东哥特，却遭到失败。公元468年，邓吉西齐又率领匈奴军渡过多瑙河，进攻东罗马。不过，这次东罗马人同仇敌忾，点燃复仇火焰，大败匈奴人。邓吉西齐命殒疆场。

阿提拉生前最宠爱小儿子伊尔那克，他相信伊尔那克能成为和他一样的英雄。不过，在阿提拉死后，伊尔那克率部众逃到多瑙河以南多布鲁甲苟延残喘，一点儿也没有逆境奋发、重振雄风的气象。没过多久，这支匈奴残军被当地蛮族消灭了。

阿提拉儿子艾尼祖和乌星托，分别占据东罗马达西亚和利彭西斯。公元6世纪初，定居在塞尔维亚的匈奴人曾支持意大利王东哥特人迪奥德里克与东罗马作战，且在东哥特人协助下打败东罗马。

残留在黑海北岸的一些匈奴部落分成两大部分：一部分是在亚速海西北过着游牧生活的库特利格尔匈奴人，另一部分是在顿河河口放牧的乌特格尔匈奴人。两支部落在东罗马挑拨离间下成为敌人，互相征战仇杀。在首领扎伯干的率领下，库特利格尔匈奴人曾报复性地攻到东罗马多瑙河，出现在君士坦丁堡城下。但是，他们没能打破坚城，不得不率部返回顿河草原，继续与乌特格尔匈奴人残杀。后来，他们一同被来自亚洲的阿瓦尔部落征服。

从此，欧洲再也没有关于匈奴人的记载。到公元884年，另一支来自东方的游牧民族马扎尔人来到匈牙利，他们的后代就是匈牙利人。有人把阿提拉视为马扎尔人的祖先。但是，匈牙利人究竟是不是匈奴人的后代，存在争议。不过，匈牙利人仍然喜欢用阿提拉作为名字。这标志着匈奴人在欧洲存在过，辉煌过——他们把曾在蒙古高原上谱写的征战神话延续到了欧洲，成为欧洲人心中曾经的"上帝之鞭"。